极简中国史

郑连根 著

齊鲁書社

历史观也需要不断升级(序)

我们不妨先从 APP 说起。现如今,我们每个人的手机上都会下载几款 APP。可我不知大家发现没有,这些 APP 经常会要求我们对它进行升级,甚至没有任何一款 APP 敢说,这就是我的终极版,再也不会升级了。

那么,接下来的一个问题是:我们手机上的 APP 需要不断升级,那我们头脑中的知识体系、思想观念和认知模式等是不是也需要不断升级呢? 显然需要。孔子说:“学而时习之,不亦说(悦)乎?”说的就是,保持学习的姿态,是获得人生快乐的正确途径。换言之,学习的人生才是快乐的人生。学习,不就是让自己的头脑(包括知识体系、思想观念、思维模式等)不断升级的过程吗? 事实上,保持学习的姿态,始终是我们提倡的正确人生姿态,只不过,在这个互联网 + 的时代,保持这种姿态尤其重要。几百年前,很多人掌握了一门祖传的手艺之后就不用再学习了,他们靠着这门手艺就足以生活得不错;几十年前,很多人只要进了一个好单位,端上“铁饭碗”,似乎也可以稳稳当当地过完一生。上述两种情况在今天虽然还有少量存在,但显然已经是落伍于时代了。而且可以预期,未来人们普遍的生存模式绝不会再是“工匠型”,或者是“铁饭碗型”的,而应该是 APP 型的,即要始终保持学习的状态,适时地升级自己的知识体系、思想观念和思维模式。

谁善于学习，谁长于认知升级，谁在这个急速变动的时代中胜出的几率就大。

我甚至觉得，APP 就是这个时代的一个巨大的隐喻，它在某种意义上揭示了当今时代的一个最重大的特点：没有完成时，只有进行时。身处这个时代的人们，只有不断升级自己的知识体系、思想观念和思维模式，才能跟上时代的步伐。换言之，认知升级在未来的重要意义如何评估都不过分。

回过头来说历史和我写的这本历史书。说到历史，很多人会本能地想到：历史不就是过去发生的那些事吗？这与认知升级有什么关系？我的回答是：首先，一个人的历史观是他认知体系中的一个重要组成部分；其次，历史是一门内容丰富、层次复杂、包罗万象的学问；其三，历史观也是需要不断升级的。

历史不仅要告诉人们过去发生过哪些事，而且还要对这些事情为何发生做出解释；它不仅要告诉人们这个历史事件与那个历史事件之间的关系，而且还要对历史事件和历史人物做出恰当的评判；它不仅要帮人们厘清历史的发展脉络，而且还要启发人们思考历史规律和历史大势；甚至，历史研究的关注点不仅仅是过往，还要涵盖当下与未来。历史研究不是一成不变的，而是不断发展、不断进步的，在某种程度上，它也像我们手机上的 APP 一样，需要经常升级，以修补漏洞。这么说并不意味着历史真的“就像任人打扮的小姑娘”（胡适语），而是意味着：即便面对完全相同的历史事实，不同时代的人关注这段历史时也完全可能得出不同的结论；即便是同一个时代的人，因为研究历史的角度、思路、方法不同，他们对历史的解释与判断也会彼此迥异。这就如同面对着同一座山，不同的摄影者会拍摄出不同的照片一样，是一种完全正常的现象。正因如此，我们在阅读历史的过程中，不仅仅要了解历史真相,而且还要关注著史者对历史事件和历史人物的解释,以及他的思想观念和价值取向。换句话说,读史不但要"求真",而且还要"求智""求善""求美"。

我写的这本《极简中国史》,在某种程度上也可说是我开发出的一款历史 APP。我力图超越善恶、忠奸的二元对立思维,超越成王败寇的功利主义叙事,超越廉价的辉煌与愤怒的悲情,以一种全新的视角,借鉴多学科的最新研究成果,通盘审视中华文明的全部历史。对于社会组织形态之升级、王朝之兴衰、族群之凝聚与拓展,文化形态之生发与吸纳,乃至民族精神之递进与转折,我在这本书中给予了特别的关注,并尽量以一种从容的叙事语调和现代化的阐释方式呈现出来。

中国历史悠久,历史资源丰富,历史典籍浩如烟海。这一点任何人都不能否认,可是,历史悠久和历史文献的丰富并不能天然地让今人具备正确的史识与史观。今人要想对历史有正确的认知,并在新的时代背景下激活历史资源、汲取历史智慧,这并不是一件容易的事情。长期以来,我一直读史、写史。在这个过程中,我越来越强烈地萌生了一个念头:写一本简明而又适合现代人阅读的中国通史,以便让人在节约时间成本的情况下,能从整体上把握住中国历史发展的大脉络以及不同历史时段的主要特征,从而帮助人们建立起一种比较正确的历史大局观。

应该说,写这样一本书,对我来说既是诱惑,又是挑战。结果,我没能经得住诱惑,剩下的就只能是接受挑战了。为了完成这本书,我动用了自己 20 多年来的读史积累。对于前人的历史研究成果,我反复比对,斟酌取舍。准备工作完成之后,我开始动笔写作。我尽量排除干扰,专心而又持续地写作。我刻意让自己的生活很有规律,以保证每天都有足够的精力和时间用于写作。

如我所愿，这本书的写作节奏几乎没有被打断过，几个月之后，我写完了这本书。

我希望自己写出的是一本观点中正、理性平和的中国通史。在写作这部书的过程中，除了追求大家熟知的“真、善、美”之外，我还想在历史写作中加入“智性”追求，也就是要在写历史的过程中体现出理智和智慧，体现出我们身处新时代的新思考。如果再具体地说，就是在写作的过程中尽量贯彻“三多”原则：多学科渗透的广度，多层次审视的角度，多维度思考的深度。我的期许是，读完这本书，读者能对中国历史有一个整体上的清晰把握，且能于字里行间获得一些惊喜：原来历史还有这一面，或者，历史还可以这样解读。

当然，所谓的“智性”追求和“三多”原则只是我写作的努力方向，具体做到了多少，做得好还是不好，这要等待读者的评判。我也真诚地期待着读者的评判。

再回到APP的话题。如果说这本《极简中国史》也是一款APP的话，那么它也是要不断升级的——它目前的状态只是第一个版本，只代表我目前对中国历史的认知水平，缺点和错误在所难免，还望方家不吝赐教。

郑连根

2017年5月10日

目录

第一辑

从原始部落到邦国

两条大河与六个文化区

历史离不开故事,故事又离不开人和人活动的空间。

我们讲中华简史,当然离不开中国人和中国的地理。

在漫长的历史演进中,形形色色的中国人是演员,而中国的疆域便是舞台。但我们必须清楚的是,两者都是不断变动的,也就是说,在中国历史的这幕大戏中,不但演员不断更换,而且舞台也时大时小,演出的内容更是常演常新。

先谈舞台。以历史的视角来考察中国地理,我们所称的"中国"不是一个边界清晰的国家疆域,而是指在不断变动中孕育出中国核心文化的那片大致的自然地理空间。这片地理空间虽是一个弹性的存在,但我们可以确定它大致的范围。这个范围便是亚洲东部的一片广大区域:北到蒙古大漠,南至大海,西到青藏高原的喜马拉雅山脉,东到太平洋。

整体上看,中国的地理空间呈现一定程度上的封闭性,东面和南面为大海所限,西面和北面则有高山阻隔。在这片广阔的区域内,地形地貌十分多样,有平原有草原,有沙漠有山脉,有湖泊有岛屿,有盆地有丘陵。与多样的地理环境相配合,中华文化也是一种多元文化的集合体。多元文化的形成,最初与中华先民在各地的生活方式不同密切相关。比如,在横跨中国北方的蒙古高原地区,那里的先民以放牧为生,他们逐水草而居,一年之内就迁徙多次，他们创造了游牧文化。黄土平原上的先民则以耕种农作物为生，他们吃苦耐劳、安土重迁，他们创造了农耕文化。在东南沿海地区，则生活着渔民，他们靠出海捕鱼为生，他们创造了海洋文化。这些不同类型的文化最后都汇入到了一条文明的大河之中，这条大河就叫作“中华文明”。所以，我们一定要知道，中华文明自古以来就是多元共存、谱系丰富的。

当然，“罗马不是一天建成的”，中国的疆域不是一开始就这么辽阔的，中国文化也不是从一开始就这么博大精深的。疆域的拓展和文化的生发是在漫长的历史中逐步形成的，这两点我们在后面会详细谈到。

接下来，我们遇到的问题是：最初的中国人来自何方？

关于人类的起源，有很多假说。其中，“现代人类非洲起源假说”是现代学者最认可的说法。根据这个假说，古代人类大约在二十万年前就在非洲出现了。到五六万年前，古代人类进入到亚洲。他们沿着不同的路线迁徙而来：一支经印度洋，从南路进入太平洋的东亚沿海；一支穿过东南亚进入中国西南，然后向北、向东扩散；还有一支经过中东，进入亚洲北部地带。

最初，人类完全靠采集植物的果实和种子为生，所以他们一定要居住在水草丰茂的河流周围。这样，黄河流域和长江流域就成了中国的先民们最早聚居的生活场所。到了距今一万年左右，北方黄河流域的人们学会了驯养黄牛、围猎和捕捞，生产食物的方式开始变得多元化。这标志着人类已从被动的食物采撷者向主动的食物生产者的转变。这是一次了不起的进步。

距今七八千年前，人们在太行山东侧至渤海平原一带种植了粟（小米），这是中国人最早的农业活动。随后，小米的种植迅速扩散，一直传到今天的日本。与此同时，在南方的长江流域，人们也开始耕种水稻。浙江地区的河姆渡文化遗址显示，当时的人们已经学会凿井、造船，他们还知道如何充分利用河水灌溉水稻。这样，农耕文明分别在黄河流域和长江流域发展了起来。根据袁行霈、严文明主编的《中华文明史》的说法，到了新石器时期，中华文明已经在黄河流域和长江流域形成了六大文化区，即：今天内蒙古东部、辽西、河北一带的燕辽文化区，今天甘肃、青海一带的甘青文化区，今天山东一带的山东文化区，今天河南、山西一带的中原文化区，今天江苏、浙江一带的江浙文化区，今天长江中游一带的长江中游文化区。这六大文化区均有著名的考古文化为之佐证，比如燕辽文化区考古发现了红山文化和富河文化，山东文化区考古发现了北辛—大汶口—龙山文化，中原文化区考古发现了仰韶文化，甘青文化区考古发现了半坡文化，江浙文化区考古发现了马家浜文化、良渚文化和河姆渡文化，长江中游文化区考古发现了屈家岭文化。

更有意思的是，以上六大文化圈之间还彼此交流、相互影响。中原地区的仰韶文化、山东地区的北辛—大汶口—龙山文化与长江中游的屈家岭文化彼此相邻，自是不断交流、相互学习。北方的红山文化在四千多年前也经过张家口的草原通道，进入到了山西的汾河谷地，与关中的仰韶文化相汇合。六大文化区的各自发展及相互聚合，形成了巨大的发展能量，最终促成了中国历史上著名的夏商周“三代”文明。

◎延伸阅读：新石器时期的中国先民怎样生活

学历史的人都知道北京人、元谋人、蓝田人，他们是古代猿人，生活在漫长的旧石器时期。所谓旧石器就是指打制石器，基本类型只有砍砸器、刮削器、尖状器等几种。那时的猿人刚刚学会直立行走和使用火，利用石头制造工具的技能还比较低。

到了新石器时期，人类社会从 1.0 版本升级到了 2.0 版本。这次升级的幅度相当大，“现代人类”不但学会了使用磨制石器（即新石器），而且还掌握了耕种技术，开始种植小米和水稻，自己生产粮食。

随着生产技术的发展，人类的生活方式也发生了巨大的变化。距今六七千年前，中国各地出现了农业村落，人们开始以群居的方式结成更大的生产、生活共同体。他们有了分工，学会了建筑城墙和房屋，学会了酿酒，也有了祭祀仪式。当然，这时部落中出现了贵贱之别，有了享受荣华富贵的统治阶层和受苦受难的普通百姓。

位于东北的红山文化显示，当时已有大型的酋长墓葬和祭坛，还有女神庙。红山文化的标志性文物是玉龙，这说明当时已经能雕刻出极为精美的玉器，而能享用高级墓葬和精美玉器的，无疑是部落中的统治阶层。

南方也一样，江浙地区的良渚文化也有祭坛、墓葬和玉器。只不过，它的代表性玉器不是玉龙，而是玉琮。制造玉琮的技术更为不易——它不仅要求工匠能精准地切割大块玉石，还要将其加工成外方内圆的筒状物，玉琮上还要雕刻精美的花纹。

山东半岛的大汶口文化村落规模相当庞大，发现的墓葬数量多，随葬品丰富，出现了贫富分化和夫妻合葬，为母系社会向父系社会转型提供了证据。大汶口文化以彩陶为特色，色彩艳丽，图案丰富。晚期出现了白陶和黑陶。而将黑陶技艺发展到极致的则是承继了大汶口文化的龙山文化，这一时期的黑陶精品以黑光亮著称，尤其是一种极为精美的高柄杯，陶胎薄如蛋壳，被称作蛋壳陶。

◎观点提炼:农业革命催生了社会升级

人类的历史相当漫长,有文字记载的历史只是其中比较短暂的一段而已。

人类在长达250万年的时间里只以采集和狩猎为生,到了大约1万年前才发生了农业革命——人类获取食物的方式从采集、狩猎转向了耕种和饲养家禽。这是一次人类发展史上的重大革命。农业革命让食物总量迅速增加,并出现了财产剩余。农业革命也让原始人的部落出现了更复杂的组织形态,有了社会分工,有了阶层分化,有了生产力的极大提升和文化的极大繁荣。

当然,人类也为农业革命付出了巨大的代价。以色列历史学家尤瓦尔·赫拉利在《人类简史》中就说:“农业革命所带来的非但不是轻松生活的时代,反而让农民过着比采集者更辛苦、更不满足的生活。狩猎、采集者的生活其实更为丰富多变,也比较少会碰上饥饿和疾病的威胁。确实,农业革命让人类的食物总量增加,但量的增加并不代表吃得更好、过得更悠闲,反而只是造成了人口爆炸,而且产生一群养尊处优、娇生惯养的精英分子。普遍来说,农民的工作要比采集者更辛苦,而且到头来的饮食还要更糟。农业革命可说是史上最大的一桩骗局。”他还说:“农业革命的真正本质是:让更多的人以更糟的状态活下去。”

尤瓦尔·赫拉利的观点固然是一家之言,且有比较充足的理由。可是,就历史发展的全貌而言,农业革命的意义依然十分巨大。举凡人类文明的各大发源地，它们之所以能成为古代文化的佼佼者，无不是因为这些地区较早地进入到了农业革命的阶段。而且，也只有在发生了农业革命之后，原始部落的社会结构才出现了升级。

世界上最早进入到农业革命的地区是两河流域。位于今天中东地区的幼发拉底河和底格里斯河自西向东流淌，两河的下游形成冲积平原。这里的古人在距今1万年前就驯养了猪和羊，约9000年前，他们种植了麦类，包括大麦、小麦、燕麦、黑麦。可以说，两河流域耕种农作物和驯养家禽的历史比中国早了1000到2000年。不过，中国人最早耕种的农作物是粟，驯养的家畜是牛，迥然不同于两河流域。可见，两个古老的文明是各自独立地发生了“农业革命”，不存在相互学习、借鉴的关系。

距今5000多年前，在幼发拉底河下游的沼泽地带，诞生了欧贝德文化。欧贝德文化由一个中心村落及若干聚落群构成，这可说是人类城市经济的序幕。当时的人们学会了建筑城墙，城中还有集市。他们还掌握了天文历法知识，会使用计量工具，也有了神庙。这些都说明，两河流域的人们在距今约5000年已经发展为一个大型的复杂社会。这样的复杂社会，有人群的大量聚集、有社会分工、有祭祀、有层级，与中国同时期的红山文化、良渚文化的发展情形大体相同。

人类在靠采集、狩猎为生的250万年里，生活状态和精神活动都极其简单，且几乎一成不变。可是，进入农业革命之后，人类在几千年的时间内就创造出了多样的新石器文化。这样的进步，不可谓不迅速。

其实，人类社会的发展一直就是以加速度的方式进行的。农业革命是一次加速度，它几千年创造的文明成果超过了此前的

250 万年；工业革命也是一次加速度，它 200 多年创造的社会财富远远超过了此前的 2000 多年；以生物技术、电子技术和互联网技术为标志的信息化革命更是一次加速度，它让人们的生活在几十年乃至几年之间就能发生重大的升级。我记得 30 年前人们还用发电报的方式传递重要信息，而 3 年前，人们几乎都学会了使用微信交流。与发电报的昂贵、笨拙与不便相比，微信完全可说是科技进步赐给人们的一份大礼。

历史是有光芒的，它的光芒从遥远的古代发出，直接照亮了现实，并让人们有足够的理由相信未来。

黄土和黄帝

距今 4000 多年前,红山、大汶口、良渚等新石器时期非常耀眼的几个文化区域几乎同时衰落。只有黄河沿岸的中原文化一枝独秀,继续稳定地发展。其他几个文化区衰落的原因至今仍是一个谜。

古代气象学显示,在这一时期,整个北半球长期经历干燥与寒冷。那么,是不是干燥而寒冷的气候导致新石器时期的文化区相继衰落呢?如果是,那为什么黄河沿岸的中原文化区得以独存?在那个异常干燥而寒冷的漫长岁月里,中华大地上到底发生了什么?我们现在还无法回答这些问题,至少是不能给出令人信服的解释。

且让我们把目光投向黄河沿岸。这里的土壤在地理学上称为黄土台塬,土层深厚,深度从数百尺到数千尺。细如粉末的黄土中间有许多细小的孔隙,犹如毛细血管。通过这些黄土中间的细孔,地下深处的水分可以不断地被吸到地表,供给农作物生长所需的水分。有人说,黄土地的这种特点非常适合发展农耕文明,这可能也是它得以经受住干燥气候考验的一个重要原因。可是,农作物的生长不仅需要水分,还需要适合的气温,那么黄土地又是如何让生长在它上面的农作物度过漫长的寒冷期呢?这一点,同样是一个谜。黄土地本身的特性似乎无法提供充足的解释。

但不管怎么说,黄河沿岸的中原文化还是顽强地存活了下来,并不断发展,最终成了华夏文明的核心区域。“五帝”的传说就诞生在这片区域里。

“五帝”指的是大禹建立夏朝之前的五位英明神武的圣王,他们是:黄帝、颛顼、帝喾、尧、舜。在中国的历史叙事中,“五帝”是圣贤君王的典范、是华夏文明的开创者、也是历代君王学习的榜样。司马迁写《史记》,开篇就是《五帝本纪》,就是从我们尊为华夏始祖的轩辕黄帝开始写起的。

依照司马迁的记述,黄帝是少典部族的子孙,姓公孙,名叫轩辕。他“生而神灵,弱而能言,幼而徇齐,长而敦敏,成而聪明”。意思是,他一出生就很有灵性,出生不久就会说话,幼年时聪明机敏,长大后诚实勤奋,成年以后聪明睿智、明察秋毫,一看就不是凡人。

黄帝之时,“诸侯相征伐,暴虐百姓”,各部落之间整天互相打架,百姓生活在水深火热之中。为了把百姓从苦难之中救出来,“轩辕乃习用干戈,以征不享,诸侯咸来宾从”。可见,黄帝率领自己的部落,经过激烈的战争,打败了其他的部落,取得了黄河沿岸地区的统治权。

有两个部落对黄帝不服,一个是炎帝部落,一个是蚩尤部落。结果,黄帝与炎帝“战于阪泉之野”,大战三次,打败了炎帝,并将炎帝部落的人民和土地纳入到自己的统辖之下。后世的中国人一直称自己为炎黄子孙,其历史渊源即在于此。

黄帝又与蚩尤“战于涿鹿之野,遂禽杀蚩尤”。蚩尤本人先被活捉,后被杀掉,其部落也被黄帝收编了。自此之后,“诸侯咸尊轩辕为天子”,黄帝成了各部落一致公认的头领。当上天子之后，黄帝仍然不断地东征西讨，“天下有不顺者，黄帝从而征之，平者去之，披山通道，未尝宁居”。谁不归顺，黄帝就带兵去征讨。平定一个地区之后，黄帝才撤军，并为这一地区开山修路，改善民生。

黄帝居住在轩辕山上的时候，娶了西陵氏的女儿嫘祖。嫘祖是第一个植桑养蚕的人，她向百姓传授了养蚕、缫丝、织帛技术。

嫘祖生了两个儿子，一个叫玄嚣，也就是青阳，青阳被封为诸侯，“降居江水”，这里所说的“江水”就是今天四川省境内的岷江；另一个儿子叫昌意，也被封为诸侯，“降居若水”，这里所说的“若水”，指的是四川省境内的雅砻江。从这两个人的封地可看出，黄帝通过不断征伐，已经将势力范围拓展到四川的岷江和雅砻江流域。新石器时期的一个个分散的部落，到此时出现了整合的趋势，一个比原始部落更高级、更复杂的政治文化共同体喷薄而出。这个共同体似乎还不能称为严格意义上的国家，但它是众多部落的大联合，它有一个总盟主黄帝来行使最高权力，号令各部，统一治理。在后人的历史叙事中，黄帝是中华始祖，是第一个模范“天子”，意即他统一了天下，并很好地治理了天下。“天下”不仅是地理概念，更是一种政治概念，拥有天下意味着有能力将广大地域内的各股势力纳入到统一、有序的管理之中。

黄帝死后，埋葬在了桥山（桥山，一说在今陕西绥德西南，一说在今陕西黄陵县北），而他所开创的天下基业则传给了他的后代。第一位接替黄帝天子之位的人是颛顼。颛顼名叫高阳，他的父亲是昌意，而昌意则是黄帝的儿子。史书记载，高阳“静渊以有谋，疏通而知事，养材以任地，载时以象天，依鬼神而制义，治气以教化，洁诚以祭祀”，完全是一个德才兼备的好领导。

颛顼去世之后，帝喾继承了帝位。帝喾是黄帝的曾孙，他的父亲是峤极，峤极的父亲是玄嚣，玄嚣的父亲就是黄帝。

帝喾生子放勋，就是后来的尧。尧后来把帝位以禅让的方式传给了舜，舜后来又传给了禹。这便是历史上著名的尧、舜、禹时期的“禅让”制度。

◎延伸阅读：黄帝大战蚩尤

蚩尤是当时九黎族的部落首领，史书上说他“兄弟八十一人，并兽身人语，铜头铁额，食沙石子，造立兵仗刀戟大弩，威震天下”。这寥寥几笔的描述很容易让我们联想到魔兽世界或是科幻小说。试想一下，一个人长着野兽一样的身体却说着人话，脑袋硬得跟铜铁一样，吃沙子和石头就像我们吃米饭和馒头，而且他会制造各种高科技武器。我们不禁要问：这还是人吗？即便是，恐怕也得是外星人吧？

再看蚩尤所造的兵器，剑、矛、戟、戈等全是他最先发明、制造出来的。最让人佩服的是，据说蚩尤还发明了弩。弩能杀敌于百步之外，是冷兵器时代名副其实的远程攻击武器，相当于今天的导弹。即便到了今天，弩还在一些国家的特种部队中使用。如果说弩真的是蚩尤发明的，那他可算是古代第一武器专家，其在武器发展史上的至尊地位无人可以撼动。

蚩尤还会巫术，能呼风唤雨，以便战时削弱敌方的战斗力。蚩尤如此厉害，炎帝都拿他没办法。开始，炎帝曾以官职和财物收买蚩尤。但是，蚩尤贪得无厌，一心想夺取帝位。他发兵攻打炎帝部落，炎帝抵挡不住，败逃到涿鹿，请求黄帝出兵救援。

黄帝决定与蚩尤交战。因为黄帝深得民心，所以其他部落纷纷投奔到黄帝的麾下，帮助攻打蚩尤。战争的过程大体可分为以下三个回合。

第一回合：黄帝调集各诸侯的军队，在冀州的郊野与蚩尤交战。黄帝首先命令长着翅膀的应龙在那里蓄洪积水，想淹没蚩尤的军队。结果，蚩尤发现应龙的意图，请来风神和雨神助阵。顿时，乌云黑风弥漫，大雨瓢泼，黄帝的部队迷失了方向，且为大雨所阻，陷入被动。

第二回合：面对困境，黄帝一边继续指挥作战，一边向天女魃求助。魃是个光头女神，主管干旱，所到之处滴水皆无，全部大旱数年。接到黄帝的求助后，魃赶到涿鹿，法力一施，大雨立止。蚩尤失去妖术，仓皇而逃。

第三回合：黄帝抓住战机，并使用“指南车”给士兵指引追击方向，一举击败蚩尤的部队，把蚩尤本人也抓住杀掉了。史书记载，这一战异常惨烈，“流血万里”。当然，“流血万里”这种夸张性的描述与战争过程中双方展现的神勇法力相比，夸大的程度只能算是小巫见大巫，根本不值得我们大惊小怪。

◎观点提炼：黄帝是中国人造出的第一尊神

黄帝的故事虽然是传说，但我们依然可以据此大体确定，这一时期正是黄河沿岸的农耕部落不断壮大，并通过战争兼并其他部落的阶段。黄帝战胜炎帝、蚩尤的传说，表明的正是不同的部落族群之间相互兼并，走向更大共同体的残酷历程。

由于黄帝能领导自己的部落不断地“从一个胜利走向另一个胜利”，统一了各部，所以他身上的光环越聚越多，他的神勇也在传说的过程中越传越神。最后,他走上了神坛,真的成了一尊神。连带着,后来继承他帝位的四个人也成了神。

黄帝之后,尧、舜、禹的“禅让”故事亦是如此。关于三位圣君之间的“禅让”,自古以来就有两种说法。一种是正统的历史观,称这是品德高尚的统治者选贤、让贤的经典案例,尧把帝位让给了舜,舜在晚年又把帝位让给了禹,权力交接始终是在和平友好的氛围中完成的。另一种说法来自《竹书纪年》,说这三个君主之间的权力转让并不是和平而美好的,而是一种武力夺权——舜夺取了帝位,放逐了尧,禹也在夺权之后放逐了舜。而禹的儿子启,干脆以武力取代了原本被禹选为接班人的益。

两种说法哪个更真实?我不知道。我能说的是:两种情况在历史上都有可能发生,而且还可以“合二为一”——表面上是庄重友好、彬彬有礼的“禅让”,实际上则是以武力或实力来决定谁做领袖。三国时期,汉献帝与曹丕之间的权力转移就是以这样的方式完成的。盛大的“禅让”礼仪上,汉献帝言辞恳切地表示“让贤”,将皇帝之位“禅让”给曹丕,可实际上是形势所迫,不得不让。史书记载,完成“禅让”仪式后,坐上皇帝宝座的曹丕曾“顾谓群臣”,说:“舜、禹之事,吾知之矣。”意思是,尧、舜、禹之间“禅让”的事情,我现在终于知道到底是怎么回事了。这话意味深长,且出自亲历“禅让”大典的帝王之口,实在值得注意。

与黄帝类似,史书上记载其他“四帝”及大禹的传说,表达的也是这些圣贤君王品德高尚、才能出众,且拥有特异功能。这些记载运用了夸张的手法是不言而喻的。人不可能神勇到能呼风唤雨、驱使猛兽乃至使鬼神替自己作战的程度。在科学昌盛的今天,人们对“五帝”身上的种种神异本领总是难以置信,这丝毫不奇怪。不过,遥想4000多年前的古代社会,我们大概能推断他们何以被塑造成了神——他们本身不是神，但在部落不断发展并向外扩张的过程中，他们的个人魅力被无限放大，他们成了部落和部落联盟的代言人和精神领袖，他们完成了从人到神的转变。在当时的文化和技术条件之下，造神非但不会受到人们的质疑，反而可鼓舞士气、增强部落及部落联盟的凝聚力。从这个意义上讲，黄帝堪称中国人造出的第一尊神。颛顼、帝喾、尧、舜、禹等则因为继承了黄帝的权力也相继成神。

从大禹治水到商汤革命

“五帝”之后，中国历史进入到了夏、商、周三代阶段。这一时期的史料记述虽然比较简略，但比以前部分要确切不少。

夏朝的创建者是大禹。他在舜统治时任司空，主持内政，以治水闻名，留下了“大禹治水十三载，三过家门而不入”的说法。此前，大禹的父亲鲧因治水失败而被杀。大禹吸取前人的教训，变堵塞为疏导，探索出了新的治水方法。他发现黄河流经的区域西高东低、北高南低，只要在太行山地段修凿出一条通道，河水就可顺利流向大海。于是，大禹成功治理了水患，得到了舜的信任和百姓的拥戴。他接受舜的禅让，当上了君王。

大禹根据中国的地理形势，将天下分为九州，并在九州实行父子相继的分封制。受大禹所分封的每个州，都要向大禹统治的中央王朝进贡当地特产及赋税，这种中央与地方之间的分封与朝贡的模式，显然比原来的部落联盟更易于管理。这在历史上被称为“禹定九州”。

“禹定九州”对后世影响深远，“九州”后来成了中国的代名词，很多地区至今还沿用当年九州的说法，如冀州、青州、扬州、荆州等。这说明，大禹治水及随后统一管理九州的过程，其实也是一个传播中原文化，使中原政权的影响力不断扩张的过程。

为了大力发展农业、促进公平交易，大禹还下令统一了历法和度量标准。禹向全国颁布了夏历《夏小正》。夏历按照十二个月为顺序，标示每个月里的星象、气象、物象以及与之相对应的农事和政事，以利于农业生产和行政管理，所以夏历又叫“农历”。另外，中国人至今还在使用的长度单位（如寸、尺、丈）和重量单位（如斤、两等）也都是夏朝统一制定的。

大禹进行行政改革，创建了政军建制，有“六卿”“六师”之类的军队官职，有“羲”“和”之类管理四时的官员，还有“车正”之类分管兵器的官员。

为了惩治犯罪，大禹还让大臣施黯起草了《禹刑》，规定了各种罪行及相应的惩处办法，为此，还专门创制了关押罪犯的监牢，名为“圜土”。

大禹鼓励各地建造城市，以利于百姓定居和社会发展，《博物志》上说：“禹作城，强者攻，弱者守，敌者战，城郭自禹始也。”此外，大禹还建立健全了教育、财政、礼乐、宗教祭祀、神灵占卜等一系列的规则和章程。

大禹的上述功绩不仅使他本人进入了圣贤君王的行列，而且我们从中亦可窥见自部落到邦国之社会升级。从治理水患到确立中央与地方的权力格局，以及实施历法、度量、行政等制度，这一切都表明大禹所统治的政权，已超出部落和部落联盟的窠臼，升级到了王朝的架构之中。

在统治一个新兴大国之际，大禹善用以德服人的策略，让蛮族“三苗”自愿归顺，这让夏王朝的势力范围从黄河流域一下子拓展到了长江流域。大禹还亲自到东南地区巡视，在今天安徽涂山举行大会，会盟各方诸侯。涂山之会，再次佐证了夏王朝巨大的综合国力和强大的影响力。凡此种种，使华夏民族一跃成为第一大政治文化族群。基于此，史学家将大禹定为夏王朝的开创者，堪称实至名归。

大禹去世之后，他的儿子启继承了帝位。至此，备受称赞的尧、舜、禹之间权力交接的禅让制为世袭制所取代。

夏朝大约存在了400多年的时间（自公元前21世纪至公元前17世纪），但这个政权并非连续不断地掌握在大禹的后人之手，政权一度被神射手后羿所夺取。待到少康中兴后，夏朝的政权才重新得以巩固。

夏朝的最后一个皇帝是夏桀。他是有名的暴君，搜刮民脂民膏，大兴土木，过着奢侈糜烂的生活。大臣关龙逢好言相劝："照这样下去，会激起更大民愤，丧失更多人心。"夏桀听了，一生气，就把关龙逢给杀了。夏桀说："天上有太阳，只要有太阳，我就不会灭亡。"老百姓恨透了夏桀，就诅咒他说："这个太阳什么时候才会灭亡呀，我们宁愿与你同归于尽！"

夏桀听说有施氏的女子长得非常漂亮，就出兵讨伐有施氏，夺得美女妹喜。夏桀宠爱妹喜，愈发不把精力和心思用在治理国家之上。

就在夏桀日益堕落之际，黄河下游地区有个叫"商"的部落迅速崛起，这个部落的首领叫商汤。他是帝喾后代契的十四代孙，帝喾是黄帝的重孙。如此说来，商汤也是黄帝的后裔，根红苗正。

商汤看到夏桀十分腐败，就决心消灭夏朝。

商部落把祭祀天地和祖宗，看作一件无比神圣的大事。可与商部落相邻的葛伯却不以为然。商汤派人向葛伯施压问罪。葛伯说没有祭品敬献，拿什么祭祀？商汤就派人送去祭祀用的牛羊。

可是，葛伯并没有用牛羊祭祀，而是自己吃了！可见此人是多么无礼。

商汤再次派人去问，葛伯又找借口说，我们穷得连用于祭礼的粮食都没有啊！

商汤听了，就派部落里的青壮年去帮助葛伯耕田种地，并让老人和小孩去给他们送饭。葛伯不但不感谢商汤的好意，反而还杀死了商部落前来送饭的一个小孩。

此事激起了商部落的愤怒。

商汤当机立断，出兵消灭了葛伯，收兵的时候，还顺便攻取了附近几个经常闹事的小国，商部落的势力迅速壮大。

在商部落实力大增之际，夏桀那边却出了麻烦。原来，九夷中的一些部落受不了夏桀的残酷压榨，叛离了夏朝。商汤看到消灭夏桀的时机已经成熟，就召集商军将士，誓师讨伐夏桀。在誓师大会上，商汤说："我不是叛乱，而是夏桀作恶多端，上天要我去消灭他。上天之命，我是不敢违背的呀！"此话的意思是，由于夏桀的过分堕落，夏朝的政权合法性已经丧失殆尽。上天不再支持夏桀了，转而命令商汤替天行道，去消灭夏桀。

商汤的军队与夏桀的军队在有娀之墟（今山西永济市西）展开激战。商军一举击败了夏桀。夏桀弃阵逃跑，跑到了鸣条（今河南封丘东），商汤带兵追击，双方再次交战，夏桀的主力部队被消灭。夏桀继续南逃，跑到南巢（今天的安徽巢湖市西南），商汤穷追不舍，夏桀无力抵抗，只好投降。商汤将夏桀流放，夏朝灭亡。

打败夏桀之后，商汤建立了商朝，定都亳（今河南商丘一带）。为了加强控制，商汤还分别在偃师和谷熟设立了西亳和南亳，把商人直接控制的地区称为"内服"，把边远地区称为"外服"，这就从体制上改变了夏朝那种中央与地方之间的松散关系，使得中央王朝的权力更加集中。

古时候,统治阶级把改朝换代说成是天命的变更,所以史书上把商汤伐夏称为“商汤革命”。

夏王朝初建时在黄河上游,为高地地区之王朝。商王朝初建时在黄河下游,为低地地区之王朝。对于商取代夏,钱穆先生在《国史大纲》中有这样一段论述:“古代黄河自河南东部即折而北向,经今之漳河流域至今河北之沧州境入海。商民族则正居此河南、山东、河北三省相交黄河下游一限之四圈,恰与夏民族之居河南、陕西、山西三省相交黄河上游一限之四圈者东西遥遥相对……大抵下游低地,气候土壤均较佳,生活文化较优,而居民较文弱,亦易陷于奢侈淫佚。上游高地,气候土壤均较恶,生活文化较低,而居民较强武,胜于军事与政治方面之团结。夏人势力逐次东移,渐渐往下,征服下游居民,而渐渐习染其骄奢淫佚之习气,于是下游民族,乘机颠覆此统治者而别自建立新王朝。殷人自商汤灭夏,渐渐形成规模更像样之国家,至周人则又起于西方,仍循夏人形势,东侵征服殷人,而渐次移植于黄河下游一带之平原。如此则黄河上下游相互绾结而造成中国古代更完备、更像样之王国,是为周代。”可见,夏、商、周交替掌控王朝政权,意味着原本局限在中原区域的文化已经扩展到了整个黄河流域。与疆域扩大相伴而来的,还有王朝管理方面的一次次优化升级。这可说是夏、商、周三代历史发展的大脉络。

◎延伸阅读:盘庚迁都

商朝最早的国都在亳(今河南商丘一带)。在以后300多年间,商朝的都城一共搬迁了五次,其中最有名的一次迁都就是盘庚迁都。

为什么一次次地迁都呢？原因是天灾加人祸。比如，有一次发了大水，把都城全淹了，这是天灾，不得不迁都。还有就是商朝的王族经常争夺王位，有的人说王位应当父死子继，有的人说应当兄终弟及。叔侄之间、兄弟之间常常展开你死我活的斗争。内乱频繁发生，搞得政局不稳定，有时也不得不迁都。

盘庚是商朝的第二十个君王，他为了避免自然灾害，决定从当时的都城奄（今山东曲阜）迁都到殷（今河南安阳市小屯村）。

盘庚迁都最初遭到很多人的反对。大多数贵族贪图安逸，都不愿意搬迁，一部分有势力的贵族还煽动平民起来反对，闹得很厉害。面对强大的反对势力，盘庚并没有动摇迁都的决心。他树起“天命”和“先王”两面大旗，宣称迁都是顺应天命之举，也符合先王法度。他把反对迁都的贵族找来，劝说他们：“我要你们搬迁，是为了我们国家的安定。你们不但不理解我的苦心，反而反对我，甚至制造恐慌。你们想要改变我的主意，这是办不到的。”快要迁都之际，他又发出警告：如果有人还奸诈邪恶，敢于违反迁都的命令，我就把他们斩尽杀绝！

软硬兼施之下，盘庚终于将商朝的都城迁到了殷地。

殷地土地肥沃，无论是建设都城还是发展农业生产，都比原来的奄地要好得多。此外，迁都之后，一切从头再来，王室、贵族的权力受到了限制，阶级矛盾得以缓和，有利于商朝统治的稳定；最后，迁都还可以避开一些敌对势力的攻击，于国家安全方面也有积极意义。

盘庚迁都之后，商朝的都城就永久地固定在了殷，所以，商朝也称作殷商。到了近代，人们在安阳小屯村一带发掘出大量古代的文物，证明那里确实是商朝的都城，遂称其为“殷墟”。殷墟出土的文物中，最著名的就是青铜器和甲骨文，二者是商朝文化的绝佳代言。

◎观点提炼：青铜器与甲骨文

青铜器和甲骨文的大规模出土是在1934～1935年的安阳考古发掘中发现的。

青铜器的发现令考古学家们大为惊叹，若非亲眼所见，他们不会相信古老的商朝竟然能制造出如此美轮美奂的青铜器。

2015年秋天的一天，我去北京国家博物馆参观，殷墟出土的许多精美青铜器正在这里展出。尽管一些青铜器的图片我以前在书中见过，但当面对实物之时，我仍被深深地震撼了。商代青铜器种类繁多，有礼器、有兵器，也有日常生活器皿，其制作之精良、花纹雕刻之复杂精细、艺术水准之高超，令人叹为观止。那个著名的后母戊鼎，高133厘米，长112厘米，宽79.2厘米，巨大的体积带给人们以极强的视觉冲击力。还有妇好墓出土的众多青铜器，几乎每一件都精美绝伦。

这些青铜器隔着玻璃，向外散发着幽幽的光芒，仿佛在诉说着遥远的商朝故事。商代青铜器的花纹造型也极其独特，它的美不是柔美，也不是壮美，而是一种特殊的狰狞之美，似乎是要让人感到某种恐惧。这样的审美，商代发展到了巅峰。商代之后，骤然不见。如此成熟的文化高峰突然矗立在我们面前，然后又突然消失，我深受震撼的同时，也深感错愕和疑惑。按说，如此精美的青铜器之前，应该有一段不小的铺垫，可是没有；按说，如此灿烂的文化在其消亡之前应该有一个衰退期，可是也没有。或许，这些都有，只不过我们还缺乏新的考古发现来加以佐证；或许，我们对商代的历史还是知道得太少，还不能详实地解释这一切。

司马迁曾去曲阜凭吊孔子，说："适鲁，观仲尼庙堂车服礼器，诸生以时习礼其家，余低回留之不能去云。"我在商代那些精美的青铜器前细细观看，久久徘徊，不忍离去，我复杂的心情与司马迁大体类似。青铜散发出的光芒并不明亮，但它承载着一个王朝的重量，这重量足以让我心生敬畏，并且浮想联翩。

幸好，我们破译了甲骨文。这些刻在龟甲和兽骨上的文字，多是用来占卜吉凶的。这说明商人爱占卜，要打猎或者出征，总要事前占卜一下吉凶。甲骨文的破译，证实了汉人所说"商尚鬼"的说法。商人崇尚鬼神，喜欢祭祀和玄想，这与"夏尚忠，周尚文"的气质迥然不同。"尚忠"也好，"尚文"也罢，推崇的都是一种实干精神，"忠"强调忠信力行，"文"强调礼乐优雅，而"尚鬼"推崇的则是一种远离现实的神秘文化。夏、商、周三代，各有各的文化风貌，于此可见一斑。

从文字学上看，甲骨文已是一种字形和语法都非常成熟的文字了，我们今天使用的汉字就是从甲骨文演变过来的。仅此一项成就，就足以增进商人管理大型共同体的能力，亦足以使商朝的文化彪炳史册。

从文王拘羑里到武王伐纣

周灭商之前，是商王朝的一个附属族群。他们最初居住在陕西、甘肃一带，后来，受到戎、狄等游牧部落的侵扰，东迁至岐山（今陕西岐山县西北）之下的平原地带。周部落在姬昌（即后来的周文王）做首领时发展壮大起来了，势力遍及今天陕西、山西以及内蒙古河套地区，具有了挑战商朝的实力。

商朝此时的统治者是商纣王，他和夏桀一样，是历史上有名的暴君。史书记载，商纣王天资聪颖，气力过人，“有倒曳九牛之威，具抚梁易柱之力”，能徒手与猛兽格斗，是个大力士。他还很有军事才能，当上国君之后，便发兵攻打东夷诸部落，把商朝的疆域扩展到了江淮一带，国土则扩大到今天的山东、安徽、江苏、浙江及福建沿海。但是，商纣王长期发动开疆辟土的战争，消耗了商朝的国力，加重了人民的负担。

商纣王最受诟病的还是荒淫无度。他只知道自己享乐，不管治下百姓的死活。他搜刮民脂民膏，在别都朝歌（今河南淇县）建造了富丽堂皇的宫殿，名为“鹿台”，里面藏满了珍宝。他建造了巨大的仓库“钜桥”，用来储存粮食；他多方搜集狗马和新奇的玩物，放在自己的园林之中。他宠爱美女妲己，对妲己的话言听计从。为了寻求刺激，商纣王还搞出了“酒池肉林”的享乐项目，即在大池塘里灌满酒，在酒池边的树林子里挂满肉食，商纣王和妲己泛舟酒池，岸上则有众多男男女女跳裸体舞，陪着他们大吃大喝，寻欢作乐。

百姓对商纣王心怀不满，一些诸侯也背叛他。为了镇压反抗，商纣王发明了“炮烙之刑”，把反对他的人抓来放在烧红的铜柱上，活活烤死。

当时，西伯昌（即姬昌）、九侯、鄂侯是周朝的“三公”（最高级别的大臣）。九侯有一个漂亮的女儿，献给了商纣王，可是这个女儿不喜欢商纣王。结果，商纣王不但杀了九侯的女儿，而且把九侯也剁成了肉酱。鄂侯觉得商纣王的做法太过分了，“争之强，辩之疾”，极力替九侯辩解。商纣王一怒之下又杀死了鄂侯，并将其晒成了肉干。商纣王的残暴由此可见一斑。

姬昌听说了九侯和鄂侯的遭遇后，“窃叹”，以叹息表达同情和哀伤之意，不料就这一声叹息也给他惹来牢狱之灾。商纣王的一个叫崇侯的大臣告发了姬昌。于是，商纣王就将他囚禁在了羑里（今河南汤阴县西北）。

据说，姬昌在羑里被囚禁了七年。在这段的时间里，他忍辱负重，精心推演“易之六十四卦”，这就是著名的经典《周易》（也称《易经》）。姬昌通过推演“易之六十四卦”认识到事物的发展有一定的规律，而君子则要顺应这种规律，不断修正自己的身心。修行的总原则就是向上天和大地学习，学习上天的自强不息，学习大地的厚德载物。这便是《周易》中最有名的两句话：“天行健，君子以自强不息；地势坤，君子以厚德载物。”

周部落为了救出他们的首领，向商纣王献出了许多美女、骏马和珍宝。商纣王得到好处之后，才释放了姬昌。姬昌又向商纣王献出了洛水以西的土地，以求废除炮烙之刑。商纣王得到大片土地，就答应了姬昌的请求。通过这番斡旋，商纣王得到了美女、骏马、珍宝和土地等实际好处，而姬昌则赢得了民心。这种交换，表面上是各取所需，实则高下立判。

姬昌回到周部落后，大力推行善政，同时访贤任能，等待时机消灭商朝。不久，姬昌在渭水边上打猎时遇到姜太公，两人互相仰慕，一见如故，遂决定一同合作，共谋灭商大计。为了强大国力，姬昌还把都城迁到了丰邑（今天陕西长安区西南），自称文王。姜太公一边辅佐文王，大力发展生产，一边厉兵秣马，加强军备。经过一段时间的发展，周的势力更加强大，达到了“三分天下有其二”的程度。

姬昌没有实现灭商大业就去世了。他的儿子姬发继承了王位，是为周武王。他把都城迁到了镐京（今陕西长安区西北），以姜太公为太师，以自己的弟弟姬旦为辅政，继续用心经营父亲留下的基业。

此时，商纣王不思悔改，依然过着荒淫无度的生活。贤臣微子多次劝谏商纣王，商纣王不听，微子辞官归隐了；商纣王的叔叔比干“强谏纣”，极力劝谏，结果商纣王剖了比干的心；另一个贤臣箕子非常害怕，就故意装傻，“佯狂为奴”，结果还是被商纣王给囚禁了起来。商朝的太师、少师等一看情况不妙，就拿着祭器、乐器，逃到了周部落。

两年后，周武王见商纣王众叛亲离，知道灭商的时机已经到了，就率领周及其他八个部落的军队讨伐商纣王。周武王率领的军队在牧野（今河南新乡市北部）与商军展开大战，一举击败商军。纣王见大势已去，登上鹿台自焚而死，商朝灭亡。灭掉商朝之后，周武王建立了中国历史上最长的一个朝代——周朝。

我们知道，商朝在耕种、畜牧、建造、冶金等方面已经发展到了相当高的文化程度了。政治方面，中央王朝与四方诸侯之间权力关系也早已确立。此等情形之下,周取商而代之,于王朝权力方面固然是一种颠覆,可在文化方面则又有一脉相承的发展关系。在政权治理结构上,周武王把全国分成若干诸侯国,分封给亲族和功臣,享受世代承袭。各诸侯拥有自己的军队,且有权分封卿、大夫,享有很大的自治权。但各国诸侯要按时朝贡周天子,向其汇报工作。周天子出兵平叛及讨伐夷狄时,诸侯国也有义务出兵相助。这便是著名的西周分封制,此种制度在历史上影响深远,初步奠定了周天子一统天下的政治格局。

◎延伸阅读:西周封建

周武王灭掉商朝之后，并没有将商人的势力彻底清除，而是封商纣王的儿子武庚为诸侯，以朝歌为国城，继续统辖商朝的遗民。为了防止商朝遗民叛乱，周武王在朝歌周围分封了卫、鄘、邶三个诸侯国，交给自己的三个弟弟（即管叔、蔡叔、霍叔）统治，号称“三监”，用意很明显，就是要这三个诸侯国监视武庚和他治下的商朝遗民。此外，武王还封姜太公于齐，周公旦于鲁，召公奭于燕等。这可说是西周封建的第一阶段。

周武王实行封建制，其目的就是在全国建立起一种绵密的统治网络，使每一个封国的国君不是王室就是功臣，诸侯国之间再互相通婚，如此一来，每一个诸侯国的君王都是周天子的亲戚。西周分封制以血缘亲情为纽带，以分封为政治恩惠，将周天子与各诸侯国的国君紧密地捆绑成一个权力共同体，以维系周王朝的政治稳定。西周封建的各诸侯国，均有都邑，居住在城里的称“国人”，居住在城外的称“野人”，“国野之别”

在于各自拥有不同的权利和义务，国中的居民多为贵族阶层，负担兵役、力役，而野人则为平民阶层，负担农业劳役和其他徭役。如此一来，西周封建制度等于编织了一张大网，将所有族群网罗一体。

可惜的是，周武王“天下未宁而崩”，在灭掉商朝的第二年就去世了。武王的儿子姬诵即位，是为周成王。周成王当时年幼，还不能治理国家，于是他的叔叔周公姬旦摄政，代成王行使权力。

危机也于此时爆发。身处东方的管叔、蔡叔等人怀疑周公要篡权，遂与殷商故地的武庚势力联合一处，发动了叛乱。周公奉成王之命，率军平叛，杀掉了武庚、管叔，流放了蔡叔。

平定叛乱之后，周公重新分封诸侯。中部地区，杀掉武庚后，封商朝末年的贤臣微子于宋，统治部分殷商遗民，同时封康叔于卫，亦得部分殷商遗民；西部地区，封唐叔于晋，控制夏墟；南部地区，封蔡仲于蔡；东部地区，封姜太公儿子丁公于齐，封周公儿子伯禽于鲁。新封齐、鲁两国，表明周朝的势力已然越过殷商，东达大海。

周公还营建了东都雒邑，这是一项很有远见的决策。周朝都城镐京位于关中地区，便于控制西部而不便于控制东部。于是，周公又在殷商地区的雒邑营建东都，名成周，西都镐京则为宗周。宗周和成周两都并立，互为支撑，能同时控制西部和东部。在当时的技术条件下，周公为统治广大疆域而想出两京制，可算是一种煞费苦心的创举。至此，西周封建的第二阶段宣告完成，西周王朝的整个政治体制也稳定了下来。

周公摄政七年后，还政于成王。成王去世后，他的儿子康王统治周朝。成王、康王统治期间，就是历史上有名的成康之治，当时“天下安宁，刑错四十余年不用”，即父子两代统治国家四十多年，没有动用过刑法，百姓安居乐业，遵纪守法。中国人后来所说的“小康社会”，其来源就在于此。

◎观点提炼:周朝的文化贡献

武王伐纣,以周代商,除了王朝政权的更替之外,还在思想文化上进行了一次大翻转。商人“尚鬼”,重视祭祀,而周人“尚文”,重视礼乐教化和道德建设。这是两种截然不同的文化。

周公在摄政期间,除了军事平叛和政治治理外,还下大力气“制礼作乐”,为贵族阶层的成员制定了一整套的道德准则和行为规范,是为“周礼”。关于“周礼”的内容,有“礼仪三百,威仪三千”之说,极言礼仪规定之精细,这是周朝礼制发达之明证。后来孔子正是在“周礼”的基础上提炼出了“仁道”“仁政”的理念,并进而发展出了“仁、义、礼、智、信”一整套的道德伦理体系。孔子说:“郁郁乎文哉,吾从周。”盛赞周朝的文化,道理即在于此。可以说,孔子所创立的儒家思想,其思想根源可以上溯到周文王、周武王和周公的治国理念。尤其是周公,更是孔子的精神偶像,孔子连做梦都经常梦见这位圣贤。

周人还有一个了不起的贡献,那就是他们在灭商之后并没有被胜利冲昏了头脑,而是认真总结商朝灭亡的教训,最后提出了一种全新的天命观,即“天命靡常,惟德是亲”,意思是,天命不会永远地固定在某一个王朝政权之上,治国者只有符合道德的标准,才能获得上天的护佑,秉承天命。

这样的天命观是一种前所未有的思想突破,其进步意义在于：其一，某一王朝政权的合法性，不是来自于族神、山神、河神之类的神秘授权，而是来自治国者的道德自律。帝王及其大臣的言行符合一定的道德标准，其政权就具有合法性，若统治者言行悖乱，严重违反道德，“无道”，那政权的合法性也会随之丧失，政权就会被他人夺走。其二，上天对帝王有监督权和裁判权。帝王需要负起上天赋予的道德责任，才能承受“天命”，享有治理天下的权力。而上天裁判帝王的标准也是看他的言行是否符合道德。如果帝王心怀天下，道德高尚，那就将“天命”授予他。反之，就收回“天命”，转授他人。

周人的天命观，突破上古时代的神权局限。自此之后，统治者始将治国的侧重点从取悦神灵转向约束自身，治国理念也从“尚鬼”转向了“尚文”。至此，中国的古代文化逐渐从祭祀文化转向了礼乐文化，从神秘主义转向了理性主义。

西周王朝的衰落

我在前文提到,周人提炼出了一个很好的天命观,将政权的合法性与统治者的道德修养紧紧地捆绑在了一起。这既是思想史上的一次巨大进步,又是周朝建立人间秩序的一种高远理想。可是,“理想很丰满,现实很骨感”。前辈制定的高远治国理想和道德诉求,几乎总会被后代所抛弃。

周朝前几代君王对商朝覆灭有着刻骨铭心的记忆,所以他们念兹在兹的是“殷鉴不远,在夏后之世”,极力避免重蹈覆辙。西周一朝,文王、武王、周公、成王、康王,均被后世认为是圣贤君王,堪称后世君王的学习榜样。可待帝位传了几代之后,新的统治者就难免麻木,放松警惕,并滑向“失德”的老路。提及西周王朝的没落,人们一般都会想到周厉王和周幽王两位暴君,这两个人可说是“失德”君王的典范。

周厉王是西周的第十个君王,是个有名的暴君。他对老百姓的剥削和压迫,达到了敲骨吸髓的地步。他宠信一个叫荣夷公的大臣,让其尽一切可能敛财。于是,周朝开始实行“专利”制度,霸占一切湖泊、河流、山林等天然资源,不准百姓利用这些资源获利。如果人民想打猎、捕鱼、采药等,就得交纳高额赋税。这是与民争利,老百姓对此很是不满,就“谤王”,批评周厉王的统治太残暴了。

周厉王很生气，下令禁止国人批评朝政。他还从卫国找来一个巫师，让他专门监视那些批评朝政的人，发现有人批评朝政，就举报给厉王，厉王便杀死此人。如此一来，许多人被杀，大家再也不敢批评朝政了，“国人莫敢言，道路以目”，大家都不敢说话了，熟人在路上相遇，也只能用目光交流，算是打招呼。

听不到批评自己的声音了，周厉王感到很高兴，得意洋洋地跟大臣们说：“你们看，我能制止住谤言了，现在没人敢说话了。”

大臣召公虎劝谏说：“这只不过是把言论堵住罢了。堵住百姓的嘴巴，比堵塞江河的后果都严重。堵塞的河水一旦决口，伤害的人一定很多，堵住人民的嘴巴也是一样的道理。善于治水的人，应该疏通河道，让水流畅通无阻，善于治理国家的人，也应该允许百姓说话，让他们知无不言。硬生生地堵住河流，河流最后一定会决口；硬生生地堵住百姓的嘴巴，又能堵多久呢？”

召公虎的话非常有道理，可是，周厉王不听，继续用严刑峻法“止谤”。结果，三年之后，公元前 841 年，都城中的国人忍无可忍，联合起来举行了暴动。他们围攻王宫，要杀死周厉王。周厉王仓皇出逃，一路逃到了彘地（今山西霍县东北）。这就是西周历史上有名的“国人暴动”。

周厉王被赶走之后，朝廷没了国王，朝政就由召公虎和周公两位大臣代理，史称“共和行政”。从共和元年，也就是公元前 841 年，中国历史才有了确切的纪年。

周朝在经历了国人暴动之后，王权削弱，国势衰微，曾经十分强大的王朝，至此仅剩下一个外强中干的空壳。

共和十四年（公元前 828 年），周厉王在彘地死去，太子即位，这就是周宣王。周宣王比较开明，他的统治一度得到了诸侯国的拥护，史称“宣王中兴”。可惜的是，宣王之后，继承王位的是周幽王,周幽王又是一个著名的昏君。

周幽王的皇后是申侯的女儿,皇后生子宜臼,立为太子。后来,周幽王又得到了美女褒姒,褒姒生子伯服。周幽王因宠爱褒姒,就想废掉皇后和太子,改立褒姒为皇后,伯服为太子。如此一来,皇后、太子宜臼和申侯就结成一个政治联盟,伺机反抗周幽王和褒姒。

褒姒一直不笑,周幽王想尽办法逗她笑,都没有成功。后来,周幽王决定动用国防资源以博褒姒一笑。原来,周朝在骊山一带建造了二十多座烽火台。若有敌人来进攻,就点燃烽火,向附近的诸侯求救。诸侯看到烽火,便知道有了紧急军情,发兵前来相救。这次,虽没遭到敌人的进攻,周幽王也下令点燃了骊山上的烽火。附近的诸侯看到了烽火,以为发生了战事,赶紧带兵赶来相救。待他们赶到时才发现,根本就没有发生战事。周幽王派人告诉他们,这不过是大王和妃子在玩烟火而已,你们回去吧!

褒姒感到这种点烽火的游戏确实好玩,还真笑了。可是,诸侯遭到了周幽王的戏弄,非常生气。

因为宠爱褒姒,周幽王最后还真的废了皇后和太子宜臼。这下子触怒了申侯,申侯联合缯国和犬戎部落,向周幽王发动了进攻。

受到进攻之后,周幽王再次点燃了烽火,向附近的诸侯求救。可是,曾经遭受过戏弄的诸侯这次再也不肯来了。犬戎的军队攻陷了镐京,杀死了周幽王和伯服,掳走了褒姒,大肆抢掠一番而去。西周王朝就此结束,时间为公元前 771 年。

周幽王被杀之后,诸侯共同立周幽王原来的太子宜臼为王,是为周平王。犬戎攻陷镐京之后,王城破败,随时都有可能再次遭到犬戎的攻击。为了躲避危险,周平王于公元前 770 年迁都雒邑，此事标志着东周的正式开始——因镐京在西，雒邑在东，所以人们将定都镐京的周朝叫西周，将定都雒邑的周朝叫东周。

东周和西周虽然同属于周朝，但其差别十分巨大。西周之时，周人以高原开拓者和文化再造者的双重身份灭商建国，占尽地理和道德方面的优势。他们占据黄土高原，俯视东部平原，在军事上东征、南讨，强势进取，势如破竹；政治上，他们分封诸侯，制造了一个组织严密的封建体制，周天子的权威如日中天；文化上，他们以德治国，崇尚礼乐，构建了一套十分成熟的社会层级秩序。可以说，西周实乃一个文治武功俱佳、建树颇多的王朝。

与西周的强势进取相比，东周明显是一个守势王朝。东周虽然名义上是西周的延续，可实际上，东周时期的周天子已然丧失了政治权威，不能再号令诸侯。东周时期的最大特点就是“礼崩乐坏”。“礼崩乐坏”其实是一种社会的全面解体状态，既包含周天子政治权威之丧失，又包含贵族阶层礼乐文化的没落，同时还引发了伦理道德体系的全面崩溃和社会秩序的瓦解、混乱与重建。可以说，西周是中国历史上一个稳定的建设时期，而东周则是一个动荡的转型时期，二者有着天壤之别。

◎延伸阅读：昭王南征是西周衰落的转折点

西周王朝的衰落，并非到周厉王时期才开始的，而是更早。就在著名的成康盛世之后，康王之子姬瑕继承了帝位，是为周昭王。周昭王统治之时，周朝便“王道微缺”，国势开始衰落了。衰落的标志性事件就是“昭王南征不复”。

事情是这样的：周朝建国及势力拓展，取的是坐西向东、坐北望南之势。所谓坐西向东，指的是从陕西出潼关，经河洛，至东都，经营黄河下游，直达齐鲁。武王伐纣、周公东征两次重大的军事行动，经营的都是这个方向。所谓坐北望南，指的是从陕西出武关，向江汉，经营南阳、南郡一带，直至江淮流域。昭王南征，其实是周朝向南讨伐楚国。可惜的是，这次军事行动失败了，周昭王自己也“卒于江上”，在渡汉江时，船翻江中，淹死了。

值得关注的，周昭王死后，周朝没有向各诸侯国发布讣告。有诸侯问及此事，周朝的回答是：昭王南巡，渡江时意外遇难，言辞之中遮遮掩掩。因此，史书上关于此事的记述也是一笔带过。幸好，2003 年 1 月，陕西眉县出土了一批青铜器，在其中一铜盘的铭文上刻有昭王“朴伐荆楚”的字样，证明昭王根本就不是“南巡”，而是“南征”。“南征”之理由本来就不正当，行动本身又失败，昭王本人也殒命江中，这可说是周朝势力向南扩张的一次彻底失败。周王朝也知此次“南征”太丢面子，故不愿声张，连天子之死都不肯向诸侯发讣告，诚可谓“理不直，气不壮”。

昭王之后，周穆王仍想通过炫耀武力树立国威，遂出兵征讨犬戎，结果仅“得四白狼四白鹿而归”。本来是发动一场征犬戎的战争，结果却变成了一次小型的打猎活动，甚是滑稽。更严重的后果是，“自是荒服者不至”，原本承认周朝并按时来朝贡的夷狄部落，从此以后再也不来朝贡了，也就是说，周王朝失去了对夷狄部落的影响力——人家既不对你感恩了，也不再害怕你了。不感恩是因为你无缘无故就兴兵征伐人家，不害怕是因为人家发现你的征伐也不过尔尔，不足为虑。

昭王南征和穆王征犬戎，两次军事行动的失败严重损害了周王朝的对外关系，大国形象因此大打折扣。这还不是最要命的，最要命的是，周穆王又用严酷的刑罚镇压人民。他制定了三千多条刑法，其中最有名的就是“五刑”，即黥刑（在额头刺字）、劓刑（割鼻子）、膑刑（砍脚）、宫刑（毁坏生殖器）、大辟（死刑）。这种用严刑峻法镇压人民反抗的做法，走的不正是商纣王用炮烙之刑镇压反抗者的老路吗？

◎观点提炼：西周灭亡之原因

无论是在国家治理还是在文化创建方面，西周均有许多可圈可点之处，其对中国后世的文化影响也十分巨大。这样一个卓有成就的王朝，其创建和发展必有可取之处，其衰落与覆灭也必有值得深思之因。

一般人很容易把西周的覆灭与周幽王的道德败坏联系在一起。这当然不错。在所有王朝的覆灭过程中，我们几乎都可从其末代帝王的身上找到种种致命弱点，但是，若将统治者个人的原因夸张得过大，那也会阻碍我们对问题进行更深入的探讨。

西周的情况尤其如此。需要为这个王朝覆灭承担责任的统治者，显然不止周幽王一人，周昭王、周穆王、周厉王都应该位列其中。可是，我觉得光批评这些统治者的道德瑕疵仍然不够。在这几位不靠谱的帝王之外，似还有更深层次的原因。

西周立国，靠的是自西向东的武力夺取，这是一种侵略性的武装移民和军事占领。它建国之后的分封制和礼乐文化，无不是以强大的军事攻势做后盾的。武王先军事讨伐，灭商之后再分封；周公先东征平叛，平叛之后再次分封。这种武力征讨在前、政治分封在后的封建模式，其疆域的拓展和政治的兴盛，始终需要强大的武力贯彻。可是，鉴于商朝灭亡的惨痛教训，周人确定的治国理念却是“尚文”，推崇道德伦理，推崇礼乐教化。如此一来，在武力上的开疆辟土与文化上的道德本位之间就形成了一种治理错位。虽说二者并非根本矛盾，但毕竟有相当大的内在冲突。道德本位的天命观喊得越响，武力征伐的合法性就越容易被削弱。这种矛盾在王朝建立之初可能还没那么明显，可是愈到了王朝的中后期，二者的内在冲突就愈剧烈。

如果王朝一直由道德修养好、执政能力强的帝王来统治，那么这种冲突或可得到缓解，西周王朝还能延续更长的时间。可是，哪一个王朝能保证它的帝王全是明君？在一个权力世袭的制度之下，帝王中出现昏君是必然的。因此，西周王朝出现昏君也是不可避免的。

昏君会激化王朝体系所隐含的内在矛盾，昏君的言行挑战了道德本位的天命观，并直接导致了“礼崩乐坏”。礼乐体系一崩溃，西周王朝也就“乱了纲常”，其覆灭的命运遂不可避免。

春秋霸业与尊王攘夷

周平王迁都雒邑之后，东周开始。东周又分春秋和战国两个阶段，之所以要做这种区分，实因春秋可概括为“霸政时期”，而战国则属于“新军国时期”，两个时代有着截然不同的特征。

春秋时代的政治主题是创建霸业、争当霸主。为什么要争当霸主呢？首先就是因为周天子的政治权威丧失了。《左传》称：“周之东迁，晋、郑焉依。”即周平王东迁雒邑之时，就得依赖晋国和郑国两个诸侯国的力量，可见当时王室已然丧失号令诸侯的实力了。既然周天子已丧失了权威，各诸侯国就纷纷自作主张，争夺霸权，春秋时代就此开始。

春秋时代，与周天子丧失政治权威相伴而生的，还有整个社会秩序的解体。这种解体的第一个表现是各诸侯国的内乱。比如在郑国，郑庄公与弟弟共叔段交恶，直至兵戎相见；在以礼仪之邦著称的鲁国，发生了鲁桓公弑兄鲁隐公，然后自立的事件；在宋国，发生了华督杀掉孔父嘉、宋殇公的华督之乱。为了争权夺势，诸侯国中经常发生兄弟相残、以臣弑君之类的政治动乱，这充分说明，周朝建国初期所确立的政治秩序和道德伦理体系均已崩溃，正所谓“礼崩乐坏”是也。

社会秩序解体的第二个表现是诸侯间战争频繁、兼并不断。西周时所分封各诸侯，本来均属周天子统辖之下的兄弟之邦，大家都是“华夏”的一分子，理应相亲相爱。可在周天子失去政治上的统摄力之时，原本的“兄弟之邦”说翻脸就翻脸，有实力的大国不断兼并小国。有人统计过，整个春秋期间，楚国兼并了 42 个小国，晋国兼并了 18 个小国，齐国兼并了 10 个小国，鲁国兼并了 9 个小国，宋国兼并了 6 个小国，其余不再一一列举。

同属“华夏”的诸侯国之间征战，彼此消耗，则又引起了夷狄的进攻。所谓华夏与夷狄，其实指的是生活方式和文化理念之不同。西周建国，本是一种农耕民族的武力拓展，它所统辖的辽阔疆域之中，除了诸侯国的农耕区域，还有不少游牧民族，被称为“夷狄”或“蛮夷”。各诸侯国在实力强大之际，自是能抑制夷狄的抢掠；可待诸侯国实力衰弱之时，夷狄就会趁火打劫，攻击诸侯国。当时对中原各诸侯国最有威胁的夷狄，北有狄人、山戎，南有对中原虎视眈眈的楚国（当时的楚国还被视为蛮夷）。

为了改变诸侯国一盘散沙的局面，以对抗夷狄，遂有齐桓公、晋文公等人霸业的兴起。

春秋时期各大国之“称霸”，实因当时大国不止一个，尚无一国可以尽数慑服所有诸侯国，所以只能以诸侯之长的身份自居，即霸主。春秋首霸就是齐桓公。

齐桓公当政期间，任用管仲为相，在齐国进行了一系列改革，使齐国一跃成为东方大国。在中原各诸侯国普遍陷入内忧外患的情况下，强大的齐国站了出来，通过武力保护和价值输出两种办法维护了天下秩序。武力保护方面，齐国帮助邢国、卫国抵抗了狄人的南侵，帮助燕国打败了山戎。武力之外，齐桓公和管仲君臣还提出了“尊王攘夷”的普世价值观，这个价值观的核心是：正因为周天子丧失政治权威，所以才有列国互相征战的不团结局面；正因为中原各国不团结，所以不能抵御夷狄的侵略。为了抵抗夷狄,我们必须尊重周天子,按时朝贡。可以说“尊王”是“攘夷”的必须手段,“攘夷”让本已失去政治权威的周天子又保留住了名义上的尊贵位置。

齐桓公称霸之后,先后会盟诸侯15次,确实抵御住了北方狄人、山戎和南方楚国的进攻。除了政治和军事上的重大作为外,齐桓公还重申了一些普世的治国理念和道德礼法。在公元前651年的葵丘会盟上,齐桓公向各诸侯国宣读了共同遵守的盟约,其中规定,各诸侯国要“言归于好”;不可壅塞水源;不可阻碍粮食流通;不可以妾为妻;不可随便杀死士大夫;不可不让士世袭官职;要尊贤育才,等等。若有人违反这些盟约,就被视为“乱臣贼子”,就可“人人得而诛之”。

齐桓公的这些“普世价值”在当时是一种先进的理念,且能救治时弊。比如,各盟国“言归于好”,不可壅塞水源,不能阻碍粮食流通等几条原则,实在是维护正常国际秩序的保证。各诸侯国出现纠纷,不可擅自动武,亦不可轻易使用“经济制裁”,而是要提交霸主裁决,这种处理国际危机的机制远比动辄兵戎相见强得多。另外,不可以妾为妻,不可随便杀死大夫等几条道德准则,看似有“干预他国内政”之嫌,实则是为了防止各国发生内乱。因为国君正妻的儿子才是嫡子,才有资格继承国君之位。若没有“不可以妾为妻”的硬性规定,小妾们多会凭着年轻貌美的资本和无所不用其极的手段挑战正妻的位置,这种残酷的宫廷斗争经常搞得父子反目、兄弟相残,国家亦会随之动乱不已。

那么什么样的诸侯国国君才有资格成为霸主呢?很简单,文治和武功都要过硬才可。要在春秋时期当霸主,没有强大的武力做后盾当然是不行的,可是,仅仅依靠武力也是不够的,武力之外还必须讲道义,这便是史书上所说的“大国制义以为同盟主”。

霸主的文治武功，在齐桓公的身上可以得到很好的佐证。其他几位霸主，也大体如是。

齐桓公去世之后，受齐桓公托孤的宋襄公曾有过昙花一现的霸业，但很快为楚国所败。再之后称霸的为晋文公、秦穆公、楚庄王。春秋晚期，吴王阖闾和越王勾践也曾称霸，不过二者的势力仅限于东南一隅，对中原地区影响不大。

◎延伸阅读：齐桓公之救燕、伐楚

公元前663年，山戎屡次侵犯燕国，燕国向齐国求救。齐桓公与鲁庄公在济水相会，商讨共伐山戎之事。鲁庄公表面答应共同行动，实际上却按兵不动。齐桓公与管仲、隰朋率兵北伐山戎。齐国君臣上下同心，终于战胜山戎，达到了救援燕国的目的。燕庄公对齐桓公感激涕零，离别之际，送了一程又一程，不知不觉间，就到了齐国的地界。按照当时的礼法，“诸侯相送不出境”。一看这种情形，齐桓公好人做到底，说：“我不可以无礼于燕’，遂把燕庄公所到之地划给了燕国。诸侯听闻此事之后，对齐桓公心服口服——人家不仅有实力，还这么讲道义，太难得了！

北讨山戎之外，齐桓公又向南伐楚。楚国始族季连，其后裔鬻熊曾在周文王时为官，传至熊绎，被周成王封到楚地（今湖北省秭归县东南）。但楚以蛮夷自居，成王盟诸侯于岐阳，楚不参加会盟，等于不买周天子的账。昭王二十四年，周昭王亲率六师，渡汉水南征。结果，船行至流水，船翻，昭王溺水而死，周军大部丧亡，史称“昭王南征而不复”。至楚武王、楚文王时，楚国连年扩张，伐随、伐申、灭邓、灭息，开拓疆域到汉水中游，国势日渐强盛。公元前666年，楚国无故伐郑，被齐、鲁、宋联军击退。公元前659年，楚国因郑国亲齐，又派兵伐郑。

为了抗楚，公元前656年，齐国会合鲁、宋、陈、卫、郑、许、曹，八国联军征伐楚国。

楚成王派遣使者到诸侯军中说："君王住在北方，我住在南方，纵使牛马跑散也不会到达彼此的边境。不料君王来到我国境内，这是什么缘故？"

管仲代表齐桓公回答："从前召康公命令我的祖先太公说：'天下诸侯，你都可以征伐他们，以辅佐周室。'赐给我祖先征伐的范围，东到大海，西到黄河，南到穆陵，北到无棣。你们的贡物包茅不进贡王室，天子的祭祀不能得到充足的供应，没有什么用来滤酒祭神，我特来追究这件事。周昭王南巡到楚国没有返回，我也一并追究。"

楚国使者回答说："贡物没有进贡王室，是敝国国君的罪过，岂敢不供给？至于昭王南巡没有返回，君王到汉水边上去查问吧！"

诸侯军队继续前进，驻扎在陉地（今河南偃师县东）。联军与楚国军队对峙到夏天。楚成王又派遣使者屈完前往诸侯军中谈判。齐桓公陈列诸侯军队，与屈完同乘一辆战车观看。齐桓公说："这次用兵难道是为了我自己吗？这是为了继承先君建立的友好关系，你们楚国与我们继续友好，如何？"

屈完回答说："君王光临，向敝国的社稷之神求福，承蒙收纳敝国国君，这乃是敝国国君的愿望。"

经过谈判，楚国表示愿意加入以齐桓公为首的联盟，听从齐国指挥。于是齐桓公与楚国的屈完签订了盟约。此次伐楚，齐桓公率领的诸侯联军虽没有对楚国穷追猛打，但达到了让楚国承认周天子地位、不再侵略中原各国的战略目的。

齐桓公北抗狄，南伐楚，安内攘外，保护了中原经济和文化的发展，其历史功绩是不可磨灭的。孔子曾说："晋文公谲而不正，齐桓公正而不谲。"意思是，晋文公诡诈而不正义，齐桓公正义而不诡诈。这是一个比较高的评价。我们知道，孔子对春秋时期的许多国君都看不上眼，称他们是"乱臣贼子"。他之所以认为齐桓公"正而不谲"，绝不仅仅是因为其霸业本身，而是因为齐桓公有一定的道义和文化担当。齐桓公的"尊王"对恢复"周礼"有积极作用，这一点与孔子毕生的文化诉求极为合拍；而"攘夷"则不仅保护了中原各国的经济发展，对捍卫中原文明有着至关重要的作用。

◎观点提炼：大国争霸的实质及意义

春秋时期的争霸战争及随后的诸侯会盟，实质上是霸主国安排"国际秩序"的两种手段。大国通过发动战争，掠夺了土地、人口和财物，扩大了自己的势力，然后再通过会盟的形式将自己的利益和特权固定下来。小国为了自己的安全，只得依附大国，以政治上的臣服和经济上的纳贡来寻求大国的保护。人们常说的"春秋无义战"，其道理就在于此，即这一阶段的战争，本质上都是为霸业而战，为利益而战，而非为道义而战。不过，这种争霸战争及与之相匹配的会盟，在客观上也起到了以下积极效果。

其一，争霸战争进一步开拓了"华夏"疆域。比如，秦穆公称霸西戎，将"华夏"的空间范围大大向西拓展了；楚国兼并江淮、

汉水流域诸小国，并随后成为霸主，也等于将这些原本属于"蛮夷"的南方区域纳入到了"华夏"版图。

其二，争霸战争造就了几个大的区域中心，促进了民族融合。春秋时期，因被称为"夷狄"的少数民族不断袭扰中原，中原的霸主也以"攘夷"为口号，整合资源，与之相抗，于是就出现了空前的民族大对抗、大迁徙与大交流。华夏各诸侯国与少数民族各部落通过相争相抗达成彼此融合，加速了华夏族与其他民族的经济、文化交流。各大国之间交替称霸，在实际上形成四大区域中心，即以齐国为中心的东方民族文化融合区、以晋国为中心的中原民族文化融合区、以秦国为中心的西北民族文化融合区、以楚国为中心的南方民族文化融合区。这几大民族文化融合区又通过频繁的交往，互相学习、互相促进，使整个社会的制度、经济、文化、军事等得以快速转型、升级。

其三，争霸战争加快了制度升级。西周时期建立的封建体系，原本是一种血缘共同体和权力共同体高度重叠的宗法体系。周天子既是天下共主，又是大家长。待到春秋时期，社会全面转型，"礼崩乐坏"，先是周天子成为傀儡，号令诸侯的大权转移到了霸主之手；接着，诸侯手下的卿大夫（比如鲁国的"三桓"，晋国的"六卿"等）有样学样，也纷纷篡夺了诸侯的大权；到了春秋晚期，卿大夫手下的家臣（即所谓的"陪臣"）又篡夺了卿大夫的权力。权力不断下移使老牌贵族逐渐被淘汰，新兴的士大夫阶层发挥的作用越来越大。与权力下移相伴发生的，还有文化的下移和制度的更新。文化下移体现为官学废弃，私学兴起，一度为官方垄断的学术文化体系彻底瓦解，思想文化的传授与传播转移到了民间。此事让平民子弟得到了学习"诗书礼乐"的机会。一些平民子弟通过学习改变了命运，一跃成为"士人"，固化的社会阶层被打破了，社会活力和个人潜能就此激活。

在经济方面，由于人口增长，各地彼此接触，许多资源得以流通。以粮食而论，原本产于北方的黍稷、南方的稻谷，到春秋时期已能在各地普遍种植，小麦、豆菽的种植技术也推广到了华夏各地。铁器已出现，且大有取代青铜器之势。华夏各地之间的物产交换越发频繁，货币广泛使用，富商巨贾开始出现，商品经济随之诞生。

战国:军事对抗的时代

从公元前476年(周元王元年)到公元前221年秦始皇统一六国,这250多年的历史被称为"战国"阶段。以"战国"二字命名这段岁月,足以说明战争在那个时代是多么频繁。

春秋末期,诸侯中的大国为晋、楚、齐、秦、越、燕六国,晋国担任霸主国的时间最长。后来,晋国被赵、韩、魏三大政治家族所分,史称"三家分晋"。与此同时,原本属于姜姓的齐国也被权臣田氏取代,史称"田氏代齐"。春秋与战国两个时代的划分,即以"三家分晋"与"田氏代齐"为标志。春秋末期骤然兴起的越国,至战国中期即被楚国所灭,如此一来,战国时期的大国也变成了秦、楚、齐、燕、赵、魏、韩七个,是为"战国七雄"。七个以武力争胜的国家,相互之间或合纵或连横,征伐不已,遂酿成烽火连天之势。

春秋时代,国君要应对的两件大事是祭祀与战争,"唯祀与戎"。等到了战国时期,战争成了各国君王所要面对的头等大事,重要性已远在祭祀之上了。不唯如此,战国时期的战争在性质、规模、战术手段、军事理论等各个方面都发展到了一个前所未有的阶段,值得单独说一说。

春秋时期,战争的性质是"争霸",即争夺霸主国地位——两国交战,败者称臣纳贡,承认胜方"老大哥"的国际地位。但到了战国时期,战争的性质已经不再是争霸战争,而变为兼并战争了,即发动战争的主要目的就是为了兼并土地、夺取城池。如果说争霸战争主要是为了争面子的话,那兼并战争所争的可就不只是面子,更有实实在在的利益,土地、城池、人口等均成了争夺对象。战败了,不但丢面子,还要丢城、丢地、丢人。正因如此,战国时期的战争比春秋时期的战争规模要大得多,战术手段也复杂得多、残酷得多。春秋时代的战争规模小,投入的兵力少(一般不超过千辆战车),战争基本在一天之内结束。到了战国阶段,战争动辄就要投入几万、十几万乃至几十万的兵力,双方旷日持久地厮杀,一场战役打几个月是寻常之事。著名的秦赵长平之战,历时三年,参战兵力近百万,赵军战败后,光被秦军坑杀的降卒就有四十万之多,其规模之巨大、战况之复杂、战局之残酷可谓史无前例。

此外,战争手段和战术水平在战国时期也发展到了一个前所未有的高度,绝非春秋时代可以比拟。春秋时代的战争模式比较单一,两军都使用战车,在一个相对平坦的战场列好阵形,然后发起冲锋。可等到了战国时代,随着战争范围的扩大和作战条件的复杂,战车就被淘汰了。为什么?其一,战车的使用条件太苛刻,必须在平原上使用,若在山区作战,其劣势就相当明显。其二,与骑兵相比,战车机动性太差。战车与骑兵作战,战车一方即便打赢了,人家骑兵掉头就跑,你追不上;若战车方打败了,你驾着四匹马拉的战车如何跑得掉?其三,战车已经不适应新技术条件下的战争形势了。战国时期,各国都有弩箭部队,那就是当时的"远程武器",战车这么大的目标,不正成为人家弓箭的靶子吗?正是基于上述原因,战车这种作战形式在战国时期被淘汰了,取而代之的是骑兵、步兵、特种兵、侦察兵、箭弩兵等多兵种的协同作战。在骑兵取代战车的过程中,赵武灵王推行的“胡服骑射”是一场极其重要的社会变革,它直接将战争从 1.0 版本升级到了 2.0 版本。

战术手段的丰富性势必然带动战场形势的复杂化,而战场形势的复杂化又呼唤着军队训练的专业化和战役指挥的专业化,彼此互动,也就将军事理念和战术水平提升到了一个新的高度。秦国最后能兼并六国,很大程度上在于秦军有它独创的先进战法——箭弩阵与轻骑兵密切配合的突击法。秦军与敌方作战,第一轮上场的是训练有素的箭弩兵,他们按一定的阵形摆开,对着敌方的部队或城池,密集发射“箭雨”,这类似于二战时期的“炮火打击”。一阵密集的箭雨之后,秦国的轻骑兵趁着对方阵脚大乱之际就迅速发起冲锋,他们或直插要害,“中央突破”,或“两翼包抄”,合围敌人。这种先进的战法,再加上士兵训练有素,所以秦军才在战争中屡屡取胜,威震诸侯。在战国后期,唯一能对抗秦军的赵国军队,亦有他们的撒手锏——骑兵冲锋战术。赵武灵王“胡服骑射”改革之后,赵国的骑兵规模和骑兵作战能力均发展迅猛。赵国与他国作战,往往就利用他们的骑兵优势,以骑兵占领战场制高点,通过骑兵居高临下冲锋的方式冲垮敌人。公元前 269 年,秦赵之间在阏与交战。赵国名将赵奢前期故意行军缓慢,给秦军造成赵国畏战的假象,意在麻痹秦军。随后,他率部急行军赶到战场,以骑兵占领战场高地,迅速发起了冲锋,一举击垮了秦军。

战争频繁,对手之间相互对抗,也相互学习,这使得战国时期的战术手段迅速提升。比如,秦国在秦孝公时期与韩国交战,发现韩国的劲弩有强大的杀伤力,他们缴获劲弩后就用心研究,随后开发出威力更大的秦弩。在阏与之战被赵军打败之后,秦人也积极学习骑兵战术，并结合本国特点，开发出了用轻骑兵迂回包抄、合围敌军的战术。公元前260年，长平之战中，白起就利用轻骑兵包抄、合围的战法，将赵括率领的赵军成功地分割包围。

战术手段之外，军事指挥艺术在战国时期也发展到了一个新高度。战国时期，前期的军事指挥还是军政不分的，即一国的国相统领军队，指挥作战。越到后期，军事指挥越由专业化的战将负责。为赢得战争的胜利，这些将领竭尽所能，创造出了许多新的战役形式，指挥了许多经典战例。这些战例不仅丰富了指挥艺术，而且也推动了军事思想的进一步发展。比如，孙膑在马陵之战中打败庞涓，采用的是伏击战；廉颇在长平之战中之所以能与秦军对峙三年，用的是堡垒防御战；白起在长平击败赵括，打的是大规模歼灭战；三家分晋之际，智伯先是对赵襄子用水攻，放水淹赵晋阳城，后来他自己也被赵、韩、魏三家水攻；齐国的田单用“火牛阵”奇袭燕军大营，用的是火攻。这些不同的作战模式和指挥思路，使得战国时期的战争异彩纷呈、可圈可点。更重要的是，随着战争实践的发展，兵家和兵法理论体系亦在战国时期趋于成熟，孙膑兵法、吴起兵法、鬼谷子兵法直到今天还是人们津津乐道的重要军事理论。

◎延伸阅读：“胡服骑射”到底是怎么回事

战国时期的赵国地处今天陕西、山西、河南、山东之间，西面是秦国和韩国，西北有林胡、楼烦等少数民族部落，北面是中山国，东北与燕国、东胡相接，东南与齐国、魏国为邻，可以说是一个“四战之国”，地理位置很差，饱受邻国侵略之苦。

到赵武灵王当政之时，他敏锐地感觉到了骑兵在战争中的巨大威力，遂排除阻力，推行“胡服骑射”。具体措施有以下几项：其一，放弃宽袍大袖的华服，改穿胡服。变履为靴，以便于骑马，将原来用铜做的重甲改为用皮革做的轻甲，以减轻重量，便于在战场上快速驰骋。其二，招骑射，以优厚的待遇招募会骑马射箭的人充当骑兵。其三，收编胡兵，将赵地的胡人编入骑兵队伍，发挥他们善骑善射的特长，让他们带队伍，提升赵国骑兵的战斗力。其四，建立骑兵训练基地，购买胡马。生长在北方内蒙古高原一带的马匹善于奔跑，耐力好，比中原地区的马匹更适合做战马。其五，给骑兵配备更适合马上作战的长矛和剑矛，更新武器装备。从这些内容我们就可以看出，赵武灵王的胡服骑射实质上是一场全面的军事革命，从服装到武器，从铠甲到战马，从士兵到战法，围绕战争的各个环节都进行了一次全新的升级。

一年之后，这项改革就见成效了。赵武灵王二十年（公元前306年），赵国进攻中山国，一直打到宁葭（今河北省石家庄市西北）。赵国的另一路军队向西进攻林胡，一直打到榆中（今内蒙古伊金霍洛旗一带），迫使林胡王“献马求和”。一年之后（公元前305年），赵国再次进攻中山，一路攻城略地，收获颇丰，原属于赵国的鄗地被夺回。两年后，赵国再次进攻中山国，中山国只好献四城求和。到赵武灵王二十六年（公元前300年），赵国继续进攻中山国，连续进攻五年后，终于将中山国全部吞并，赵国的土地连成了一片。

在进攻中山国的同时，赵国向北、向西不断扩张领土，将包括今天山西北部、内蒙古中部的大片土地都收入囊中。国土面积的扩大，除了增加人口和耕地外，对赵国来说还有一个特别的意义，那就是得到了宝贵的战马产地。有了内蒙古高原这个优秀的战马产地，赵国骑兵的战马供给就不缺乏了，骑兵的训练水平也水涨船高，步步攀升。胡服骑射的改革至此步入了良性循环：改革增强了赵国的军事实力，原来受侵略的赵国现在可以开疆辟土了，疆域的扩大使赵国有了更优越的战马产地，大量战马的出产进一步增强了赵国的军事实力。

赵武灵王的胡服骑射，不仅惠及赵武灵王一朝，而且还泽被赵国后世。到战国后期，在秦军一枝独秀之际，唯一能与秦军对抗的就是赵军。公元前269年，秦军进攻中原，围困了赵国的军事重镇阏与（今山西省和顺县），赵国的大将赵奢带兵救援，在阏与之战中靠骑兵冲锋战术“大破秦军”“解阏与之围而归”。赵军骑兵强大的战斗力，当然与赵武灵王推行的胡服骑射改革密不可分。

◎观点提炼：战国时期的变法与社会秩序重组

为了适应激烈的兼并战争之需要，战国时期的几个大国均进行了自上而下的政策调整，是为“变法”运动。比如，李悝在魏国实行变法，吴起在楚国实行变法，邹忌在齐国实行变法，商鞅在秦国实行变法。这些变法在具体措施上当然有不少差异，但主要精神不外乎以下几点。

其一，废世卿世禄制为奖励军功制。西周时期，诸侯、卿大夫等贵族阶层有封邑，封邑可以世袭，贵族的后代凭其血缘即可世代担任高官，享受特权。这就是世卿世禄制度。但随着宗法体系的没落和社会活力的激发，与贵族世家没有血缘宗法关系的“士人”阶层开始登上了历史舞台。他们凭着个人能力投靠到卿大夫之家，充当家臣，卿大夫则以禄田或粟米向家臣支付报酬。这其实已是一种新型的官僚制度。至战国时期，随着士人阶层的不断壮大，这种新型的官僚制度得到了确认与普及。适应此种情势，各大国的统治者纷纷以“举贤任能”为口号，打击旧的世卿世禄制度，以给新崛起的士人阶层提供更大的舞台。

其二，以郡县制代替封邑制。这一点是加强国君权力之必需，也是国君为应付兼并战争，最大限度动员全国力量之必然手段。封邑制是西周时期宗法封建体系之产物，当时周天子统摄天下，各诸侯国国君之权力上面受周天子之控制，下面又受卿、大夫等家族势力之掣肘，很难动员全国之力发动战争。可待宗法封建体系解体之后，诸侯国各自为战，彼此征伐，此时诸侯国国君必须将权力集中到自己手中才能贯彻“全国一盘棋”的执政思路，以达到“富国强兵”的目的。只有富国强兵，才能保证自己的国家有能力发动战争或者应对战争。正是基于这种考量，各国的变法才纷纷推行郡县制。郡县制之下，郡守、县令均由国君任免，其职位不能世袭，视其忠诚度及能力优劣而任免进退。如此一来，国君对国家的掌控能力极大加强。这一点，也为后来秦始皇创建帝制打下了基础。

其三，废井田，开阡陌。这一点是由铁制农具和牛耕技术的推广而催生出来的生产力大发展。牛耕技术在我国产生于春秋时期，大面积推广则到了战国时期。冶铁技术也一样，它在春秋时期已经出现，但其成熟与推广则是在战国时期。二者天生是绝配，“只有铁犁才能承受得住牛的拉力，也只有耕牛才能拉动铁犁”。这两项技术的广泛推广，不仅让大面积的开垦与耕种变成了现实，而且也极大地提高了土地利用率。二者的效力一叠加，使得粮食的产量大幅度增加，农业经济迅猛发展。在生产大发展的刺激之下,原来相互隔绝的一块块井田,势必被整块的大面积农田所取代。井田制一废,国家趁势将土地收归国有,然后再以授田制的方式"授予"农户,农户耕种了国家的土地,向国家上交赋税也属天经地义。土地制度的变革由此完成,并在日后被沿用了两千多年。

为了与大开阡陌相配套,一些国家还兴修了大型水利工程。比如,魏国修了邺渠,秦国修了都江堰和郑国渠。这些国家修建的大型水利工程,既能防洪,还能灌溉,有时甚至能形成"沃野千里""天府之国"的奇效。此事一方面说明我国的农业和水利在战国时期就已经发展到了一个相当高的水平,另一方面也看出中央集权国家对社会经济生活干预力度之强大。土地资源归国家所有,国家为了让土地发挥最大效率,不惜进行巨大投入,修建大型水利工程,以确保农民的农业收成。农民有了好收成,国家自然可通过收取赋税来达成"国富"之目标。国库充实之后,就可拿出更多的钱粮来扩军练兵,"富国强兵"由此连为一体。而各国变法的最终目的,都是为了"富国强兵"。

概括地说,整个战国时代就是一个通过战争这种最暴烈的方式刺激、重组国家秩序的历史进程。在这一过程中,创建于西周时期的宗法封建体系被摧毁,百姓得以从等级森严的权力结构和宗法束缚中脱离出来,成为个人。可随后他们又以个人的身份被纳入到国家组织之中,成为国家的一分子,听从国家的调遣,或按时交纳赋税,或被征召为士兵。就此而言,我们可说战国时代实乃是秦汉帝国的前夜。

诸子百家：从神到人的文化觉醒

大凡一个急速转型的时期，人们的内心安宁多会被打破。在时代的巨变面前，人们的身心均要受到极大的刺激与震动。旧的世俗权威和精神权威都倒掉了，旧的秩序解体了，旧规则也没几个人遵守了。过时的东西必须被摒弃，可新的权威、秩序及道德伦理尚未构建完成。此等情形之下，大部分人都会感到茫然若失，身心疲惫。另有极少的一部分人则会自觉肩负起文化使命，冷静地审视历史和现实，用心地去寻找适应新时代的指导原则和价值理念。这极少数的人便是思想家、哲学家。

春秋战国500多年的历史就是一个巨大的社会转型时期，此间涌现出的诸子百家，是中国历史上一流的思想家、哲学家，他们的思想可说是中国思想体系的核心部分。

儒　家

孔子（公元前551—公元前479）是儒家思想的创始人，伟大的教育家、思想家。

孔子是春秋末期的鲁国人，他的祖先是宋国人，他的父亲叔梁纥是鲁国的武士。孔子自幼好学，以“知礼”著称。所谓“知礼”，就是说孔子不仅懂得当时贵族流行的一切礼仪形式，还深入研究了这些礼仪的沿革和文化内涵。孔子在历史上能确立儒家宗师的身份，最重要的一点就是他从“周礼”中提炼出了“仁”的思想理念，将一套事无巨细的贵族行为规范提升到了思想文化的高度。

孔子所说的“仁”，指的是人与人之间相亲相爱的一种美好关系，正所谓“仁者爱人”。“仁”又可分为“恕”和“忠”两个维度，“恕”是“己所不欲，勿施于人”，即不要将自己不愿遭受的事施加于他人；“忠”是“己欲立而立人，己欲达而达人”，这代表一种可贵的分享精神，即自己有了成就和快乐，也希望别人有同样的快乐。

孔子希望个人都成为“仁者”（至少也要做一个“君子”），政府实行“仁政”，不要横征暴敛，过度压迫百姓。针对春秋时期“礼崩乐坏”的现实，孔子希望社会上的每个人都能恪尽职守，“君君臣臣，父父子子”，即国君要履行国君的职责，臣子要履行臣子的职责，做父亲的要有当父亲的样子，做子女的要有当子女的样子。

为了推行自己的“仁政”主张，孔子辞去鲁国大司寇之职，周游列国十四载，试图说服其他诸侯国国君接受“仁政”思想，构建一个稳定和谐的天下秩序。孔子游说诸侯国国君的行动失败了，但他在周游列国的过程中宣传了“仁政”主张，扩大了儒家学说的影响力。

孔子念念不忘恢复“周礼”，这看似保守，其实他是一位伟大的思想革新者。他是当时最有名的礼学大师，擅长主持祭祀、葬礼之类的事情，但他却把文化关注的目光从鬼神转向了人——从取悦鬼神的祭祀文化转移到了构建人间和谐关系的“仁政”上。他对“鬼神”采取一种搁置不议的态度，宣称“敬鬼神而远之”，其用意正在于重视人的潜能开发、重视理性，而逐步摆脱神对人的束缚。

孔子还重新解释了“天命”观。他在《论语》中所说的“天命”，已不再是一个王朝的政治天命，而是指个人的天命，即一个人可以通过充分开发潜能，“尽人事，听天命”，以自己的理性选择和积极作为来完成自己的道德使命、文化使命和生命体认。这一思想显然脱出了一切由神灵主宰的宿命论之窠臼，开启了从“神本位”到“人本位”的伟大转换。

孔子生前也曾短暂从政，但他绝大多数的时间都在从事教育工作。他兴办的私学是春秋末期最著名的私学，他的门下有“弟子三千，贤人七十二”，办学规模和教学成果都非常显著。孔子办私学，提倡“有教无类”，极大地降低了入学门槛，使平民百姓也可学习到以前贵族们才能独享的文化和技能。钱穆先生说：“孔子是开始传播贵族学到民间来的第一个。孔子是开始把古代贵族宗庙里的知识来变换成人类社会共有共享的学术事业之第一个。”这个评价十分恰当。

孔子在教学过程中体现出了高超的教学艺术，他对弟子时而“因材施教”，时而“循循善诱”，师生之间如切如磋，如琢如磨，有着良好的人格熏染和学术砥砺。从这一点上看，孔子不愧为“至圣先师”，伟大的教育家。孔子和弟子之间相互问答的语录，后来被弟子们编辑成《论语》一书，成为儒家最著名的经典。

孟子是孔子之后的又一位思想大师，被称为“亚圣”。他是战国时期的鲁国邹（今山东邹城）人，其经历与孔子很相似，也是早年丧父，由母亲抚养长大，成人后以道德崇高、学问精深而著称。孟子继承了孔子的“仁政”思想，也一度周游列国，试图劝说战国时期的各国君王实行“仁政”，他的劝说行动最后也以失败而告终。他晚年和弟子一起编撰了《孟子》一书，系统地阐述了自己的思想主张。

孟子发展了孔子的“仁”政理念，提出了著名的“性善”论，指出“人性本善”，人人皆有“四心”，即“恻隐之心，人皆有之；羞恶之心，人皆有之；恭敬之心，人皆有之；是非之心，人皆有之。恻隐之心，仁也；羞恶之心，义也；恭敬之心，礼也；是非之心，智也。仁义礼智，非由外铄我也，我固有之也，弗思耳矣。”意思是，人人都有同情他人、明辨是非善恶的本能，仁、义、礼、智这些优秀的品格是人本身固有的，并非外界强加的，只不过有些人不善于开发这些潜能罢了。在孟子看来，既然人性本善，那么做人行善行、执政行“仁政”也就成了顺势而为之事，而那些所谓的恶人，不过是丢失了自己的本性而已。

与孟子“性善”论相对的，还有儒家中持“性恶”论的荀子。荀子是战国晚期的赵国人，曾在齐国的稷下学宫三任“祭酒”，即担任学宫的最高职位，他后来游历楚国，当过兰陵（今山东兰陵县）县令。荀子认为，“人之性恶，其善者伪也”。意思是，人性是恶的，有性善的人，那是人为矫正的结果。而荀子正是想通过“礼”“法”并举的手段来矫正人性之恶，使之弃恶扬善。

荀子说：“生而有耳目之欲，有好声色焉，顺是，故淫乱生而礼仪文理亡焉。然则从人之性，顺人之情，必出于争夺。”意思是，正因为人性中有恶的因子，如果顺从这种恶，任其发展，那社会秩序就乱了。为了制止引发社会动荡的“争夺”，就必须“明礼义以化之，起法正以治之，重刑罚以禁之，使天下皆出于治，合于善也”。即要用礼仪、法律和刑罚来治理民众，防止其作恶。

孟子与荀子之间的“性善”“性恶”之争，与其说是纯粹的理论论争，倒不如说他们是针对不同时代所开出的不同“救治”药方。孟子生活在战国中期，他的“性善”论针对君王，侧重于正面引导，意在劝诱他们执行“仁政”；而荀子生活在战国晚期，当时的战争更惨烈，社会更混乱，荀子的“性恶”论针对如何治理民众，意在帮助统治者找到一种矫正现实弊端的执政理念。脱开孟子、荀子的具体时代而言，“性善”论和“性恶”论恰好从正反两个方面充分论证了后天学习对一个人成长的重要性，也论证了一切社会治理都要遵循以人为本、惩恶扬善的基本路径，这也更进一步地将文化关注的目光由神学（祭祀文化）拉向了人学（人间秩序的构建）。

道　家

在中国，道家思想的地位仅次于儒家。如果说儒家思想是士人阶层的哲学的话，那么道家思想就是隐士的哲学。

在春秋战国这500多年的社会转型时期，有些人目睹了无休止的战争、动乱和死亡，对“礼崩乐坏”的社会痛感失望。他们选择了归隐，以退出争夺权力、地位和财富的方式来换得生命的安全和内心的安宁。这便是道家思想产生的社会基础。

春秋战国时期道家思想的代表人物是老子和庄子。

跟孔子一样，老子也看到了统治者对底层民众的残酷压迫，并对此持强烈的批判态度。在老子看来，老百姓之所以难于治理，正是因为统治者法令滋彰、横征暴敛所致。老子反对统治者“瞎折腾”，提倡“无为而治”和“小国寡民”。

老子认为，“道”是万事万物获得生存和发展的根源，“人法地，地法天，天法道，道法自然”。为了顺应“道”，统治者应该“少私寡欲”，尽量少干预民众的生活，让社会顺其自然地去运行，这颇有点“小政府,大社会”的味道。

老子善于使用逆向思维,提出了中国古代的辩证法,他认为事物之间是存在着矛盾的,矛盾的双方又可在一定条件下彼此转化。他说:“祸兮,福之所倚;福兮,祸之所伏。”这是说祸福之间可以互相转化;他说:“物壮则老,是谓不道,不道早已。”这是说事物发展到鼎盛就要开始走下坡路;他说:“有无相生,难易相成,长短相较,高下相倾,音声相和,前后相随。”这是对矛盾的双方相互依存的一种经典概括;他说:“将欲歙之,必固张之;将欲弱之,必固强之;将欲废之,必固兴之;将欲夺之,必固与之。”这是辩证法在政治斗争和军事斗争中的应用策略。

如果说孔子的思想是以“仁”和“仁政”为核心,侧重构建人间和谐秩序的话,那么老子的思想则是以“道”为核心,侧重论述一种更抽象也更超越的宇宙观。

到了战国时期,庄子继承了老子的思想学说,既批评统治者的横征暴敛,也反对儒家倡导的“仁义”道德与“礼乐”文化。他主动选择归隐,拒绝参与任何政治事务。他认为,乱糟糟的现实社会已不可救药,不值得参与其中了,个人所应该做的就是要脱离对任何群体秩序的依赖,以归隐的方式独善其身,并实现精神上的绝对自由。

在中国历史上,道家思想是儒家思想的一个很好的补充。当集权统治和儒家伦理极大地束缚人的心性之时,道家哲学则会让人们从中找到难得的自由精神,借此抒发性灵。当一些官员在官场失意之时,他们也很容易从道家那里获得精神慰藉。因此,中国古代的文人在官场得意之时往往是心怀天下的儒士,而等他们遭贬谪之际则又自然而然地转成了看淡名利、寄情山水的道家信徒。儒家思想倡导的是一种道德人生,道家思想倡导的则是一种艺术人生,二者恰可互补。

墨　家

墨家思想的创始人是墨子。墨子原本受孔子思想影响,学习儒家学说。但学儒之后他感觉儒家提倡的“礼”太繁琐了,儒家的厚葬做法太浪费钱财,儒家在服装、饮食等生活方面比较讲究,这些都会对普通民众的生活造成伤害。于是,墨子抛弃了儒家推崇的周代文化,转而倡导比周朝更早的夏朝文化,“背周道而用夏政”。钱穆先生称:“墨家之学,盖本孔子批评贵族阶级之精神,而为更进一步之主张耳。……其思想激进,于先秦诸子中可称左派,而儒家一脉则右派也。”

墨子的思想之所以比儒家更激进,我想可能与墨子的底层出身有关。墨子出身社会底层,面色黧黑,穿粗糙的衣服,吃简陋的饭菜,“以自苦为极”,常年为道义奔走,日夜不休,“摩顶放踵”,搞得自己年纪轻轻就秃了头顶,就连腿上的汗毛都被磨掉了。

若说儒家是士人的哲学,道家是隐士的哲学,那么墨家则完全是草根阶层的哲学。正因为要替最底层的民众代言,所以墨家比儒家更激进,甚至带有“民粹”和“反智”倾向。儒家主张“仁爱”,墨家就主张“兼爱”,“仁爱”是一种讲究等级秩序的爱,而“兼爱”是一种无差别的爱;儒家主张“学而优则仕”(先学好本领然后再当官),而墨家则主张国君干脆就该把王位让给贤人;儒家提倡“礼乐”治国,墨家则反对一切礼仪和艺术。他们认为,治理国家的根本目标就是满足底层民众衣食住行的最低要求,凡是与这一目标无关的活动都应该被禁止。而且,只要让百姓维持最低的生活水平也就够了,统治者和民众都不应该享受丰富多彩的物质生活和文化生活。这便是墨家“非乐”“节用”“节丧”等主张的核心理念,这些观点的本意是抨击统治阶层的奢侈腐化,是有进步意义的。可是,社会总是向前发展的,物质和精神财富是不断增加的。在这种大趋势之下,墨子却想限制甚至取缔人们的物质享受和精神享受,仅让人们维持最基本的生存需求,这显然是违反历史潮流的。

墨家坚决反战,主张“非攻”。为了维护和平,墨子和他的门徒还曾建立了组织严密的民间维和部队——巨子组织。在极其残酷的战国时代,墨子的主张一度受到了草根阶层的拥护,不少底层民众加入到墨家的巨子组织之中,过着“量腹而食”的清贫生活。可是,一旦社会步入到了一个正常发展的轨道,墨家的思想主张也就丧失了生存的土壤。对此,钱穆先生说:“彼墨徒,本天志,倡兼爱,废礼乐,节丧葬,凡所谓贵族阶级之生活,将尽情破弃,而使人类一律以‘刑徒役夫’为例,是非人情也。”正因墨家的思想太极端,所以其历史影响不及儒家和道家。

法　家

法家思想的代表人物有商鞅、韩非、李斯等人,他们均主张君主集权,主张用“严刑峻法”来治理百姓,他们设计一整套措施,用来帮助国君实施对臣民的严密管控。

法家思想可用“两面三刀”来加以概括。所谓“两面”就是“赏罚”,即一面用“厚赏”的手段鼓励人民为国家努力耕田和作战,另一方面则用“重罚”的方式使百姓不敢触犯法令。所谓“三刀”则是“法术势”,“法”就是国君颁布的法律、法令,“术”就是国君驾驭臣民的权术,“势”则是国君高高在上的权势和地位。

法家认为,国君若能很好地使用“三刀”,就能充分发挥权力的威力,最大限度地整合资源,把国家的人力、物力、财力全部投入到农业生产和扩军备战之中,如此便能实现“富国强兵”“成就霸业”乃至“一统天下”的目的。

法家的治国理念曾在战国时期风行一时,秦国也正是通过商鞅变法而走上了富强之路,并最终统一了六国。但是,法家严刑峻法的治国手段也引起了人民的强烈不满和不断反抗,大秦帝国也因此“二世而亡”。自此之后,法家思想就与“苛政”的坏名声联系在了一起,并受到了后人的严厉批判。总体而言,法家思想与其说是一种哲学,不如说是一种君王统治术更贴切。

阴阳家

阴阳家的主要人物是邹衍,他是战国中期的齐国人,与孟子同时代。他学识渊博,对天文、历史、地理等均有研究,也曾在稷下学宫讲学。

阴阳家的学说源自一种朴素的自然宇宙观,即认为万事万物都有阴阳两个对立面相斥相吸而构成,宇宙由天和地构成,天为阳,地为阴,人类由男人和女人构成,男性为阳,女性为阴。这种阴阳互补的二元论,后来又与“金木水火土”五行相生相克之说相融合,就构成了阴阳五行学说的主要内容。此种学说认为,宇宙的运行有一套自然秩序,那就是阴阳互补,“万物负阴而抱阳”,同时,五行之间相生相克,即:木生火,火生土,土生金,金生水,水生木;金克木,木克土,土克水,水克火,火克金。这套理论再与天文气象、王朝兴衰、人事更迭乃至四季轮回等相附会,就将自然系统与人事系统联系在了一起,形成了一种颇有神秘色彩的

“天人合一”的宇宙观。

阴阳五行学说在今天看来虽然有些荒诞，但它在古代却是中国思想体系中的重要一环。如果说儒家思想是以“仁、义、礼、智、信”五常构建一套人间道德伦理秩序的话，那么阴阳五行学说则以“金木水火土”相生相克的理论构建一种自然秩序。两套秩序平行发展，又时有交叉。

结　语

除上面所说的五家之外，诸子百家中还有兵家、名家、纵横家、农家、杂家等许多学术流派。相对上述五家的思想，这几家更偏重于技术操作的层面，在此就不一一介绍了。概括地说，春秋战国时期的诸子百家均生活在礼崩乐坏、战火连绵的乱世，他们的思想也产生于乱世，可他们的影响远远超越了他们的时代。他们的思想标志着中华民族的第一次文化觉醒——即在摆脱祭祀文化之后所能达到的理性高度。可以说，正是经过诸子百家这一思想上的黄金时期，中国文化才彻底从早期的神学（巫术和祭祀）阶段过渡到了哲学阶段。诸子百家是文化上的巨人，他们的“头脑风暴”照亮了一个民族乃至整个人类的思想天空；他们的思想历经千古，仍值得后人仔细咂摸、认真回味；他们的名字，也因此成了中国文化史上的一座座丰碑。

第二辑

帝国第一期——秦汉

秦朝：中国历史上的第一个帝国

公元前221年，秦始皇统一六国。此事一方面宣告战国时代的结束，另一方面也开启了中国历史上的帝制模式。

秦始皇之所以统一六国，并非全凭其个人的雄才大略。秦国自商鞅变法时起就已成为当时的一流强国，自秦孝公至秦庄襄王，历时一百三十余年，连续六代君王都积极奉行“对外扩张政策”，不断发动战争，蚕食六国。秦始皇最后完成对六国的统一，算是“奋六世之余烈”，完成“兼并战争加速度”的最后一跃。

就内政而言，秦国一直以法家思想为意识形态，执政思路遵循商鞅变法时确定的方向。法家思想虽以“人性恶”为出发点，今天看来过于残忍，也太急功近利，但在战国时代它却很有“现代性”，是跟那个急功近利的时代最配套的思想。法家不为传统习惯、政治特权、血缘关系及道德观念所左右，赤裸裸地讲利害、讲赏罚，高效快捷，最利于国家的高度集权，也最适应长期的“对外扩张”战争——国家采用奖励耕战的政策，能最大限度地调动资源，支持大规模战争。当然，高度集权的国家会极大地压缩百姓的个人空间，但秦国官吏“严格执法”，不打折扣，这也颇能给当时的人们造成一种“王子犯法与民同罪”的平等感。这些因素综合在一起，使得秦国的综合国力最强，军队的战斗力也最强，堪称战国时代的“超级大国”。

秦国在地理上也有优势,函谷关就是它的天然屏障。合纵成功之时,诸侯联军也曾联合进攻秦国,但是打到函谷关就止步了。秦国凭着这个易守难攻的军事要塞可基本保证自身的国土安全。秦军作战多是在敌境,战胜可夺取对方的土地,战败亦可退守函谷关。所以,秦国发动的兼并战争一直是胜多负少,战争成了秦国的最大“红利”。自秦孝公以来,富强起来的秦国就不断对外发动战争,而战争又使秦国变得更加强大,如此滚动式发展,到了秦王嬴政手里,秦国这个“雪球”足以大到了一口吞下六国的体量。

当然,六国如果能“团结一心如一人”,那秦国依然不能将它们各个击破。可是,在一个不讲道义、只讲利害的年代,想让六个各怀心事的政治军事集团团结一致,那绝对是一件比登天还难的事。何况,秦国还采用“连横”的外交策略,不断分化瓦解六国的“合纵”。所以,到了秦王嬴政的时代,六国实现团结已然是不可能之事,六国不团结,秦国将它们一一吞掉就成为一种历史必然。

统一六国之后,秦王嬴政“自以为德兼三皇,功过五帝”,于是自称“皇帝”。这充分显示了秦始皇当时志得意满、狂妄自大的心理。

面对着疆域空前广大的国家,秦始皇采纳了李斯的建议,将天下分为36郡(后又增加至42郡),每个郡设置郡守、郡尉和监郡三个地方官,他们是皇帝在地方的代理人,由中央任命,接受中央发给的固定俸禄。更关键的是,他们的职位不能世袭,皇帝随时可以罢免他们。地方官员既然由皇帝任免,在全国推行统一的法律和税收制度亦是顺理成章之事。如此一来,皇帝的权力空前扩大,绝非周朝的周天子可以比拟。

为了巩固统治,秦始皇收缴各国兵器,熔铸成12个金人,放置在皇宫之前，以示从此不再有兵戈之乱。秦始皇将各国的豪门大户迁到都城咸阳，以便于监视。他还修建了以咸阳为中心的网状驿道，统一了度量衡、货币、文字以及车轨的宽度，“车同轨，书同文”。这些措施有效地整合了庞大帝国的各项社会资源，对华夏民族形成一个统一的文明共同体起到了至关重要的促进作用。

公元前213年，秦始皇在李斯的建议下“焚书”“坑儒”，销毁历史文化典籍，坑杀儒生和方士。他的这项摧残思想文化的政策饱受诟病，中国的历史文化发展到秦朝也确实由此进入了一个“拐点”。先秦的中国文化和秦朝以后的文化，“精气神”绝对不一样。一提“先秦思想”，人们立马能想到春秋战国时期的“百家争鸣”，会竖起大拇指，说那是中国思想史上的黄金时代。可秦朝之后呢？皇帝的权力确实是加强了，国家的疆域也拓展了，可思想文化方面却再也没重现过“百家争鸣”的盛况。

秦始皇性情暴躁，性格残忍，虚荣心强，且疑神疑鬼。他滥用民力，修建阿房宫、骊山陵墓，还派大将蒙恬北击匈奴，修筑了万里长城。向南，他派兵攻下了南越，在那里设立了桂林郡、象郡、南海郡三个郡，还修建了灵渠，中华的版图历史性地拓展到广西、广东和海南岛。开疆辟土和大兴土木，耗费了大量财力和民力。钱穆先生在《中国经济史》一书中就说：“秦之速亡，并不在于废封建而创立郡县制，而是统一天下以后，役使民力过多过急。如为修建造阿房宫及骊山陵寝就劳役了70多万人，戍守五岭役使50万人，戍守长城役使30万人。加上堕城郭、决川防、夷险阻及筑驰道的力役，恐经常得征用200万劳动人民，乃是惊人之数。民力安得不竭？……由于政府动用如此庞大之劳动力，粮饷物资自亦相应增多。原来征收十分之一的田租，可能增加到十分之五，甚至更多。”

完成统一的大秦帝国并没有给人民带来真正的福祉,反而成了压榨人民的机器。秦朝的暴政让民间的不满情绪越来越重,秦始皇想靠不断"出巡"来向百姓彰显皇帝的奢华排场和绝对权威,他还想找到长生不老的药物,以让自己永远地活下去,一直当威风八面的皇帝。但他的这两个愿望都落空了,不但长生不老药没能找到,他自己也死在了出巡的路上。

秦始皇死后,宦官赵高和丞相李斯即发动政变,矫诏将本该继承皇位的公子扶苏赐死,而扶持胡亥继位,是为秦二世。秦二世更加残暴、昏聩。百姓不堪秦国暴政,纷纷揭竿而起。三年之后,秦帝国灭亡。

◎延伸阅读:大泽乡起义

秦朝备受后世诟病的就是它的暴政,它最后的灭亡也是因为暴政激起了农民起义,这便是著名的大泽乡起义。

秦二世元年(公元前209年)七月,秦朝从阳城征调九百普通百姓去戍守渔阳(今北京密云西南),陈胜是这支队伍的"屯长"。当这批戍卒到达大泽乡(安徽宿州东南)的时候,"会天大雨,道不通,度已失期。失期,法皆斩"。遇上大雨,道路不通了。等雨停路通之后一算,完了,不能按时赶到渔阳了。按照秦朝法律的规定,只要不能按时抵达戍守之地,就一律斩首。

生死存亡的危急关头,陈胜毅然决定起义。他跟另一屯长吴广商议,"今亡亦死,举大计亦死,等死,死国可乎?"反正我们怎么着都要死,与其等死,还不如奋力一搏,起义算了。

吴广赞成陈胜的主张，两人开始策划起义。起义方案分为三步。第一步，搞造神运动，树立陈胜的光辉形象。他们用朱砂在一块绸子上写“陈胜王”三个字，塞到渔民捕来的鱼肚子里。戍卒买鱼回来，发现了鱼腹中的“丹书”，甚为震惊。与此同时，陈胜又让吴广潜伏到营地附近一座荒庙里，半夜里点燃篝火，模仿狐狸的声音，大喊“大楚兴，陈胜王”！睡梦中的戍卒被惊醒，十分惊恐。第二天戍卒们交头接耳，都指指点点地看着陈胜，越看越觉得陈胜不是凡人。

第二步，制造摩擦，为起义寻找导火索。吴广趁两个押送戍卒的将尉喝醉之际，故意扬言逃跑，激怒二人。两个将尉果然中计，鞭打吴广，结果“广起，夺而杀尉”，陈胜也随即上场帮忙，杀了另一个将尉。酿成命案之后，冲突骤然升级，起义的导火索被点燃了。

第三步，战前动员。杀了两名押送戍卒的军官之后，陈胜召集戍卒发表演说。他说，我们在这里遇上了大雨，已不能按时抵达渔阳了，误了期限大家都要被杀头。退一步说，即便侥幸不被砍头，戍守边塞十分之六七的人也要送命。好汉不死便罢，要死也得取得大名声啊！“王侯将相宁有种乎！”那些王侯将相难道都是天生的贵种吗?

陈胜的动员演说很成功，戍卒们本就对秦朝的暴政不满，这时都说：“敬受命！”我们愿听从您的号令！于是大伙儿在陈胜、吴广的带领下，以袒露右臂作为标志，筑坛盟誓，宣布起义。陈胜自立为将军，吴广为都尉，一举攻下大泽乡，接着又迅速攻下了蕲县（今安徽宿州）。中国历史上第一次大规模的农民起义战争就这样爆发了。

陈胜、吴广起义之后，引发了连锁反应，各地的百姓纷纷杀掉秦朝的官吏，响应起义。很快，赵、齐、燕、魏等地都打着恢复六国的旗号，加入到了反秦的大军之中。至此，大秦王朝已成土崩瓦解之势。

◎观点提炼："穿新鞋，走老路"的秦始皇

秦始皇统一六国，开启了以皇帝集权和郡县制为主要特征的帝国制度，此事在中国历史上无疑具有划时代的意义。

若从春秋战国以来的情势而论，中国的统一是大势所趋。战国七雄最初都有兼并他国、统一天下的野心。诸子百家之论战，已显示出当时的文化精英汇合成一股统一的文化力量。他们的思想争鸣，表面上看是各家开出各自的"救世"药方，从长远看则是为构建帝国做文化上的顶层设计。就民间而言，我们也可说，经过春秋战国500多年的频繁接触，各诸侯国之间已经形成了基本的文化共识。结束战乱、实现统一在战国中后期就已成为大势所趋。各国所争的，无非是由哪一国来完成统一的任务。秦国统一六国，正是在此统一大势之下完成了一项历史任务。

秦始皇的最大历史功绩就是开创了帝国体制，拓展了统一民族国家的地理疆域和文化疆域，奠定了中华帝国"车同轨，书同文，行同伦"的社会组织形态。而其最大悲剧则在于：他虽于制度层面创建了帝国，可在管理层面，却依然是"穿新鞋，走老路"，继续以治理秦国的思路来管理一个大秦帝国。换言之，秦始皇在大帝国的制度构建方面颇有建树，可在治国手段的转换与升级方面严重脱节。

秦始皇治理下的大秦帝国，其执政思路不过是战国时期秦国的延续。自商鞅变法以来，秦国就一直奉行"战时体制"，一切以

军事征服为目标。待秦始皇统一六国之后,战争已经结束了,这时秦帝国面临的首要任务是转“武功”为“文治”,即如何有效地治理好这个疆域空前的国家。

可是,秦始皇依然用“战时体制”下的一系列暴虐手段来治理大帝国。他北面打击匈奴,南面进攻百越,两线同时作战,帝国的疆域因扩张战争而迅速扩大,但付出的代价也相当惨重。北线,蒙恬率领的进攻匈奴的兵力有三十万,南线,派去进攻百越的兵力至少五十万。发动这两场大规模的战争,可明显说明,秦始皇在统一了六国之后继续实行战时体制。他在北方让蒙恬主持修建长城,并建造了“秦直道”。“秦直道”是一条南北向的秦国交通大动脉,起于秦始皇的夏宫云阳,向北进入鄂尔多斯沙漠,跨越黄河的北部大弯道,最后抵达九原(今天内蒙古包头以西的五原),全长约八百公里(合当时的1800秦里)。要修建这样的大工程,在当时的生产力水平下绝非易事,所以“秦直道”至秦始皇死时还没完成。在南方,秦始皇则修建了灵渠。

对于秦始皇发动扩张战争与大兴土木之间的关系,日本历史学家鹤间和幸在《始皇帝的遗产:秦汉帝国》一书中认为:“诸如长城、直道、阿房宫、丽邑、云阳、灵渠的建设,都是在新的天下形势下,为实行战时体制所需要的土木建设工程。因此,不能说‘秦统一天下而修万里长城’,而应该说‘秦统一天下后,在发动对外战争时修万里长城’。”这个观点我觉得非常值得重视。秦始皇之大兴土木,实乃其战时体制之组成部分,它们或直接服务于前线作战,或为了震慑百姓,以达到维护帝国稳定之效。

大秦帝国脱胎于战国时期的秦国,它靠秦国强大的军事实力统一了六国。可是,“马上得天下,不能马上治天下”。靠武力夺得的天下,不能再用武力征服的手段来治理。治理大帝国一定要及时地转换思路,弃“武功”,用“文治”,改“战时体制”为“和平体制”。秦始皇在这个问题上犯了大错,后来的汉高祖刘邦吸取了秦朝灭亡的教训,在夺得天下之后及时采用“黄老之术”治理国家,让百姓得以休养生息。于是,才有了西汉时期的“文景之治”。实践证明,一个王朝能否及时地从战时体制转向和平体制,实在是一个至关重要的问题。

西汉如何继承“始皇帝的遗产”

大秦帝国“二世而亡”,取代秦王朝的则是由汉高祖刘邦所创立的西汉王朝。自西汉王朝开始,中华帝国进入了一个较长时间的繁荣时期。汉朝的统治也使中国人和汉人几乎画上了等号,“汉人”和“汉字”的说法一直沿用至今。仅此一点,便可见汉朝对中国历史影响之深远。

刘邦仅比秦始皇小三岁,两人均出生在战国末期。在秦始皇当政时,刘邦仅是江苏沛县的一个小亭长,属于社会底层之人。他在秦末天下大乱之际乘势起义,加入到了反秦的队伍之中。

各路反秦队伍的盟主楚怀王曾与诸将有约:“先入咸阳者,王之。”意思是谁先攻克秦朝的都城咸阳,就封谁为秦王。当时反秦人士的考虑是,灭掉秦朝之后再恢复到战国时期的诸侯国体制,六国各自复国,秦朝的土地和人民则封赏给攻克咸阳的将领。

刘邦率军西进攻秦,项羽率军北上救赵,两路大军从不同的方向进攻秦军。结果,刘邦于公元前 206 年首先攻入秦都咸阳,秦王子婴投降,秦朝灭亡。按照约定,刘邦此时应该被封为秦王。可是,项羽凭借强大的武力推翻了“怀王之约”,重新分封诸侯,将刘邦封在了蜀地,名为“汉王”,而项羽自己则自封为“西楚霸王”。

不久,刘邦发兵进攻项羽,历时四年的“楚汉相争”就此开始。在战争的初期,刘邦在军事上并不占据优势,但刘邦善于使用人才,他的团队中有萧何、张良、韩信、陈平等奇才。这些人集合一处,项羽显然不是对手。最后,双方的军队在淮河岸边的垓下(今安徽省灵璧县内)展开决战,项羽战败,突围后逃至乌江岸边自尽,楚汉战争以刘邦的胜利而告终。

公元前202年刘邦称帝,建国号汉,他听从张良的建议,定都长安,西汉王朝就此诞生。

刘邦出身底层,跟着他打天下的大部分人也是草根阶层,所以西汉创建之初是一个彻底的平民政权。草根出身的君臣在当时无力重建一套政治运作体系,所以只能因陋就简,“汉承秦制”。不过,汉朝人吸收了秦灭亡的教训,“马上得天下,不能马上治天下”,知道治理一个大帝国不能一直采用战时体制,不能用法家那套严刑峻法的方式治理国家。于是,西汉初期以道家思想作为治国理念,提倡“无为而治”,用“黄老之术”治国。这种理念一直沿用到文帝、景帝时期,创下了“文景之治”的美好局面。

权力分配方面,刘邦刚刚建立汉朝的时候,自己当皇帝,也封功臣为王,共分了七个异姓王(韩信为楚王,彭越为梁王,韩王信为韩王,吴芮为长沙王,英布为淮南王,臧荼为燕王,张耳为赵王)。秦朝刚被推翻之际,项羽当楚霸王,曾试图将秦朝的帝制变回到战国时期的诸侯制,他分封了十八个王,刘邦是其中之一。现在,刘邦自己当皇帝,仍分封功臣为王,可见他采取的是一种混合政体——既继承了秦始皇创建的帝制模式,又采用了当年项羽的一些做法。

混合政体并没有持续太久。刘邦与功臣很快离心离德,互相猜忌。随后,他以叛乱、暗杀、叛国等罪名将异姓诸王清除(仅长沙王吴芮幸免)。清除异姓王之后,刘邦大封同姓王和嫡系功臣，并约定“非刘姓不得王，非有功不得侯”。

刘邦清除异姓王、改封同姓王，这可看作是汉朝权力分配上的一次本能反应，其效果不大。异姓王靠不住，同姓王就靠得住吗？也靠不住。在极大的权力诱惑面前，骨肉相亲既然做不到，骨肉相争也就在所难免。自汉文帝时期起，西汉的中央政权就逐步实施“削藩”计划。

削弱藩国的行动一般通过下列措施进行：诸侯的封地被分成若干小封地，皇室近亲中的刘氏成员被新立为小封地之王；若某一个国谋反，被镇压后中央就接管该国的土地，将其化为帝国的郡县；还有，若某王死后无子，没有法定继承人，那么正好“国除”，这个封国就不再设了，封地也随之收归中央。经过文帝一朝，中央政府接管了梁的一部分土地，化为东郡；赵、齐、代等国的部分封地划出来，增设了河间、城阳、济北、太原四个王国。淮阳国则直接被分为淮阳、颍川、汝南三个郡，直接进了中央的口袋。

汉景帝时期，朝廷继续采取措施缩小诸侯国的领地。最大的举措当然要数平定“七国之乱”的军事行动了。公元前 154 年，吴王刘濞联合楚、赵等国发动了叛乱。汉代名将周亚夫很快平定了七国之乱，刘濞兵败被杀。借着平定七国之乱的机会，汉景帝将七国彻底废除，其封地全部纳入中央政府的管辖之下。

平定七国之乱，意味着由皇帝代表的中央政权在与诸藩王的权力较量中取得了胜利，诸王的权力则再一次被削弱。但是，七个藩国联合发动叛乱，对帝国的打击和震撼也是相当大的，这促使帝国的最高统治者下决心寻找更彻底、更完善的解决方案。到了汉武帝统治时期，实行“推恩令”政策，下令让诸侯“推恩”，让诸侯的所有儿子都有权继承一份封地。如此一来，藩王的支庶都被受封为列侯，藩国被分为若干侯国。几代之后，藩王辖地仅有数县，再也无力对抗中央了。至此，汉中央与藩王之间的权力平衡得到了确立，帝国的中央集权才名正言顺地落到了实处。

从秦到汉，是中国历史上的帝制创建阶段。秦始皇创建了一个大一统的帝制王朝，汉朝在制度层面上继承了这份“始皇帝的遗产”，但汉朝的几代君臣通过一次次的修补，逐渐完善了帝国制度的意识形态、执政理念和权力分配格局。可以说，正因为有了这些“漏洞修补”措施，汉代才将一个皇帝集权的“帝国编程”传给了中国。在汉朝之前，秦朝的帝国名声不佳，在汉朝之后，帝国就已被人们接受为正统的国家治理模式，一直沿用到清朝才结束。

◎延伸阅读：文景之治

文景之治是中国历史上著名的盛世之一，对此，《史记·平准书》有一段经典的概括：“汉兴七十余年之间，国家无事，非遇水旱之灾，民则人给家足，都鄙廪庾皆满，而府库余货财。京师之钱累巨万，贯朽而不可校。太仓之粟陈陈相因，充溢露积于外，至腐败不可食。众庶街巷有马，阡陌之间成群，而乘字牝者傧而不得聚会。守闾阎者食粱肉，为吏者长子孙，居官者以为姓号。故人人自爱而重犯法，先行义而后绌耻辱焉。”意思是，汉朝通过七十多年的持续建设，国家无大事，只要不遇到水旱灾害，老百姓就会家给人足，国家积聚的钱币千千万万，以致穿钱的绳子朽烂了，无法计数，国家仓库的粮食大囤小囤如兵阵相连，有的露积在外，以至腐烂不能食用。普通街巷中的百姓也有马匹，田野中的马匹更是成群，以至骑母马的人都会受到歧视，不好意思参加聚会。居住里巷的普通人也能吃上肥肉，为吏胥的老死不改任，做官的以官为姓氏名号。在这样的盛世里，人人知道自爱，崇尚礼义，不愿意干作奸犯科的事。

文景之治的盛世局面，当然与汉文帝与汉景帝两朝的开明统治密不可分。汉文帝刘恒最受称道的就是他的宽俭待民。汉文帝生活十分节俭，宫室内衣服很少添置，即便对他宠爱的慎夫人，也令“衣不曳地，帷帐无文绣”。他曾想建造一座露台，但一算要花掉十户中等人家的财富，于是就取消了修建计划。他为自己修建的霸陵，“不得以金银铜锡为饰”，用的全是瓦器，坟墓也就着山势而建，不用人工就将坟墓修建得高高大大。

汉文帝重视农业，多次下令劝课农桑，两次“除田租税之半”，一度把原来“十五税一”的田租降为“三十税一”。汉文帝十三年，他还下令全免田租。这些轻徭薄赋的政策无疑大大有利于百姓和国家的“休养生息”。

汉文帝当政期间，还有几件事干得比较漂亮。其一，汉文帝自己带头，模范守法，不以个人意志破坏法律规定。一次，汉文帝出行，路过渭桥，有人在桥下走出，御驾上的马受惊而跑，文帝自己也受到了惊吓。文帝很生气，要求廷尉张释之处死惊吓了御马的人。可是张释之却只判处此人罚金四两。他向文帝解释说，这种处罚是法律上规定的。法律是天子和天下人共同制定的，如果我们轻易地改变法律，就会使人们失去对法律的信任。所以，不能处死此人，只能依照法律来判决罚金之罪。汉文帝听后说“廷尉当是也”，认为张释之做得对。

其二，文帝下诏重新制定法律，废除了“收孥相坐法”，即一个人犯罪不再连累他的家人，此外还下令废除了黥、劓、刖、宫四种残损肢体的肉刑。

其三，汉文帝还于公元前 178 年下诏废除了诽谤、妖言之罪，以鼓励进谏。他说，古代贤君治理天下都鼓励进谏，可现在的法律却还有诽谤、妖言的罪名，这会导致众臣不敢尽情发表意见，而皇帝也不能听闻到自己的过失。还保留着这条法律，怎么能招来远方的贤者？老百姓中有的人诅咒皇上，他们自己也相互谩骂，官吏就以为他们大逆不道。老百姓有其他对朝廷不满的言论，官吏就认定他们诽谤朝廷，并判处重罪。其实，这不过是一些平民百姓愚昧无知罢了，他们因此就要被处死，我觉得这实在不应该。从今以后，对这样的百姓就不要治罪了。汉文帝能果断地废除了因言获罪的法律，确实体现出了一代明君的不凡气度。

此外，汉文帝还废除了“盗铸私钱令”，意思是百姓自己私自铸钱也不治罪了，要铸就铸吧；原来归属国家的山林川泽，汉文帝也下令开放给民间了，百姓有愿意来采伐、开矿的，那就来吧。总之，政府能不管的就一律不要管，全面贯彻“无为而治”，大搞“简政放权”。

汉景帝在道德水平上不如汉文帝高，但他在位期间继续推行“无为而治”的执政理念，并大力“削藩”。在平定“七国之乱”后，诸侯王国控制的郡由汉高祖时的 42 个郡减为 26 个郡，而中央直辖的郡由汉高祖时的 15 个郡增加至 44 个郡，汉王朝中央的郡数远远超过了诸侯王国的郡数，这对帝国的巩固意义重大。汉景帝还收回诸侯国的官吏任免权和盐铁铜等矿产的税收权。如此一来，诸侯国的权力被削弱了，而汉王朝的权力则得以大大巩固。

文景之治是中国帝制历史上的第一个太平盛世，汉初所奉行的“无为而治”并不是无所事事、放任自流，而是凡事量力而为，顺势而为，不瞎折腾，不扰民，是“简政放权”，是帝制时代难得的“小政府，大社会”。

◎观点提炼:王朝政权合法性的构建

在夏商周三代，政权合法性的问题是建立在“君权神授”理论之上的，具体的操作方案则是通过占卜来完成的，比较有名的说法就是周成王“定鼎于郏鄏，卜世三十，卜年七百，天所命也”。意思是说，周成王知道自己能当天子不代表自己的子孙后代能永远当天子，自己的王朝也不会永远存续，他用占卜的方式给自己的政权赋予了一个期限：传位三十世，七百年。

可是，秦始皇统一了六国之后，他觉得自己的功劳超过了历史上的“三皇五帝”，自称“皇帝”。不仅如此，他也不满足于有期限的执政了，而要无期限执政，“朕为始皇帝，后世以计数，二世、三世，至于万世，传之无穷”。按照他的构想，秦既然能以武力统一六国，就足以靠武力维系自己的政权，且“传之无穷”。这种简单、粗暴的思维方式与秦朝一贯奉行的法家治国理念是一致的。另外，秦始皇残暴、骄纵的性格也让他天然地把武力作为政权合法性的全部依据。

刘邦经历了秦朝从统一到崩溃的全过程，且参与到了反秦运动之中，他对秦朝统治的种种弊端有着深刻的感性理解。刘邦建立汉朝之后，吸取了秦朝灭亡的种种教训，其中也包括政权合法性的建构问题。概括地讲，刘邦对汉朝政权合法性的建构基本上是通过两个方面完成的，一个是编造谎言，另一个是实行“文治”。

先看刘邦如何编造谎言。《史记·高祖本纪》上来就说：“高祖，沛丰邑中阳里人。姓刘，字季。父曰太公，母曰刘媪。其先，刘媪尝息大泽之陂，梦与神遇。是时雷电晦冥，太公往视，则见蛟龙于其上。已而有身，遂产高祖。”这段记述，前半部分是写实：刘邦是江苏沛县中阳里人，他爹叫刘太公，他妈叫刘媪。从他爹妈的名字就可看出，刘邦是个出身低微的人——爸爸、妈妈连个正经的名字都没有。那这么一个底层人家的孩子凭什么后来能当上皇帝呢？后半部分就给出了解释，刘媪在野外睡觉的时候梦见了神，当时电闪雷鸣，天显异象。刘太公去的时候又看见有一条蛟龙在刘媪的身上。随后，刘媪怀孕，生下的孩子就是刘邦。这段记述等于明白无误地告诉我们，刘邦天生就不是凡人，而是龙种。既然是龙种，那日后当上皇帝还不是天经地义的事？你们要问汉朝的政权合法性在哪里吗？这就是政权合法性之一：刘邦是龙种，他当皇帝就是天命，天命不可违，所以汉朝的政权也是不可动摇的。

为了佐证刘邦是龙种，史书上还记述了发生在刘邦身上的其他异象，比如“隆准而龙颜，美须髯，左股有七十二黑子”，这个谎言好理解，既然是龙种，那长得就得跟龙有点相似。还有，“常从王媪、武负贳酒，醉卧，武负、王媪见其上常有龙，怪之”。这是说喝醉酒的时候，真龙显原形了。刘邦遇蛇挡路，拔剑斩蛇。结果，有一老妪说，刘邦所斩之蛇是白帝子，“今为赤帝斩之”，这等于明白无误地告诉人们：刘邦就是赤帝，是天龙下凡。刘邦斩蛇起义之后，为逃避秦朝官府的追杀，曾“隐于芒砀山泽岩石之间”，官府找不到，可刘邦的老婆吕雉就能找到，找到的原因竟然是“季所居上常有云气，故从往，常得季”。说刘邦所在的上空有云气，这云气就是吕雉的导航仪，所以她能轻易找到刘邦。

不要小看了刘邦身上这些有关龙种、龙颜、七十二黑子、云气等神乎其神的传说。它们既然被当作正史记载下来，这就足以说明刘邦有意通过权威机构来发布这些谎言。这些谎言一遍遍地重复，最后竟然成了“主流叙事”和“主流史观”。俗话说：“谎言重复一千遍就变成了真理。”我们在刘邦身上看到，谎言重复一千遍虽然仍是谎言，但是这些谎言帮助他完成了政权合法性的建构。换言之，谎言是假的，但它在历史上所起到的作用却是真的。

编造谎言之外，还要有“文治”理论来为政权寻找合法性的依据。为西汉政权提供“文治”理论的人是陆贾。陆贾曾追随刘邦平定天下，他有出色的口才，曾成功地说服南越王尉佗归顺汉朝。陆贾是儒生，常在刘邦面前“称诗书”，刘邦向来看不起儒生，遂骂之：“乃公居马上得之，安事诗书。”老子的天下是靠马上征战得来的，哪里是靠谈诗论书得来！

陆贾回答：“马上得之，宁可以马上治乎？”您从马上夺得天下可以，难道治理天下也靠马上功夫吗？

反问之后，陆贾用历史上正反两方面的事例做了论证，告诫刘邦，秦朝的武力很强大，可他一味地迷信武力，靠严刑峻法来治理国家，结果很快就亡国了。假使秦在统一了六国之后实行仁义之道，陛下还能有机会得到天下吗？

刘邦被陆贾说服了，他让陆贾著书，专门论述“秦所以失天下，吾所以得之者”。陆贾连续写了十二篇文章，结果，“每奏一篇，高祖未尝不称善”。陆贾所写的这十二篇文章结集成书，是为《新语》。

《新语》可以说是“文治”思想的重要理论著作，亦可说是汉朝初年的执政纲领。按照陆贾的说法，秦朝之所以灭亡，既因为它的统治者傲慢自大、奢侈无度，亦因为它的治理手段过于严酷残暴、不近人情。《新语》强调，帝国一定要积极地推行仁政，帝王要尽力效法古代优秀帝王，要乐于倾听大臣们的批评意见，要关心臣民的福祉。帝国政府不可迷信严刑峻法，而必须重视伦理道德的价值，并把"文治"作为取得国泰民安的最主要手段。

政权合法性问题从来就不是一个字面上的逻辑推演问题，而是一个政权如何实现优良治理以达到国泰民安的问题。政权合法不合法，很多时候不能光看如何得到政权，更多还要看一个政权的治理成效——百姓在你的王朝能安居乐业，他们就认可了你的政权，百姓认可了，你的政权也就合法了；相反，如果你的政权不能给百姓以福祉，不能赢得百姓的认可，那么你的政权就不合法。这是政权合法性在治理层面的实践逻辑，这个逻辑很朴素，却最关键。

汉朝继承的完全是秦朝的帝国制度，但它在构建政权合法性这个问题上显然比秦朝技高一筹，秦朝治国全靠武力，而汉朝则在武力建国之后，迅速转到"文治"的轨道上来。正因如此，汉朝成功地避免了秦朝的短命悲剧，并将帝国制度一步步地稳定、完善起来。

汉武帝时代

文景之治之后，西汉王朝进入到了汉武帝时代。汉武帝统治西汉王朝长达 54 年（从公元前 141 年到公元前 87 年），这一阶段也是西汉王朝的强盛时期。

汉武帝于公元前 127 年，颁布“推恩令”，令诸侯王将封邑分给子弟；公元前 122 年又由削藩引起了淮南王和江都王的反叛，削平叛乱之后，中央政权进一步巩固；公元前 112 年，汉武帝又借诸侯供奉皇室的酎金（诸侯于宗庙祭祀时随同酎酒所献的黄金）成色不足及数额欠缺之故，夺爵 106 人。至此，自汉高祖刘邦以来的封侯者被罢黜殆尽，地方再也无力对抗中央。

与文治相比，汉武帝最大的功业还是他征讨四方的武功。凭着汉王朝强大的国力，汉武帝在对外关系中一改前朝的防御策略，转而积极进攻。他先平定了南方闽越国的动乱，征服了现在的浙江、福建等沿海地区，随后又征服了现在的广东、广西及越南北部地区。南方平定之后，他于公元前 129 年至公元前 119 年的十年间连续发兵进攻匈奴，夺取了今天内蒙古的河套地区，控制了河西走廊，将汉朝的北部边疆从长城沿线推至漠北。

在对匈奴的作战中，汉武帝并非一味进攻，同时也在寻找一些盟友，以对付共同的敌人。他于公元前 139 年派遣张骞出使西域，最初的目的是为了联合西域的大月氏，一块夹击匈奴。张骞在出使的过程中一度为匈奴人所俘虏,历经艰辛才到达大月氏。可是,大月氏已经西迁至今天的阿富汗一带,并建立了贵霜帝国,不想再卷入中亚的战事。张骞于公元前126年返回长安,向汉武帝汇报了出使西域的全过程及西域各地的风土民情。汉武帝遂对西域地区有了极大的兴趣。他随后通过军事行动将西域并入汉朝版图,并于公元前121年在河西走廊上设立了武威、酒泉两郡,后又于公元前111年增设张掖、敦煌两郡,将长城延伸至玉门关一带。如此一来,汉王朝的势力就扩展到塔里木盆地一带。

汉武帝之派兵东征西讨,有些是必要的,有些是不必要的。即便是一些必要的战争,比如讨伐匈奴,也不需要倾全国之力,付出那么惨重的代价。比如,公元前119年那次进攻匈奴,汉军取得了重大胜利,霍去病封狼居胥山(大约为今蒙古国肯特山)。可是,这次战争出塞前汉军所带马匹14万,入塞时所剩不到3万,损失之惨重可见一斑。此后,汉军再也无力发动对匈奴的大规模进攻了。匈奴的人口和实力,大约只相当于汉朝的一个郡,而且,“其地不可耕而食也,其民不可臣而畜也”,根本不值得花费那么大的力气去征讨。对于汉武帝的开边战争,唐朝的李华写过一篇《吊古战场文》,其中直言:“汉击匈奴,虽得阴山,枕骸遍野,功不补患。”此等结论可说是诸多史学家的共识。

汉武帝在位期间穷兵黩武,这是一把双刃剑,它既使汉朝的国威和国力达到了最高点,但同时也耗空了国库,引发了财政危机。为了应对财政危机,汉武帝想尽办法,凡是能为政府增加财政的招数一律采纳,包括公然卖官鬻爵。这其中的一项重要措施就是实行国家盐铁专卖制度,把煮盐、冶铁、铸造钱币等几项高利润的生产、销售活动控制在朝廷手中。稍后,又将酒类列入国家专卖的范围。

汉武帝还任用桑弘羊、东郭咸阳、孔仅等敛财高手做官，令其替国家敛财。这些人也果然身手了得，很会“与民争利”。尤其是桑弘羊，他后来官至大农丞，掌控财权二十多年，用尽一切手段敛财，“尽笼天下之货物，贵即卖之，贱则买之”，至此国家成了最大的商人，富商大贾的牟利空间被大大压缩，俨然是经济领域里“国进民退”之汉代版。

汉武帝时期还施行“算缗告缗”的征税办法，设法将商人手中的钱财搜刮到国库之中。算缗是国家向商人征收的一种财产税，告缗是国家对商人隐瞒资产、逃避税收的惩罚措施。这项措施亦从公元前119年开始颁布，商人被要求主动申报财产并交纳财产税，这叫“算缗”。若敢有隐瞒不报或呈报不实，查实后要罚戍边一年，并没收其财产。同时重奖告发者，告发他人隐瞒财产者，政府赏给告发者没收财产的一半，这叫作“告缗”。“告缗”因有奖励告密的实际效果，颇与儒家的“仁政”理念相抵牾，所以仅仅施行了三年就停止了。可是，仅仅三年的时间，中等以上的工商业者就因“告缗”纷纷破产，政府没收的土地，大县数千顷，小县百余顷，此外还有大量的房屋、奴婢，大批工商业者的财产就此转移到国库之中。最终，汉武帝度过了财政危机，但付出的社会代价也极其惨重。可以说，汉武帝之穷兵黩武与搜刮民脂民膏之间有着密切的因果关系，两者叠加在一起，几乎翻转了文景之治时期“与民休息”的“仁政”方向，又退到了秦朝时严刑峻法的治国路径。

汉武帝刘彻16岁时登基，70岁时驾崩，统治帝国整整54年。在超过半个世纪的时间里，他东并朝鲜、南吞百越、西征大宛、北破匈奴，在开疆辟土和大扬国威方面功勋赫赫。政治上，他颁行推恩令，解决诸侯王与中央政权相抗衡的问题，巩固了中央集权的帝国制度。文化上,他采用了董仲舒的建议,“罢黜百家,独尊儒术”,以儒家思想为主流意识形态,这一点为以后各个王朝所效仿,影响深远。在经济上,他建立盐铁专卖制度,将煮盐、冶铁及货币铸造权等统统收归中央,一改西汉前期奉行的“无为而治”理念,化“小政府,大社会”为“大政府,小社会”。他选拔人才不拘一格,他的人才队伍中,既重用董仲舒这样的大儒,亦接纳东方朔这样的滑稽人物;既有汲黯这样的诤臣,又有宁成、周阳由、王温舒等酷吏。他在国家意识形态方面推行儒家的思想,可本人却经常搞神神鬼鬼的求仙活动,以致一再受骗,留下诸多笑柄;汉武帝喜欢写诗,饱含感情,很有文艺范儿,但他又穷兵黩武,把几代祖先积累下的殷实国库快速耗空;他曾亲临黄河瓠子决口,现场指挥抗洪救灾,“命群臣从官,自将军以下皆负薪寘决河”,并作《瓠子歌》,很有悲天悯人的亲民风范,可是他又好大喜功,不惜耗费大量的民脂民膏去搞封禅典礼之类的大排场。

汉武帝在位时间长,留下的故事多,功绩大,缺点也不少。围绕着他的是是非非,不同的人有不同的看法。国家主义者认为他雄才大略,是一代英主;自由主义者则认为他是一个好大喜功、刻薄寡恩的专制帝王。即便是公认的史学大家,对汉武帝的评价也难有定论,班固在《汉书》中说他“雄才大略”“号令文章,焕焉可述”“有三代之风”,如“不改文景之恭俭以济斯民,虽诗书所称何有加焉!”评价甚高。可司马光在《资治通鉴》中则毫不留情地给了汉武帝“差评”,他说:“孝武穷奢极欲,繁刑重敛,内侈宫室,外事四夷,信惑神怪,巡游无度,使百姓疲敝,起为盗贼,其所以异于秦始皇者无几矣。”说他的行事作风跟暴虐的秦始皇相差无几。

可以说,在汉武帝身上,几乎集中了帝国体制的所有优点,也几乎暴露了帝国制度的所有弊端。在他的身上,人们既能看到一个大国领导人的赫赫权威，亦能看到一个专制帝王的刻薄残忍；人们能看到一代雄主的英明神武，亦能看到他的利欲熏心。从某种意义上说，汉武帝是一个绝佳的样本，里面暗藏着人性复杂幽深的基因密码。

◎延伸阅读：汉武帝的冒险性格

汉武帝原名刘彘，他幼时记忆力惊人，读古代圣贤帝王的事迹，常常过目不忘，“至七岁，圣彻过人”，汉景帝遂将其改名为“刘彻”。公元前153年，刘彻被封为胶东王。同年，景帝的长子、他的异母长兄刘荣获封为太子。公元前151年，失宠无子的薄皇后被废。公元前150年，刘荣被废掉太子之位，改为临江王。随后，王夫人被立为皇后，刘彻立为太子。公元前141年，汉景帝驾崩，太子刘彻即位。

刘彻即位时只有16岁，他喜欢刺激，爱冒险，常常化名平阳侯，于夜晚出宫游猎。第二天黎明的时候，他带领随从“入南山下，射鹿、豕、狐、兔，驰骛禾稼之地，民皆号呼骂詈”。他们驰骋打猎，践踏了老百姓的庄稼地，招致了怒骂。地方官吏曾想抓捕这伙人，结果他们“示以乘舆之物”，拿出了皇帝特有的物件，“乃得免”，才免于被拘捕。汉武帝还曾在夜晚到柏谷（今河南灵宝市西南）这个地方住店，结果住进了一家“黑店”。店主“聚少年欲攻之”，想杀人谋财。结果，旅店的老板娘“睹上状貌而异之”，感觉汉武帝的相貌不一般，气质异于常人，就对店老板说：“客非常人也，且又有备，不可图也。”意思是这个客人不是普通人，而且他们又有防备，还是不要攻杀他们了。

店老板不听。老板娘就“饮翁以酒，醉而缚之”，把店老板灌醉后绑了起来。如此一来，店老板所召集的同伙才走散。随后，老板娘“杀鸡为食以谢客”，好好地招待了汉武帝及其随从。第二天，汉武帝回到皇宫，召见老板娘，“赐金千斤，拜其夫为羽林郎”，以表谢意。

按说，身为“万乘之尊”的皇帝，理应注重安全，少从事冒险活动，可是汉武帝却爱冒险，要从冒险活动中寻求刺激。他不仅爱打猎，还特别爱猎杀熊和野猪等大型猛兽，后经司马相如上书劝谏，才有所收敛。

汉武帝精力旺盛，富有想象力，做事不拘常规。他打算进攻西南夷，需要训练出精良的水军，可长安附近并没有湖泊。他命人凿地蓄水，建造“昆明池”，用以训练水军。他母亲在金家生有一女，是他同母异父的姐姐，此事涉及皇太后的婚史，别人都有意隐匿。可汉武帝根本不管这些，亲自寻访到这个姐姐。“乘舆直入此里，通至金氏门外止”，怕姐姐逃走，他还“使武骑围其宅”。金家人没见过这样的阵势，异常“惊恐”，他的姐姐“亡匿内中床下”，躲藏到了床下，结果还是被找了出来。汉武帝见到姐姐后下车哭泣，说：“嚄！大姊，何藏之深也！”随后就将姐姐接回皇宫，领着去见老妈，并赐予田宅、奴婢。卫子夫原本就是一歌妓，地位微贱，但汉武帝还是将其立为皇后；李延年的妹妹本来是娼女，但因有倾国倾城之貌，汉武帝也照样笑纳。李夫人死后，他还思念不已，作赋曰：“秋气潜以凄泪兮，桂枝落而销亡。”“是邪，非邪？立而望之，偏何姗姗其来迟！”从这些事可以看出，汉武帝是一个感情非常丰富的人，他不愿意被条条框框所束缚。

◎观点提炼:董仲舒的“天人感应”理论

汉武帝刚刚当政之时,他的祖母窦太后尚在,且掌控朝廷。直到公元前135年窦太后去世,汉武帝才得以亲政。亲政之后,汉武帝改变了国家的意识形态,以儒家思想为治国理念。不过,此时的儒家思想已经不是孔孟时期的儒家思想了,而是经过了大儒董仲舒的改造。

董仲舒以孔孟的儒家学说为基础,引用“五行相生相克”的理论,发展出一套以“天人感应”为核心的新儒学思想体系。这套体系有效地将王朝政权的合法性问题安排在了更宏大、更空灵的宇宙秩序之中。董仲舒认为,“道之大原出于天”,自然、人事都受制于天命,因此王朝的政权是不是合法,就看它的统治者能不能正确地理解天命、顺应天命。他说:“天令之谓命,命非圣人不行;质朴之谓性,性非教化不成;人欲之谓情,情非度制不节。是故王者上谨于天意,以顺命也;下务明教化民,以成性也;正法度之宜,别上下之序,以防欲也;修此三者,而大本举矣。”在董仲舒看来,皇帝要不辜负天命,就必须效法圣贤,行“德政”“为政而宜于民”,让百姓在你的统治下得到真实利益;否则,天就会降下种种灾异以警示皇帝。如果皇帝执迷不悟,不肯悔改,天就会收回成命,换掉它在人间的代理人,让皇帝失掉政权。

在董仲舒的解释中,皇帝的大权既然来源于上天,那皇帝及其王朝的种种作为就必须符合天道、秉承天意。如果违反了天道、天意,就可能导致天命的更改,天命一更改,你这个王朝就会被新的王朝所取代。从董仲舒的“天人感应”论中可以看出,皇帝和他所代表的政权对天下根本就没有所有权,只有经营管理权，而且这种经营管理权还是暂时的而非永久的。你的管理符合天道，上天就继续授权给你；你的管理不合天意，上天就会收回你的管理权，再授权给别人。天是天下的董事长，而皇帝及其王朝不过是天暂时聘用的总经理而已。这样，董仲舒一方面通过“天人感应”的理论限制了皇帝的权力，另一方面也为帝国的政权合法性提供了一种别开生面的解释。对此，美国历史学家费正清称：“与其说儒家思想征服了汉代学者，不如讲是汉代学者改造了儒家思想。”

董仲舒的“天人感应”理论在中国历史上影响甚巨，此后的历代王朝，基本上都以这套理论来解释自己的政权合法性问题。

所谓的政权合法性，其实就是对政权来源及权力使用规则的一种社会共识，它并不一定百分之百的精准和科学。在不同的时代，人们对合法性的认知是不一样的。只要当时的人们能普遍接受某种理论，那么这种理论就具有合法性。在帝制时代，在民主选举之前，董仲舒的“天人感应”理论能在道统与法统之间、天命与皇权之间、皇帝与臣民之间、道义与利害之间找到微妙的平衡，能对无限的皇权加以限制，且能为上至帝王、下到黎民所共同认可，所以它就成了帝制时代有关政权合法性的最佳解释系统。

后汉武帝时代

一个政治强人去世之后，他对社会的影响并不会马上消除，他会留下一笔巨大的政治遗产。有时是一份烂摊子，有时是一笔财富，但更多的时候是一份好坏夹杂、忧喜互见的乱局、危局。

西汉的历史进程中也遇到过这样的情况，那就是昭宣中兴的时代，即汉昭帝和汉宣帝两朝（公元前87年至公元前49年）。汉武帝就是那个留下乱局、危局的政治强人，而昭帝和宣帝就是两个替他收拾残局的人。

汉武帝对外开疆辟土、大肆征伐，对内穷奢极欲、盘剥百姓，几十年搞下来，整个国家“户口减半”，财政出现了危机，甚至整个王朝都到了崩溃的边缘。到了汉昭帝时期，秉政的霍光不得不调整政策，重新“与民休息”，同时恢复与匈奴的和亲关系。经过一番治理，“百姓充实，四夷宾服”。

汉昭帝年仅21岁就驾崩了，之后，西汉王朝进入了汉宣帝时期。

汉宣帝刘询掌权之后，以“王霸杂用”来治理国家。他继续推行“与民休息”的国策，加大惠民力度，轻徭薄赋，对民众实行儒家的仁政。他针对漕运耗人力、浪费严重的问题，果断减少了一半的漕卒，大省漕运力役。对于遭受自然灾害的地区，汉宣帝则减免租赋，对流民的抚恤力度也是空前之大：凡是回归原籍的流民，由政府分给田地，并给予粮种，供其免费耕种，还在一定的年限内免除租赋。经过多年的劝课农桑、轻徭薄赋，百姓民生得到了相当的保障，社会秩序稳定了下来。这是汉宣帝实行“王道”的一面。

汉宣帝的“霸道”则表现在他整顿吏治方面。汉武帝统治期间连年用兵打仗，到后来就出现了财政衰竭的问题。为了筹集钱财，汉武帝就用卖官鬻爵和输财赎罪等办法来增加财政收入。这样一来，“入物者补官，出货者除罪，选举陵夷，廉耻相冒”，官场被搞得乌烟瘴气，吏治异常混乱。汉宣帝亲政之后，大力整肃吏治。汉宣帝在任命郡守、刺史等地方大员时，往往亲自召见，通过察言观色来了解官员的品行、能力，随后向官员交代任务。官员到任之后，汉宣帝则让有关部门将官员治理地方的情况记录在案，以作为升降考核的依据。如此一来，汉宣帝一朝的执政就形成了“宽以待民，严以律官”的风气，王霸杂用的治理模式就此形成。经过汉昭帝、汉宣帝两朝的持续治理，西汉王朝又兴盛了起来，史称这一阶段为“昭宣中兴”。

大帝国的治国模式，从秦朝的法家到汉初的道家，再到汉武帝时的外儒内法，最后到汉宣帝时期的王霸杂用，不同的模式之所以要一次次地切换，并非完全出自不同帝王的个人喜好，实乃是帝国形势发展之所迫。随着帝国的发展及疆域的不断拓展，其治理任务日益复杂。此种情形之下，任何单一思想文化下的治理模式都不足以承担治理如此庞大帝国的复杂使命。大帝国的治理实践，需要多元的思想资源来做文化支撑，而先秦诸子百家的思想又恰恰为华夏民族提供了足够多元、足够博大精深的文化资源。二者相互配合，大帝国的制度才能最终成熟，并得以长久存在。

我们可将“昭宣中兴”看作是对汉武帝时代种种政治弊端的

一次大规模“纠错”，亦可在更大的时空范围内将其看成是西汉王朝盛极而衰之际的一次回光返照。因为自此后，西汉王朝就走上了衰落之路。西汉王朝的衰落期，包括汉元帝、汉成帝、汉哀帝、汉平帝四朝，从公元前49年直到西汉灭亡。

汉朝的宰相原本是很有实权的，全国的政治多以相府为转移。可自霍光秉政之后，他以外戚身份自领尚书，而宰相都用自己的亲信及年老无力之人。自此之后，相权衰微，政令多自宫中。皇帝掌控宫中大权，若皇帝圣明，问题还不大；若遇到荒淫昏聩之君，则皇帝的大权极易为外戚、宦官等皇帝的身边人所窃取。西汉王朝的没落和最终灭亡，即源于外戚擅权。

公元前49年，汉宣帝驾崩，身为太子的刘奭随后即位，是为汉元帝。汉元帝“柔仁好儒”，优柔寡断，朝政遂受制于宦官弘恭、石显等人，士大夫萧望之、刘向等人遂竭力与宦官势力斗争，但终告失败。汉成帝是一个荒淫好色的皇帝，他宠爱赵飞燕、赵合德姐妹，荒废朝政，遂使大权旁落外戚王氏之家，形成了严重的“外戚擅权”局面。汉哀帝当政时虽想把大权从外戚手中收回，但所用非人，他任用自己的男宠董贤为宰相，致使朝政愈加混乱。汉哀帝驾崩之后，外戚王莽乘机复出，迎立平帝，随后弑平帝而立孺子婴。王莽以“安汉公”的名义先摄政，后篡权，改国号为“新”，西汉王朝就此灭亡。

◎延伸阅读：西汉末年的外戚擅权

对于西汉的末世，史学上有“衰于元成，败于哀平”的说法，意思是汉元帝、汉成帝两朝是衰落期，汉哀帝、汉平帝两朝则是败亡期。西汉王朝自汉元帝时期就走上了由盛转衰的道路，及至汉成帝时期，其衰亡之势不可遏止。历史学家吕思勉先生说："汉治陵夷，始于元帝，而其大坏则自成帝。帝之荒淫奢侈，与武帝同，其优柔寡断，则又过于元帝。朝政自此乱，外戚之势自此成，汉事遂不可为矣。"意思很明显，汉成帝刘骜要对西汉王朝的灭亡负极大的责任。

事情可能还得从刘骜的母亲说起。刘骜的母亲叫王政君，原是汉元帝刘奭的皇后，儿子刘骜登基之后，她随之成了皇太后，而汉成帝的舅舅王凤则"为大司马大将军，领尚书事""益封五千户"，外戚王氏的权势由此迅速壮大。

汉成帝曾在公元前 27 年一口气分封自己的五个舅舅为侯：王谭为平阿侯，王商为成都侯，王立为红阳侯，王根为曲阳侯，王逢时为高平侯。一年就封王氏家族的五个人为侯，世所罕见，所以百姓就将这五人称为"五侯"。与五人封侯相伴的，便是"王氏子弟皆卿、大夫、侍中、诸曹"，全部进入官场，当了大官，他们"分据势官满朝廷"，形成了极大的政治势力。

王凤在发展壮大自己家族势力的同时，还打击异己，排斥忠良，十分嚣张。举一事即可说明王凤嚣张到何等程度。公元前 24 年，汉成帝打算让刘歆当中常侍，快要下发任命书的时候，皇帝左右的人说："未晓大将军。"皇帝说："此小事，何须关大将军？"这么一件小事，不用跟大将军说了吧？结果，"左右叩头争之"，您还是跟大将军打个招呼吧。

皇帝一看，那就跟大将军打个招呼吧。结果，"凤以为不可，乃止"。王凤认为这个事不行，最后竟然把皇帝的这个决议给否决了。

王凤权倾朝野，"公卿见凤，侧目而视，郡国守相、刺史皆出其门”。王氏家族的权力大到这个程度，怎能不跋扈嚣张？史书载“五侯群弟，争为奢侈，赂遗珍宝，四面而至。后庭姬妾，各数十人，僮奴以千百数，罗钟磬，舞郑女，作倡优，狗马驰逐，大治第室，起土山、渐台、洞门、高廊、阁道，连属弥望”。极尽享乐奢华之能事。

王凤担任大司马大将军长达 11 年，他临死之前推荐王音代替自己。王音担任大司马大将军 8 年后去世，接替他的是成都侯王商。王商辅政 4 年后因病“乞骸骨”，接替他位置的是曲阳侯王根。王根辅政 5 年，“乞骸骨”“荐莽以自代”，推荐王莽代替自己的位置。汉成帝也认为王莽“有忠直节”，遂提拔王莽为大司马。

一年以后，汉成帝驾崩，汉哀帝即位。公元前 1 年，汉哀帝驾崩（在位 6 年）。哀帝无子，此时已是太皇太后的王政君遂任侄子王莽为大司马。王莽为便于擅权，立年仅 9 岁的刘衎当皇帝，是为汉平帝。年仅 9 岁的皇帝不能亲政，大司马王莽名正言顺地掌控了朝政。公元 6 年，汉平帝驾崩。此时，大权在握的王莽又征汉宣帝玄孙中年龄最小的刘婴为帝，此时他只有两岁，史称孺子婴。两岁的儿童更不能执政，王莽“践阼居摄，如周公傅成王故事”，当上了摄政王。摄政三年之后，王莽干脆废掉了孺子婴，自己另起炉灶，建立了新朝。至此，外戚彻底篡夺了西汉王朝的天下。

◎观点提炼：汉人的政治观念与王莽改制

西汉王朝自汉武帝“独尊儒术”之后，儒家士人在政治上逐渐得势，他们所抱政治观念逐渐成为汉人主流的意识形态。这套

观念的要点如下:1. 圣人受命。各朝开国之君都是天上某帝某德而降生,如青帝木德、赤帝火德、黄帝土德、白帝金德、黑帝水德,“五德”相生相克。2. 皇帝承受天命要有符瑞,相当于上天的授权证明,比如土德者当立,就要有黄龙出现。3. 封禅。圣人承受天命,要通过封禅仪式,昭告上天。4. 王朝德衰,天降灾异。天命五德循环不已,当某一德运衰落之际,上天就降下灾害或异象,以警醒世人。5. 让贤禅国。灾异频发之后,统治者知道天命已改,就应该及早物色贤人,并适时禅让皇位,以顺应天命。6. 新王朝“易服色,更制度”,承接新的天命。

当然,汉儒这套“天人感应”理论除神秘之外,也有其理性的一面,那就是儒家一直提倡的“礼乐教化”。他们认为,政治的最大责任就在于通过用“礼乐”来教化百姓,使之过上一种有秩序、有意义的美好生活。要达到此目的,统治者就要恪守道德、克制欲望、恭俭自守,同时还要以有效的手段治理好国家,以确保人民能过上衣食无忧的安定生活。

王莽最后篡夺西汉的天下并进行改制,其政治上借助的是外戚擅权之大势,其文化上所遵循的则是汉儒的上述政治理念。汉室自汉元帝时起,帝王就一直短寿,元帝驾崩时41岁,成帝驾崩时44岁,哀帝驾崩时25岁,平帝驾崩时14岁,这本身就是国运衰落的象征。而王莽本人在篡位之前堪称“道德模范”,他孝敬母亲和寡居的嫂子,对叔伯长辈极其谦恭有礼。伯父王凤病重时,他日夜侍候,衣不解带。王氏家族的弟子奢侈享乐,“以舆马声色佚游相高”,过的都是声色犬马的日子。只有王莽“折节为恭俭”,不但生活俭朴,而且还拜大儒陈参为师,“勤身博学,被服如儒生”。在王氏一群纨绔子弟之中,王莽的表现简直可用“出淤泥而不染”来形容。因此,大司马大将军王凤临终之前,极力向王太后和汉成帝推荐王莽。

汉儒一直推崇让贤，而在汉室国运衰微之际，王莽在政治、道德、学术及抱负上又恰好符合当时的“让贤”推荐，所以他最后接受了孺子婴的禅让，做了新朝皇帝也算顺理成章。

王莽改制与东汉盛衰

王莽于公元8年接受了孺子婴的禅让，称帝，改国号为“新”。

当上新朝皇帝之后，王莽进行了一系列的改革，措施包括土地改革、币制改革、商业改革及官名地名改革等，内容非常庞杂。不过其改革的总体思路具有复古主义和理想主义倾向。比如，他将土地收归国有，称为“王田”，不准私人买卖。这个措施本意是打击西汉末年的土地兼并现象，可是一刀切地执行下去，也给民生造成了诸多不便。若有人恰好缺钱急用，原本还可卖地救急，经王莽改制之后，土地不让卖了，反而一点办法都没有了；另有一些人辛勤劳作，本想赚钱买地置业，王莽将土地一律收归国有后，这些人的梦想也随之破灭了。再比如，王莽下令不得买卖奴婢，这本来含有尊重人权的色彩，可是在当时却也属不合时宜。当时的社会没有充分的社会保障机制，一个人穷得走投无路之际，唯一活命的机会便是卖身为奴。王莽强令不得买卖奴婢，本想救穷人于水火，可实际上等于斩断了穷人最后一条活命的出路。王莽还曾推行货币制度改革，结果也是事与愿违，使经济陷于瘫痪。总而言之，王莽的改革因其食古不化及过度的理想主义而失败了。

王莽改革失败，各地不断爆发农民起义，南方有绿林军，北方有赤眉军。公元23年，绿林军攻入长安，王莽在混乱中被杀，新朝灭亡。

王莽新朝末年,天下大乱。各路起义之中,既有农民起义,也有汉室后裔领导的起义,还有地方的武装割据势力。经过一番混战,汉室后裔刘秀取得了最终的胜利,于公元 25 年登基称帝,定都洛阳,建立了东汉王朝。

东汉自光武帝登基到公元 220 年汉献帝禅让为止,共 192 年。一般认为,东汉的国力不如西汉强盛,因其定都洛阳,对西北地区的控制,不如西汉便利。不过,东汉王朝亦创下了治平之世,并有其不同于西汉的特点。

与西汉的创建者刘邦相比,东汉的创建者刘秀显然更有文化,他在王莽当政时曾是太学生,在都城长安学《尚书》,亲近儒学。东汉一朝的开国功臣,也多有儒生背景,如邓禹是光武帝刘秀的同学,寇恂、冯异、马援、贾复、祭遵、耿弇也都好学,"通儒"。因此,东汉王朝自建立之日起就可说是一个文质彬彬的士族政权。

创建东汉之后,光武帝刘秀"退功臣,进文吏""严以察吏,宽以驭民",统治期间政治清明。公元 57 年,光武帝驾崩,太子刘庄立,是为汉明帝。明帝深受儒学熏陶,治国有方,东汉王朝在他统治期间开疆辟土。班超于公元 73 年奉命出使西域,通过高超的外交手段控制了丝绸之路。在北方,汉明帝派窦固与耿秉率军深入草原,攻击匈奴,夺取了吐鲁番绿洲。明帝于公元 75 年驾崩,儿子章帝登基。汉章帝同样好儒术,为政宽仁,但由于放纵外戚,埋下了和帝时期外戚擅权的种子。汉章帝于公元 88 年驾崩,其子刘肇即位,是为汉和帝。和帝亲政之后,诛灭窦氏外戚,彻底击溃了匈奴,重新设置了西域都护。此时,东汉的国力达到最强,史称"永元之隆"。

凡事盛极而衰,汉和帝之后,东汉迅速走向了衰落。

导致东汉衰落的原因很多,但最重要的是外戚专权和宦官干政。东汉的外戚之祸,起于汉章帝。汉章帝的皇后窦氏没生儿子,宋贵人生子刘庆,立为太子。梁贵人生子刘肇,被窦皇后收养为子,窦皇后诬陷并杀害了宋贵人,将太子刘庆废为清河王,而立刘肇为太子。汉章帝驾崩后,年仅10岁的刘肇即位,是为汉和帝。和帝年幼,不能亲政,窦太后遂临朝称制。窦太后倚仗亲族,重用其兄窦宪,外戚专权的局面就此形成。

汉和帝亲政之后,为了把大权从外戚手中夺回,就联合宦官郑众,与其一同谋划,诛杀了窦宪及其党羽。

汉和帝短寿,年仅27岁就驾崩了。和帝驾崩后,他出生仅百日的儿子刘隆被立为皇帝,是为汉殇帝。汉殇帝时,邓太后临朝听政,太后的兄长邓骘遂乘势崛起,外戚势力再次控制了朝政。汉殇帝在位一年即夭折,邓太后迎立清河王的儿子刘祐为帝王,是为汉安帝。

汉安帝时,东汉王朝已是内忧外患,他统治前期,邓太后临朝称制15年。邓太后去世后,汉安帝又重用阎皇后的哥哥阎显,并宠信宦官,朝政极为紊乱。阎皇后无子,后宫李氏生子刘保,立为太子。后李氏为阎皇后所害,刘保亦被废掉太子之位。

汉安帝亦短寿,驾崩时只有32岁。阎皇后迎立汉章帝之孙北乡侯刘懿为帝,但刘懿称帝200多天即因病去世。此时宦官势力开始登场,他们消灭了外戚阎氏,拥立刘保,是为汉顺帝。汉顺帝的皇位是靠宦官支持得来,他登基后遂重用宦官,有拥立之功的19个宦官均被封侯。

此外,汉顺帝还重用皇后的父亲梁商,导致外戚梁氏专权长达20多年。梁商死后,他的儿子梁冀继续掌握朝政大权,此时外戚的权势达到了巅峰。梁冀一门,“前后七侯,三皇后,六贵人,二大将军，尚公主者三人，其余列卿、将、校者五十七人”。梁冀秉政20多年，飞扬跋扈，汉冲帝、汉质帝均被他牢牢控制，汉质帝因童言无忌而被他毒杀。

公元159年，汉桓帝联合宦官诛灭了梁氏。外戚梁氏被诛后，朝政大权又转移到宦官之手，帮助汉桓帝谋杀梁氏的5个宦官皆被封侯，称为“五侯”。宦官势力从此大张，而宦官之腐败比外戚有过之而无不及。朝中官员与太学生联合起来反对宦官擅权，结果反遭宦官迫害，是为东汉历史上有名的“党锢之祸”。经过两次“党锢之祸”的打压，正直的士大夫全被排斥出东汉的朝堂，东汉王朝自此江河日下，濒于灭亡。

公元184年，黄巾起义爆发。此时，腐朽的东汉朝廷根本无力平叛，遂下令各州郡自行募兵守备。黄巾起义后来虽被镇压了下去，但在此过程中，地方州郡长官开始拥兵自重，军阀割据的局面形成了。

公元189年，汉灵帝去世，汉少帝刘辩即位，外戚何进官拜大将军，掌控朝廷。他立志铲除宦官势力，但遭到何太后的反对。士大夫领袖袁绍提出建议，让西北军董卓进京，逼迫何太后答应。何进同意了袁绍的建议。然而事情泄漏，宦官先下手为强，杀死何进。当时在西园军的袁绍闻讯，立即率军攻入皇宫，屠杀了宦官，京城大乱。西北军阀董卓乘乱拥兵入京，控制了整个中央政府。董卓同时清洗了宦官和外戚，还废掉了汉少帝刘辩，立陈留王刘协为皇帝，即汉献帝。

董卓在京城烧杀抢掠，招致山东州郡各路诸侯的联合讨伐。讨伐董卓的各路军阀虽组成了盟军，但他们貌合神离，不久便发生了内讧。而董卓则挟持汉献帝迁都许昌，临走之前，焚烧了洛阳，东汉都城就此毁于一旦。

各地的军阀为增强自己的实力,纷纷互相攻伐,中央王朝的威望荡然无存。当时主要的地方割据势力有冀州袁绍、兖州曹操、幽州公孙瓒、扬州袁术、荆州刘表、益州刘焉、汉中张鲁、凉州马腾、韩遂等。

公元 192 年,大臣司徒王允巧施连环计,唆使吕布谋杀了董卓。但不久,董卓的部将李傕、郭汜又杀回来替董卓报仇,王允被杀,吕布出逃,东汉朝廷再度失控。公元 195 年,李傕和郭汜发生内斗,汉献帝刘协和群臣逃回了已是一片废墟的洛阳。

一年后,曹操迎汉献帝到许昌,从此曹操"挟天子以令诸侯",逐渐掌握朝廷权力。曹操有雄才大略,在诸侯混战中壮大起来,击败袁绍、袁术、吕布等,统一了北方。

在曹操经营北方的同时,孙策、孙权兄弟在长江下游地区崛起,建立了自己的基业,而刘备也夺取了益州,三国鼎立的局面由此形成。公元 220 年,汉献帝将皇位禅让给曹操的儿子曹丕,曹丕改国号为"魏",东汉王朝灭亡。随后,公元 221 年,刘备也称帝于蜀。公元 229 年,孙权称帝于吴。至此,天下成魏、蜀、吴三分之局,历史进入了三国时代。

◎延伸阅读:东汉时期的门第

东汉较西汉更重视儒学,光武帝、汉明帝、汉章帝等几代帝王均倡导儒学。公元 59 年,汉明帝刘庄在洛阳的明堂亲自讲解《尚书》,制造了万人空巷的盛举。随着儒学的兴盛,士人阶层在政治上的影响也越来越大。在古代社会,读书的机会不易获得。别的不说,单是书籍就异常珍贵。因当时尚无印刷术,竹帛书籍必赖传抄,所耗人力物力甚巨,非普通人家所能拥有。此等情形之下，学术文化的传授往往限定在士人家族之中，这就造成了当时所谓的“累世经学”。当时的“经学”又是入仕做官的必要条件，因此“累世经学”又会造成“累世公卿”，即一个世代读书之家很容易成为一个世代做官之家。

另外，汉代的人才选拔实行察举制度，一个人做了地方官，不唯有较高的官俸，而且还有权向朝廷察举“孝廉”。如此一来，如果一个人官至郡守，一郡之下的“孝廉”都经他“察举”，被察举者对举荐者心怀感恩，成为其门生故吏便是顺理成章之事。日后，这些“孝廉”在政治上得志，也往往“察举”自己恩人的后人。由此，“察举”过他人的人，其子孙也极易被“察举”。这样一来，一个地方的“察举”名额就永远落在了几个大家族之中，而这几个大家族便是当地的名门望族。东汉时期的每个郡都有几个这样的名门望族，由此也就造成了门第现象和门第观念。

东汉门第的形成，实质上是一种学术与权力的媾和。几个名门望族长期把持一个地方的学术文化资源和权力资源，屡屡由“世代经学”而至“世代公卿”，这虽不是赤裸裸的权力世袭，但也俨然造就一种贵族阶层。这样的门第势力，在王朝政治清明之际，自可协助朝廷稳定地方秩序，可在王朝衰落及解体之时，也容易转化为地方割据力量。东汉末年的袁绍家族就是比较典型的例子。

◎观点提炼：从两汉盛衰看王朝周期

从某种意义上讲，东汉可算是西汉宗室复辟的产物。两汉王

朝在制度层面有很多一致性:二者均以农业经济维系着同样制度的帝国体系,权力高度集中在皇帝手中,代替皇帝管理地方的是一个等级森严的官僚系统,普通人进入官场的方式依赖察举制度。两汉在国家意识形态方面也高度一致,都尊奉儒家思想,信奉大体一致的天命观。甚至,两个王朝的寿命都很接近,均为200年左右(西汉略多,东汉略少)。导致两个王朝灭亡的原因中均有政治腐败、外戚擅权、土地兼并严重、农民起义等常见的因素。这些现象在以后王朝的末期一再出现,似乎成了每个王朝末期的“常见病”。确实,人们从两汉王朝的盛衰中大体可总结出中国王朝的周期率。对此,美国著名汉学家费正清先生说:“专制统治正是它本身最大的敌人。皇帝把大量的田地及农民永久性地赐给皇亲国戚、宠臣奸佞和将相高官,而后者往往贪得无厌,又进一步导致了统治的恶化。”

我们可以从人才发现机制来考察帝国盛衰的规律。一般而言,一个王朝开国之际,明君贤臣风云际会,仿佛遍地是人才,可是待到王朝末期,堂堂庙堂之上,竟然很难发现出类拔萃的人才。难道天地生人才,会在不同的时期有不同的分布吗?显然不是。其根本原因就在于,中国各王朝的统治阶层都是一个封闭的权力系统。在开国之初,君王要在“打天下”的过程经过残酷的筛选,昏聩之辈根本没能力夺得皇位,凡夺得天下者必有过人的本事。对功臣来说,他们多成长于乱世,来自各方,成分复杂,同样要经过战争的筛选与历练。这种明君贤臣的合作模式,可看作是一个实力强大的创业团队,其进取精神和应变能力绝对强大。

可是,开国之君打下天下之后,即把王朝视为自家基业,皇室集团遂成一个狭小封闭的圈子。王朝的未来之君必出自这个狭小的人才库,如此一来,几代之后出现昏聩之君也就实属必然。

功臣子弟得祖上荫庇，享有超乎寻常的财富与特权，其成为纨绔子弟的概率也大大增加。如此，二代、三代之后，最多四代、五代之后，王朝的统治阶层必定腐朽堕落，而此时，聚集在皇权周围的外戚、宦官、宠臣等则恰好趁机弄权自肥。至此，朝纲紊乱、贪腐盛行遂不可遏制，王朝也由此失去了民心。民心一失，王朝没有了凝聚力，势必崩溃、解体。

三国两晋南北朝:战乱与民族大融合的时代

东汉王朝灭亡之后,中国进入到了一个长期战乱的时代。这个漫长的乱世又分为三国、两晋、南北朝三个阶段。魏、蜀、吴三国之间彼此争斗的故事广为人知,罗贯中创作的小说《三国演义》就是根据这段历史改编而成。为了引人入胜,小说固然要加入许多夸张的铺排和描写,但总体轮廓还是不差的。那确实是一个乱世,同时也是一个英雄辈出的时代。魏、蜀、吴三个国家的第一代开创者及其麾下的将相个个都是英雄人物,他们历尽艰难,开创了基业,可惜的是,这份基业并没有得到很好的继承,原因很简单,当创建帝业的第一代英雄死去之后,他们的二代全是败家子。俗话说"扶不起来的阿斗",说的就是刘备的儿子刘禅不能守住父亲创下的基业。公元263年,蜀汉政权在刘禅统治时期被魏国灭掉。

不过,此时魏国的曹氏家族也已经衰败了。就像当年曹操控制汉献帝一样,司马懿后来操纵曹魏政权。他的儿子司马昭随后彻底掌控了魏国的全部政权。在吞并蜀汉政权的两年后,即公元265年,司马昭之子司马炎彻底篡夺了魏国政权,成立了西晋,是为晋武帝。

西晋于公元280年灭掉了吴国,完成了统一大业。然而,西晋也很快衰败了。晋武帝死后不到两年,晋王室就发生了"八王之乱”的严重内斗。

就在西晋王朝日益衰落之际，匈奴人开始大举入侵中原。公元 311 年，刘聪领匈奴军队攻占了西晋的都城洛阳，俘获晋怀帝。西晋只得在长安拥立晋愍帝，勉强延续西晋政权。但这种情况也仅仅维持了 5 年。公元 316 年，刘曜率领匈奴军攻破长安，晋愍帝献城投降，西晋结束。

晋王室丢掉北方之后南渡，于公元 317 年在南京建立了东晋。自此，中国分为南、北两部。南方的东晋政权延续了 104 年，之后是宋、齐、梁、陈四个更为短命的王朝，一共经历了近 170 年，是为南朝。中国的北方则为“五胡”政权交替控制，即由匈奴、鲜卑、氐、羌、羯五个少数民族建立了十六个政权，这也就是人们常说的“五胡十六国”。这些少数民族在中国北方建立政权，一方面与汉人势力相对抗，另一方面也与汉人合作，无论是相互对抗还是相互合作，都极大地促进了民族融合。因此，“胡人汉化”和“汉人胡化”也就成了这一阶段最重要的时代主题。

“胡人汉化”最典型的例子当属北魏孝文帝所进行的改革。北魏孝文帝主动解散鲜卑族的部落，改族群为乡里，并让鲜卑族使用汉字，改姓汉姓。这种全面汉化的政策无疑大大加速了鲜卑族的汉化过程。

另一方面，中原地区的汉人也在与胡人打交道的过程中学习了胡人的文化，在潜移默化中接受了胡人的习俗。比如，一向席地而坐的汉人在这一时期开始使用“胡床”——胡人发明的高足座椅。随着高足家具的流行，汉人放弃了席地而坐的习惯。此外，胡人的服装、音乐、舞蹈等文化也为汉人所接纳、效仿，胡笳、羌笛、琵琶等胡人乐器从漠北和西域传入中原，使中国的音乐更加丰富；胡人擅长的牲畜饲养技术传到了中原，胡人制作的毛毡、奶酪、酥油、胡饼等也为汉人所喜欢，胡汉互化结出了累累硕果。秦汉以来所建立的大帝国体系经过此番融合、重组之后，增添了不少外来基因。中国地区的人类组织，包括国家生态、地缘族群及文化成分等由此变得更多元、更复杂。可以说，经过这一阶段的“胡人汉化”和“汉人胡化”，事实上形成了东亚地区的民族大融合和文化大融合。

还有一点也值得一说。佛教在魏晋南北朝时期迅速发展壮大。这一时期，无论是北方的胡人政权还是南方的汉人政权，均对来自异国的佛教持以特殊的好感。原因就在于，越是在动荡不安的年代，人们越是需要来自宗教的精神慰藉。佛教自东汉永明年间传入中国，经过一段时间的传播，这时恰好能承担这种功能。自此之后，佛教深深地嵌入到了中国文化之中，成为“儒、释、道”三种核心思想中的一支。

就治乱而言，三国两晋南北朝时期无疑是一段长达四百年的乱世，在这个乱世之中，百姓饱受战乱之苦。可若就国家形态的重组和再造而言，此一时期又是民族大融合与文化大升级的必经阶段。

◎延伸阅读：北魏孝文帝改革

北魏是鲜卑族建立的一个王朝，它的创建者是拓跋珪。

前秦统一中国北方时，鲜卑族也为前秦所统治。公元383年，前秦皇帝苻坚亲率大军讨伐东晋，结果在淝水被东晋打败。淝水之战惨败后，前秦在北方的统治随之瓦解，拓跋珪趁机复国，改国号为魏，称皇帝，史称北魏。经几代人的持续努力，北魏于公元439年统一了北方。

北魏的历代君主都重视学习汉文化，等到了北魏孝文帝拓跋宏统治时，他更是启动了全盘汉化的改革措施，史称为孝文帝改革。

鲜卑人原本没有文字，更不会读书写字。他们的官员也没有薪俸，如果想要什么东西就向治下的百姓索要或者抢夺。这样的民族，在汉人眼里简直就是没文化、没教养，是彻彻底底的野蛮人。正因如此，北魏王朝的民族矛盾一直比较尖锐，汉人不断起来反抗鲜卑人的残酷压迫。

北魏孝文帝对自己鲜卑族的政治形态和文化生活也深感不满，觉得鲜卑族一定要学习汉人先进的政治制度和文化习俗。为了让鲜卑人学习汉人的文化，模仿汉人的生活方式，孝文帝下令将北魏的都城从平城（今山西大同）迁到洛阳，因为洛阳是汉地，汉人多，汉文化发达，鲜卑人模仿起来更容易。

可是，大部分鲜卑贵族不愿意迁都，对孝文帝全盘汉化的改革也不太认可，所以他们起来反对。为了让自己的改革措施能很好地推行下去，孝文帝心生一计，他下令全军南下出征。鲜卑贵族敢于反对迁都，但总不能反对南征吧？于是，鲜卑大军就离开平城一路南下，等走到洛阳时，恰好天上下起了倾盆大雨，道路泥泞不堪。这时，鲜卑贵族请求停止南征。孝文帝趁机跟鲜卑贵族讨价还价：如果你们不愿意继续南征，那么就得同意迁都洛阳。鲜卑贵族实在不愿意继续南征，只得同意迁都洛阳。

为了缓和鲜卑贵族不愿意离开故土的情绪，孝文帝特许他们“冬则居南，夏便居北”，允许他们冬天住在洛阳，夏天回到平城。这在当时算是一种过渡的方式，孝文帝通过南迁实现鲜卑族汉化的改革目标一直没变。他后来规定，迁居洛阳的鲜卑人死后一律葬在洛阳，不得归葬塞北。

迁都洛阳之后，孝文帝又开始规定，鲜卑人一律穿汉服、说汉语、改汉姓，他自己就把“拓跋”这个鲜卑姓氏改为“元”。其余的，“独孤”改姓“刘”，“丘穆陵”改姓“穆”，“步六孤”改姓“陆”，“贺赖”改姓“贺”，“贺楼”改姓“楼”。孝文帝还鼓励鲜卑人与汉人通婚，孝文帝自己带头迎娶崔、卢、王、郑、李等汉人士族之女入宫，并强令六个兄弟也都聘娶了汉人士族之女为正妃。鲜卑人与汉人通婚之后，入居中原的鲜卑人很快就与汉族融合了。

此外，孝文帝还恢复了孔子的“素王”地位，通过提高尊孔、祭孔的规格来笼络大批汉族士人。在政治制度方面，孝文帝也学习汉人文化，颁布官吏官俸制度，还颁布均田令，实行租庸调制。

孝文帝的这些全面汉化的改革措施，使胡人政权在政治、文化、习俗等各方面均被中原文明所同化，消解了原本存在的民族矛盾。原本鲜卑人与汉人之间的差别迅速消失，取而代之的是士人与庶人之间的差别。这表明孝文帝的改革意在突破民族和种族的阻碍，建立一个更具有公共性的国家。

◎观点提炼：东晋和南朝的门阀政治

在东汉一章中我们提到了门第现象。东汉时期的门第观念不断发展，造成了魏晋时期的世族高门；魏晋时期的世族高门发展到南朝，则演变成了门阀政治。

西晋灭亡的时候，晋王室“永嘉南渡”，在江南建立东晋王朝，其所依托的就是门阀士族的力量。以东晋第一高门琅琊王氏为例，整个东晋王朝，主要就是凭借王家和谢家两个大贵族势力的支撑才建立起来的。王导、王敦、王旷等是最早一批推举司马睿当皇帝的人。东晋王朝建立之后，朝廷最依仗的便是王导、王敦兄弟，王导执政在内，王敦统兵在外，王氏权倾朝野。王旷有个儿子叫王羲之，是著名的书法家，而王导和王敦则是王羲之的伯父。可以说，大书法家王羲之的父辈就是东晋王朝的开国元勋。王氏家族的地位异常显赫，当时便有“王与马，共天下”的说法，意思是东晋王朝是由皇室司马氏与琅琊王氏共同治理的。王氏之外，颍川庚氏、陈郡谢氏、谯国桓氏等在东晋的权力格局中也有举足轻重的分量。

门阀政治是讲究门第阀阅的贵族政治。所谓门阀有“门”和“阀”两层意思，门指门第，即必须是出身于贵族的人才有资格做高官；“阀”则代表“阀阅”，即便是同属贵族出身的人，还要看门第等级的高低，门第等级高的人当然要比门第等级低的人享受更多的特权。

门第现象在东汉时期是由“累世经学”而至“累世公卿”，那时还是先有学问修养而后才做高官。可是，到了东晋和南朝时期，只要是出生于名门望族，那就一定可以稳稳当当地做高官，根本不再需要“经学”之类的做陪衬了。因此，我们可说，东晋和南朝时期的门阀政治实质上是一种贵族政治，但它既不是上古时期的氏族贵族，也不同于欧洲中世纪的领主贵族，而只是一种具有地方名门出身的贵族。这种贵族政治是由汉人官僚经过多次蜕变而成长起来的一种家族势力，即某一家族在某地累世为官，成了当地的名门望族。这些家族成员的政治特权和经济特权实质上并不来自于皇帝的封赏或任命，而几乎完全来自他高贵的家族。此等情形之下，东晋和南朝的高官重臣，他们所极力维护的也自然是自己家族的利益,而非他所供职的王朝。

门阀政治有很大的弊病,其表现是,士族高门的子弟只要凭借着显赫的家世就能稳稳当当地做高官,而不必依靠真才实学。因为不需要依靠真才实学就可以做高官,所以贵族子弟也就丧失了进取心,他们整日沉湎于清闲、放荡的生活,而不关心政治,也拒绝担任繁杂而辛苦的工作。这种情形养成了高级贵族在王朝更迭的斗争中畏缩不前、明哲保身的习性,这些贵族平日虽为朝廷重臣,可实际上却没有为国家分忧的担当意识。

南朝时期政权更迭频繁,但是朝廷重臣中却没有殉节的人。当时的每个贵族都把自己的家族、门第看得更重要,无论怎样改朝换代,高门大族依然是高门大族,它与皇帝和官位没有关系,因此任何时候都不会考虑为皇帝和王朝殉节。这种将家族置于国家之上的门阀政治,最终也是导致东晋王朝走向没落的关键因素。

高门大族的子弟长期纵情声色,对外面事物一无所知。后人描述他们的生活是:“处庙堂之下,不知有战阵之急;保俸禄之资,不知有耕稼之苦;肆吏民之上,不知有劳役之勤。”他们“出则车舆,入则扶持”,一刻也离不开别人的伺候。有些人玩物丧志,连士大夫阶层所必须掌握的文化知识也完全荒废了,成了徒有高位的文盲。

为了维护自己家族的特权,高门大族不仅把持官场,不让寒门庶族插足,而且在婚姻上也有严格的限制。高门大族只能和高门大族通婚,如果和圈外人通婚,则被视为“婚姻失类”,即所谓的“门不当户不对”。因此,高门大族都非常重视家谱,讲究郡望,由此家谱学成了当时的一门新兴的“显学”。名门望族的谱牒会被官府收藏,作为任命官员的重要依据。可见当时的门阀政治腐朽到了何等地步。

门第精神在两晋维持了二百多年的历史,他们虽然不能戮力政治治理,但尚能维持家教门风,这家教门风的来源则是东汉时期的儒家礼法。可是到了南朝之时,南朝君臣均是在高门大族的家庭中长大,他们只是稍微熏陶了一些名士做派,而没有学到名士们的家教门风,所以,南朝时连魏晋风度都没有了,原有的贵族之气被放纵胡闹所取代。门阀政治发展到这等地步,剩下的也就只有衰落一途了。

门阀政治的颓势最先体现在军事领域。高门大族的子弟耽于享乐,担任不了武职,带兵的武职便只好让庶人出身的人来担任,而庶人借着武职,不断靠军功升迁,跻身政权高层,有的甚至夺取政权,自己当上了皇帝。南朝的四个开国皇帝,宋武帝刘裕、齐高帝萧道成、梁武帝萧衍、陈武帝陈霸先都出身庶族,先统兵,然后夺取了政权。这些庶族出身的皇帝当然看不惯高门大族纨绔子弟的享乐做派。他们虽不能在政策上放弃门阀政治,但他们却可以通过提拔有本事的庶族人才来辅佐自己。如此一来,高门大族的子弟虽仍可享受高官厚禄,但政治上的重要性却在一点点降低。

王朝致命的一击来自侯景之乱。羯族将领侯景在梁武帝晚年发动叛乱,带兵攻陷了梁朝的都城建康(今南京),侯景的军队一番烧杀抢掠之后,繁华的建康城毁于一旦。昔日在建康城中过惯了锦衣玉食的高门大族“肤脆骨柔,不堪行步,体羸气弱,不耐寒暑,坐死仓猝者,往往而然”。他们大部分在兵乱中死掉,侥幸逃走的,也再不能过上从前的贵族生活了。经此战乱的巨大打击后,梁武帝的子孙们分别投靠西魏、北齐,引异族相助,引发骨肉相残的悲剧。

梁朝灭亡后，陈霸先趁乱建立了陈，这也是南朝时期最后的一个政权。陈所能控制的地盘，仅仅限于江陵以东、长江以南的狭小区域，已呈苟延残喘之势。至公元589年，陈为隋所灭，天下重新归于统一。

第三辑

帝国第二期——隋唐

隋朝:再造统一帝国

“天下大势,分久必合,合久必分。”这句话可以说是对中国历史的一种事实性的评说。中国历史在夏商周三个统一王朝之后,经历了春秋战国四五百年的分裂时期。之后秦统一了天下。中国历史经过了第一次“分久必合,合久必分”的阶段。在经历了秦、西汉、东汉三个统一的王朝之后,中国历史又进入了三国两晋南北朝的长期分裂。这段长期的分裂最后也要统一,完成这一统一任务的是隋朝。公元 581 年,杨坚篡夺了北周政权,建立了隋朝。

杨坚原本是北周的军事贵族,他的父亲杨忠是北周的重臣,杨坚本人具有汉族和鲜卑族的混合血统,身上兼具胡人与汉人的双重色彩。这样的家世和身份,使他所建立的隋朝具有与先前的汉帝国截然不同的特质。经过民族大融合和多元文化的重组再造,众多游牧民族已经基本融入到中华文明的体系之中,民族矛盾和民族冲突大大降低,所谓的“华夷之辨”此时已经不再是最主要的时代课题了。随着门阀政治的衰落,原来弥漫在社会上的贵族精神也逐渐被追求平等、务实进取的新精神所替代。隋文帝杨坚顺应了这种时代潮流,他所创建的隋朝既是在民族大融合的基础上创建的,同时也更保护民族间的融合。隋朝是在门阀政治废墟上建立起来的,因此也就更具有平民意识和公正精神。因此，我们可说隋朝比此前的南北朝更具有公共性和包容性。

在某种意义上讲，杨坚创立的隋朝很像秦始皇创立的秦朝。这两个朝代都结束了长期分裂的局面，这两个王朝也都比较短命，都是“二世而亡”，但他们所创建的许多制度都对后世产生了深远的影响。秦朝的制度深刻地影响了西汉和东汉，而隋朝创建的各种政治制度，也深刻地影响了后来的唐、宋、元、明、清各朝。

隋朝在政治上的创举是著名的三省六部制。隋朝的中央政府设立中书省、门下省和尚书省三个省。中书省是决策机构，门下省是审议机构，尚书省是行政机构。凡是国家的大政方针，先由中书省研究，做出决定，再由门下省审核，审核通过后交尚书省负责执行。如中书省做出的决策有失误，门下省有权驳回。尚书省下设六部，也就是吏部、户部、礼部、兵部、刑部、工部六个部门，吏部负责官员的铨选，户部掌管钱粮、户口，礼部掌管礼仪和文化教育，兵部负责军事国防，刑部掌管司法，工部负责工程营建。六个部门分工明确，统管全国政治、经济、文化、军事等各个方面的事务。这种三省六部制经过唐朝的改进，一直为后世所沿用，实在是一个了不起的创造。

为了打击门阀政治，废除地方长官推举本地士人担任官员的陋习，隋朝创建了更为公平的考试制度——科举制。隋朝初年就明确规定，凡九品以上的地方官员一律要由吏部进行考核，通过考核之后才可以做官。以后又规定，州县官吏三年一换，不得连任，也不许本地人担任本地官吏。这样就把选拔、任用官员的权力集中到了中央，彻底改变了长期以来士族大户控制地方政权的局面。

科举制更大的进步意义在于，它以公平的考试成绩来选拔人才，而不是看门第的高低和身世的好坏。科举制度是世界上最早的文官考试制度，它创建于公元605年，一直沿用到了清朝，直到1905年才废除，在中国历史上整整存在了1300年。隋之后的王朝大多能保持长期的稳定，与科举制这种比较公平的人才选拔制度关系极大。通过参加科举考试，平民子弟也可以出任官员，参与政治，加入到管理国家的行列，这不仅有利于更广泛地选拔人才，而且扩大了帝制王朝的统治基础。

隋文帝杨坚在位期间，军事上攻灭陈国，成功地统一了分裂数百年的中国，随后又击败突厥，赢得了“圣人可汗”的尊贵称号。随着军事上的不断胜利，隋朝的疆域也空前辽阔，其治理下的人口有4600多万，堪称国富民强。可惜的是，这种大好的开局最终毁在了他的接班人隋炀帝的手中。

隋炀帝杨广是一个野心勃勃而又急功近利的人，他大兴土木，在各地建了许多豪华的大宫殿，并搜罗数不尽的美女和珠宝以供自己享乐。他还下令开凿了大运河，大运河修成之后，他就带着嫔妃百官坐着大龙船，浩浩荡荡地去江南游玩。随行的船就有几千艘，沿河两岸还要建几十座豪华的宫殿以供皇帝休息、享乐。像很多好大喜功的君王一样，隋炀帝喜欢盛大的排场，贪图享乐。为了满足自己穷奢极欲的生活，他不顾民力，役使上百万的百姓修建大工程，他大肆搜刮民脂民膏，苛捐杂税层出不穷。

隋炀帝还喜欢炫耀武力，他下令远征高丽，结果三次征伐高丽的军事行动均宣告失败；隋炀帝还曾发动讨伐突厥的战争，结果也失败了。无限的大兴土木和无休止的对外用兵，耗光了国家的财力，更让百姓怨声载道。公元611年，王薄率领忍无可忍的民众在今天的山东章丘起义，隋末民变开始爆发。随后，刘霸道、孙祖安、张金称、窦建德等纷纷率领农民起义。两年后，农民起义发展到全国范围,给隋朝统治者以沉重的打击。李密、窦建德、杜伏威、林士弘等人率领的农民起义军屡次击败隋朝军队。隋炀帝杨广试图迅速镇压农民起义,但没有成功。

也许是出于“眼不见心不烦”的心理,隋炀帝于公元616年离开东都洛阳,去了江都(今扬州),抓住最后的机会进行享乐。此时的隋朝已经陷入到了分崩离析、天下大乱的状态之中。

隋炀帝在江都却越发荒淫昏乱,他命王世充挑选江淮美女充实后宫,每日酒色取乐。他也预感末日将至,曾对镜自照,对萧皇后说:“好头颈,谁当斫之?”意思是,谁会砍掉我的脑袋呢?隋炀帝的感慨很快就有了答案。公元618年,卫兵在宇文化及的率领下发动了兵变,缢死隋炀帝,隋朝灭亡。

隋朝从公元581年建立,到公元618年灭亡,只有短短的38个年头,是一个十足的短命王朝。可是这个王朝统一了中国,经历长期分裂的各地区形成了共同的文化意识,并消灭了过时的制度,创造了一个中央集权帝国的结构。这些了不起的成就,为后来唐朝的兴盛提供了制度基础和文化保障。可以说,隋朝之于唐朝的意义,恰如秦朝之于汉朝,后一王朝充分继承了前朝的政治成果,并极力汲取前朝短命的教训,因此才有了中国历史上的汉唐盛世。正如我们研究汉朝的成功不得不看到秦朝的贡献一样,我们以后在谈到唐朝的各方面的伟大成就时,也有隋朝在正反两个方面的贡献。

◎延伸阅读:隋朝大运河

隋朝修建大运河是有历史原因的。隋文帝杨坚以汉朝古都长安为首都,重建大兴城。但由于隋朝疆域广大,仅以大兴城来控制新统一帝国实有力不从心之感。公元584年，杨坚就曾命宇文恺率众开漕渠，自大兴城西北引渭水，循汉代漕渠故道而东，至潼关入黄河，长150多公里，初名广通渠，后改名永通渠。

隋炀帝即位之后，马上营建东都洛阳，同时下令开凿大运河。他这么做，不只是为了个人享乐，而是有适应大一统局面的雄心在其中。中国历史发展到隋朝，南北方的政治、经济、文化已经日益融为一体，南北之间的经济交流和人员流动越来越频繁。此时修建沟通南北水道的大运河，已成为社会经济交流的一种需要了。隋炀帝在下令开凿大运河的诏书中说："南服遐远，东夏殷大，因机顺动，今也其时。"所言并非全是虚妄。因此，隋炀帝于公元604年下令修阳渠故道、汴渠故道为通济渠，同年修东汉陈登所开的邗沟故道；公元608年又征发河北民工百万人疏浚汉代屯氏河、大河故渎与曹操所开白沟为永济渠；公元610年，又疏浚春秋吴运河、秦丹徒水道、南朝运河为江南河。如此一来，整个隋朝大运河以会稽、洛阳、涿郡为三个支点，分江南河、邗沟、通济渠、永济渠四段，将钱塘江、长江、淮河、黄河、海河五大水系连接起来，从北方的涿郡一直到达南方的余杭，南北蜿蜒长达五千多里，是中国古代南北交通的大动脉，堪称漕运史上的奇迹。

大运河的开通，促进了运河两岸城市的发展，江都、余杭、涿郡等城市很快繁荣起来。大运河把长江流域、黄河流域和北方的长城沿线连成一体，使隋帝国能够以南方的粮食和其他物资供应政治中心洛阳，并给北方边境提供战略后勤保障。这无疑有利于中央整合全国资源，构建一个更有深度也更有活力的政治、经济和社会生活共同体。

◎观点提炼:隋炀帝并非简单的“昏君”

中国传统史学典籍中一直把隋炀帝当作亡国昏君的代表人物。他的荒淫无度、大兴土木以及爱讲排场等也确实为“昏君”的定位提供了某些依据。然而,隋炀帝绝不是一个无能之辈,似乎也不能简单就说他是“昏君”。对此,《剑桥中国隋唐史》一书说:“在民间传说、戏剧和故事中,他(隋炀帝)的形象被作者和观众的随心所欲的狂想大大地歪曲了——人民生活在一个无节制地使用权力、有豪华宫殿和享有无限声色之乐的世界中,只能产生这种感情上的共鸣。在中国的帝王中,他绝不是最坏的,从他当时的背景看,他并不比其他皇帝更加暴虐。他很有才能,很适合巩固他父亲开创的伟业,而他在开始执政时也确有此雄心。”

隋炀帝杨广少年时期勤奋好学,精于文学,举止稳重,很得父母的喜欢。公元589年,隋征服南方的陈朝时,杨广是远征军的统帅。他在征服南方的过程中建立了赫赫战功,征服陈朝之后,他对陈朝故地实行了卓有成效的管理。公元600年,杨广一度担任远征突厥人的统帅,可见其军事才能是得到父亲杨坚认可的。

当原来陈朝的一些地方爆发叛乱时,杨广再次被任命为东南总管,驻守江都九年。为了缓和南方人对隋朝的怨恨和怀疑,杨广采取了一系列消除政治和文化隔阂的政策。比如免除赋税,赞助当地的文化事业等。他镇守江都时曾置学士百余人,令其修撰成书7000余卷。杨广本人很有文学才华,又会说吴语,加上他的妻子也是南方人,这些都有助于他很好地统治南方。

值得一提的是，杨广还与佛教天台宗的创始人智者大师有过深入的交流，他在智者大师座下受“菩萨戒”，成为一名虔诚的佛教徒。从他与智者大师的通信中，人们可以看出他有丰富的佛教知识和强烈的政治直觉。杨广还喜欢结交文人，爱好读书和著述。这些都说明隋炀帝在文治武功方面均有过人之处，绝非庸常之辈。

当然，隋炀帝也有致命的弱点，那就是任意妄为、不恤民力。他为了建立自己的功业，丝毫不顾及百姓的承受能力，大兴土木、大肆征伐；他爱享乐，也好大喜功，为了实现自己虚妄的政治理想，就不惜把整个国家拖入到灾难之中。

历史学家钱穆先生说，隋炀帝的野心勃勃与好大喜功，“一面十足反映出当时国力之充实，一面是炀帝自身已深深染受了南方文学风气之熏陶”。隋朝当时的社会，北方胜于吏治、武力，南方胜于文学，“文帝只知有吏治，并无开国理想与规模。炀帝则染到了南方的文学风尚，看不起前人的简陋”。隋炀帝的心中有着“狂放的情思，骤然为大一统政府之富厚盛大所激动，而不可控勒。于是高情远意，肆展无已，走上了秦始皇的覆辙”。按照这种解释，隋炀帝的心中实有一高远的理想，他想将南方的文学与北方的吏治、武力很好地结合一处，以造就一个更高、更强的统一帝国。这一理想本身十分美好，可惜的是，隋炀帝太急功近利了。他不明白，越是美好的理想，在实现的过程中越要有耐心。“理想越丰满，现实越骨感”，如果只为理想的远大所激动，而丝毫不顾现实，那么就会心态急躁，手段过激，最终的结果就是事与愿违。

央视《百家讲坛》主讲人蒙曼也说：“隋炀帝是大暴君，只是暴君不是昏君，隋炀帝虽然无德，但是有功。只是他的功业，没有和百姓的幸福感统一起来，所以才会有‘巍焕无非民怨结，辉煌都是血模糊’的说法。换言之，他没有处理好功在当代、利在千秋的关系，反而成了罪在当代、利在千秋，或许这才是隋炀帝多被诟病的最大的问题。”应该说，这个评价是十分恰当的。

从建立大唐到贞观之治

隋朝末年,农民起义风起云涌。但是,最终取代隋朝、建立新政权的,却不是农民起义军,而是隋朝的著名将领李渊。

李渊出生在一个身世显赫的贵族家庭,他的祖父李虎曾是北周的主要将领,后来被封为唐公,这一爵位通过世袭传给了李渊。隋朝建立后,李渊受到隋文帝杨坚的信任,先后担任侍卫、刺史和郡守。公元 615 年,李渊被隋炀帝提拔为太原留守,成为西北地区最有实力的军政长官。

当隋炀帝的横征暴敛激起很多农民起义的时候,李渊和他的军事顾问们认为隋朝统治已经危如累卵,遂决定趁机起义,创建新的王朝。公元 617 年,李渊在晋阳(今太原)正式起兵,给奄奄一息的隋王朝以致命一击。

为了保证后方的安全,李渊派刘文静出使突厥,以称臣的方式取得了突厥始毕可汗的支持。之后,李渊自封为大将军,以长子李建成、次子李世民为左右大都督,发兵进攻隋朝的都城大兴城。李渊的大军从龙门渡黄河,攻取了关中,用了不到半年的时间就攻克了大兴城。李渊先以代王杨侑为皇帝,尊隋炀帝为太上皇,李渊自任为大丞相、唐王。

公元 618 年阴历三月,隋炀帝在江都被宇文化及所杀,五月,李渊废黜杨侑,自己称帝,改国号为唐。

大唐王朝建立之后，李渊和儿子集中力量，平定各地的军事集团，这一过程延续了十多年，其中，薛举、王世充、李密、宇文化及、刘武周、窦建德、刘黑闼等人率领的军事力量陆续被消灭。

隋末的军事乱局平定之后，唐朝内部又爆发了激烈的政治冲突。李渊的次子李世民在平定窦建德和王世充的作战中功勋卓著，声望日隆，他的地位在其他王子之上，从而与太子李建成形成了抗衡之势。太子李建成和四弟李元吉结成政治同盟，不断打击李世民。两股政治势力不断争斗，恩怨越结越深，直到势同水火。唐高祖李渊曾试图缓解两派之间的紧张关系，但没有成功。

公元 626 年，突厥入侵唐朝边境，李元吉率军去抵御突厥人，他带走了李世民手下最优秀的将军和士兵，试图削弱和瓦解李世民的势力。甚至，李建成还想毒死李世民。两派政治势力激烈斗争，最终引发了玄武门之变。

经过秘密策划，李世民向父亲李渊上奏，说李建成和李元吉淫乱后宫，请求父亲惩治二人。李渊打算次日调查此事。次日一早，李渊的一个嫔妃把李世民的控告密报给了李建成和李元吉。李建成和李元吉决定速去皇宫向父皇求情，当二人经过玄武门时，遭到李世民及其心腹的袭击。李世民射杀了大哥李建成，李世民的手下尉迟敬德杀掉了李元吉。一场骨肉相残的政变以李世民一方的彻底胜利而告终。

玄武门政变之后，李世民派尉迟敬德去向父皇汇报结果。此时，唐高祖李渊正在湖上划船。尉迟敬德全副甲胄，荷戈而至，告知李建成和李元吉被处死的消息。我们可以说，李世民此举表面上是向父皇汇报，实则是劫持父皇，控制整个政治局面。果然，玄武门事变发生三天之后，李渊宣布退位，将皇位禅让于李世民。

李世民成了唐朝的第二个皇帝，而李渊则被尊为太上皇。

李世民是通过发动玄武门政变，以杀害兄弟、逼退父亲的方式夺得皇位的，其夺权的方式并不合法，但他当上皇帝之后，在治国方面却有很多可圈可点之处。此等情形，堪称“逆得顺守”。

李世民是一个有着英雄气质的人物，他早年在平定国内战乱和抗击突厥的战争中屡立战功，展现出了卓越的军事才华。当上皇帝之后，他非常自觉地要做一位名垂青史的帝王。他深刻吸取隋朝灭亡的教训，几乎做到了从善如流和爱民如子。他谨遵儒家教导，虚心征求群臣的意见，诚心诚意地利用大臣的批评改善政务，他让士大夫参与国事，使之有权有责、功过分明。他力行节俭，大规模削减大型工程，以减轻民众的劳役负担和赋税。李世民本人还有很多优良的品质，比如知人善任、明察政事、仁慈勤政等，这些优秀作风给唐王朝带来一种格局宏大而又刚健清新的政治风气。

贞观年间，唐朝涌现出了一大批才华横溢的名臣，这也与唐太宗李世民高远的政治理想和博大的胸襟密不可分。李世民善于选贤任能，他用人不计出身，不问恩怨。魏徵原系太子李建成旧臣，依然得到重用；尉迟敬德做过铁匠，又是降将，也得到了重用。李世民还特别善于纳谏，著名的诤臣魏徵，前后谏事二百余件，常常直陈皇帝之过，李世民大多欣然接纳，择善如流。尤其感人的是，魏徵死后，李世民异常伤心，说：“夫以铜为镜，可以正衣冠；以古为镜，可以知兴替；以人为镜，可以明得失。魏徵殁，朕亡一镜矣。”这种明君和诤臣的良好典范，千载难遇。由于李世民善于纳谏，他的臣下也敢于直言犯谏，贞观年间由此形成了君主专制王朝少有的良好政治风气。贞观年间的大唐王朝，人才济济，名臣辈出，如房玄龄、杜如晦，人称“房谋杜断”；此外还有魏徵、王珪、长孙无忌、杨师道、褚遂良等，皆为忠直廉洁之士；其他如李勣、李靖、尉迟敬德、秦琼等，皆为一代名将。这些栋梁之材，团结在明君李世民的麾下，精诚合作，共同开创了一段政治清明、社会安定、文化繁荣的太平盛世。

唐太宗李世民还很重视法治，要求官员执法时铁面无私，真正地做到了“王子犯法与庶民同罪”。同时，李世民也让臣下按宽简原则减轻刑罚，最终修订而成《贞观律》，以体现儒家的“仁政”理念。据史书记载，贞观时期社会稳定，犯罪人数大大减少，最少的一年，全国判处死刑的囚犯只有 29 人。贞观六年（公元 632 年），唐太宗李世民曾释放近 400 个死刑犯回家过年，约定第二年秋天再回来接受死刑。结果，这些死囚次年秋天全部返回，无一逃亡。李世民为这些囚犯恪守承诺的举动所感动，最后特赦了他们。

外交和军事方面，李世民君臣励精图治，加强了对西域等地的管理。一方面平定了四夷，另一方面与亚洲各国友好往来，对待少数民族也“爱之如一”。外交和军事上的卓越成就让李世民赢得了“天可汗”的尊贵称号。

李世民自公元 627 年到公元 649 年统治唐朝的这段时期，年号为“贞观”，所以后世就称这段时期为“贞观之治”。

◎延伸阅读：“天可汗”是这样炼成的

在唐高祖李渊统治时期，新建的唐王朝大部分时间专注于国内事务。那时，唐朝最大的威胁不是来自国内的敌人，而是来自外部的东突厥人。唐朝在还不够强大的时候，唐高祖对东突厥采用贿赂的方式，李渊不断地给突厥可汗送去大量的礼物，为的就是使其不侵略唐朝。可是，这种赎买政策并不成功，东突厥人的胃口越来越大，他们拿了唐朝的礼物之后仍然没有放弃武力侵犯。公元622年，颉利可汗就曾率领15万大军进犯唐朝的太原城，幸好被太子李建成和李世民率军击退。

到李世民统治时期，唐朝开始下大力气用军事手段对付东突厥人。事情的经过是这样的：公元626年9月，东突厥的首领颉利可汗率领10万大军进攻唐朝，人马一直抵达长安北门外的便桥。当时大臣们纷纷劝李世民撤离长安，但李世民并不示弱，他率领一小队骑兵出城与敌人谈判。两军对阵之际，他用计将颉利可汗和他的主力部队隔开，然后以骑兵包围了颉利可汗，大有进行斩首行动的架势。最后，东突厥退兵，双方在渭水的便桥上杀白马为盟，许诺保持和平。

此后不久，东突厥内部发生了动荡，臣服于东突厥的薛延陀、拔野古、回纥等部落起兵反抗东突厥的统治，颉利可汗的统治力就此削弱。随后，东突厥境内又遭遇大雪灾，大部分牲畜被冻死，从而引发了饥荒。李世民于公元630年趁机派出10万大军攻击颉利可汗。唐朝大军在名将李勣和李靖的率领下一举击败了东突厥的部队，并俘虏了颉利可汗。

当时，东突厥是西北地区最有实力的少数民族部落。东突厥被击败后，西北各部落首领到长安朝见，请求李世民接受“天可汗”的称号。这意味着李世民拥有了对西北各部落的宗主权，西北各部落要臣服于唐朝，各部落之间的纠纷也要交由唐朝裁决。

击败东突厥后，李世民的下一个目标就是对付西突厥人。李世民巧妙地利用“以夷制夷”的政策，他支持西部联盟的沙钵罗叶护可汗，让其与东部联盟的咄陆可汗相互进攻。咄陆可汗派人刺杀沙钵罗叶护可汗，统一了西突厥。咄陆可汗对唐朝心怀不满，拘留了唐朝的使者，随后入侵甘肃。

公元642年，西突厥内部有几个部落对咄陆可汗的统治不满，他们派使者到长安请求帮助。李世民抓住这个机会，又册封了一个新可汗乙毗射匮。这样一来，西突厥就又发生了内乱。咄陆可汗很快就失去了所属大部分部落的支持，被迫逃入吐火罗国。乙毗射匮顺理成章地掌控了西突厥的政局，他遣使者到唐朝请求和亲。李世民答应了他的请求，西突厥也承认了唐朝的宗主国地位。此外，李世民在西域用兵征服了高昌、焉耆；在西北则绥服了吐谷浑；在西藏则通过和亲的手段，嫁文成公主于吐蕃王松赞干布，吐蕃承认了唐朝的宗主国地位。

通过强硬的武力征服和怀柔的和亲政策，李世民统治下的唐朝控制了西北、西域和西南雅鲁藏布江流域的广大地区。唐朝还在西域设立了安西都护府，所辖地区从甘肃的敦煌直到焉耆。如此一来，大唐王朝的领土东临大海，西逾葱岭，北抵漠北，南至南海，疆域空前辽阔，绝对是东亚地区当之无愧的宗主国。

◎观点提炼：制度创新永远在路上

对于中国历史，一直有“强汉盛唐”之说。唐朝之所以强盛，当然与它的制度构建密不可分。概括地说，唐朝优良的制度构建主要包括四个方面：政治上实行三省六部制，经济上实行租庸调制，文化上实行科举制，军事上实行府兵制。四者相互配合，较好地整合了社会资源，激发了社会活力，促成了唐朝前期一百多年的盛世局面(从贞观之治到开元盛世)。关于三省六部制和科举制,我们在讲述隋朝的一章中已经提及,故在这里就只介绍租庸调制和府兵制。

要说清租庸调制,就得先说均田制度,因为租庸调制是建立在均田制的基础之上的。均田制是北魏创造的一种土地分配制度。当时,中国北方长期战乱,人民流离失所,田地大量荒芜,国家赋税收入受到严重影响。为保证国家赋税来源,北魏孝文帝于公元485年颁布均田令,把国家掌握的土地按照人头分配给农民耕种,农民只需向政府交纳租税,并承担一定的徭役和兵役。均田制是国家抑制豪强兼并土地的一种政策,农民通过接受国家的授田,就不需要再向豪强交纳租税,接受他们的严重盘剥了。这一制度对巩固封建统治、恢复和发展农业生产有积极的作用。

唐朝继承了北魏的均田制,并在此基础上创建了租庸调制。租庸调制的内容是:每丁每年要向国家交纳粟二石,称作租;交纳绢二丈、绵三两或布二丈五尺、麻三斤,称作调;服徭役二十天,闰年加二日。如果不愿意服役,则可交纳一定数量的绢或布,雇人代替服役,这种"纳绢代役"的方式叫"庸"。与之相对,如果有人愿意多服役,在正常每丁服役二十天之外再加服二十五天徭役,则可免其"调",若再加役三十天,则"租调全免"。此外,唐朝还规定,如果出现水旱等严重自然灾害,农作物损失十分之四以上免租,损失十分之六以上免调,损失十分之七以上,赋役全免。

唐朝的租庸调制堪称一项"以民为本"的赋税设计,它不仅给了交纳赋税的农民以种种便利,而且真的彻底贯彻了"轻徭薄赋"的理念。可以用数字来说明这个问题,战国时期,孟子以"什一税"(也就是国家收农民收入的十分之一)为王者之政。到了汉朝,税收的额度到了"什五税一"(收农民收入的十五分之一),

而且常常只收一半，也就是三十分之一。等到了唐朝实行租庸调制之后，农民实际的赋税降到了四十税一（也就是只交收成的四十分之一给国家）。在这样的赋税制度下，唐朝的农民比较容易安居乐业。在一个“以农为本”的国度里，农民的生活富庶了，国家的富足也就变成了顺理成章之事。杜甫有诗云：“忆昔开元全盛日，小邑犹藏万家室。稻米流脂粟米白，公私仓廪俱丰实。”说的就是唐朝开元年间的富足状况。这种经济上的富足与唐朝成功地实行租庸调制密不可分。

唐朝的府兵制集合了北魏、北周兵制的优点，堪称当时最先进的军事制度，原因就在于它是一种“全兵皆民”的制度，既为国家节约了军费，又保障了军队训练的质量。唐朝的府兵制度定于贞观年间，其内容为：分天下为十道，设置折冲府六百三十四个，府分三等，上府一千二百人，中府一千人，下府八百人。每府置折冲都尉一人，左右果毅都尉各一人。士兵以三百人为一团，团有校尉。

府兵制创立后，规定每三年补充一次缺额（后改为六年），士兵服役期间，免除课役，但衣装、轻武器（弓箭、横刀）及基本军需均要自备。府兵有固定的所在地和军垦田，兵士无故不得随便迁徙。他们平时务农，农闲练武，有战事则出征。他们轮流到京师担任宿卫任务。无宿卫任务的府兵于和平时期从事军垦和练兵，一旦有战事发生，国家就命将领统率所需要的府兵出征。战事结束后，士兵再回到原来所在的折冲府，这叫“散兵于府”，可有效防止军人拥兵自重、形成割据势力。

唐代的府兵制在唐太宗和唐高宗统治前期执行得比较好，也取得了良好的成效。此项制度在唐高宗统治后期逐渐遭到破坏，到唐玄宗统治时被彻底废除。府兵制度遭破坏的主要原因是战事频繁,兵役越来越繁重。

兵役繁重,府兵的地位却大大下降了,不仅戍边时间长,而且原来的各种好待遇也没了,在战场上立功常常不能及时得到提拔,即便战死,也往往难以得到国家体面的抚恤和补偿。原来,折冲都尉和果毅都尉这样的军官多是“富室强丁”出任,他们身体素质较好,在战场上立功很容易得到提拔。如果战死沙场,国家则会予以吊丧,追赠官职。到了后来,兵役太多,这些待遇根本无从落实,士兵的社会地位也随之下降了。对此,杜甫在诗中有生动的写照:“或从十五北防河,便至四十西营田。去时里正与裹头,归来头白还戍边。”唐朝从贞观之治到开元盛世,享受了一百多年的和平岁月(期间即便有战争,规模也不大)。社会和平既久,经济和文治日益兴隆,国家对军事便不再像开国前期那么重视。国家对军备先在精神层面出现了松懈,随后府兵制在具体执行的过程中便一天天走样,直至最后遭到彻底破坏。

另外,唐太宗和唐高宗统治时期,府兵轮流担任拱卫京城的重任,足见国家对府兵制的重视。可到了武则天统治时期,她为了扶植自己的军事势力,将拱卫京师的重任转交贵族官僚的子弟,府兵失去了护卫都城长安的要职,这也是导致府兵制迅速衰落的一个原因。

以上各种原因综合在一起,导致府兵的人员构成和整体素质也发生了巨大的转变:由原来的富贵人家的强壮子弟转为贫弱之人充当。伴随着府兵制的没落和废止,唐朝的军备也从强盛转向了废弛。

对于盛唐时期的各项制度,钱穆先生有过这样的评述:“唐代的租庸调制,奠定了全国农民的生活。唐代的府兵制,建立起健全的武装制度。唐代的进士制(科举制),开放政权,消融阶级，促进了全社会的文化发展。唐代的政治组织，又把一个旷古未有的大国家，在完密而伟大的系统下均匀地、合理地凝造起来。事实胜于雄辩，盛唐的伟大，已在事实上明确表出。”他还评说这些制度背后所体现出的历史光明面与黑暗面之间的关系，说：“此种政治、社会各方面合理的进展，后面显然有一个合理的观念或理想为之指导。这种合理的观念与理想，即是民族历史之光明性，即是民族文化推进的原动力。他不必在某一个人的事业上表现出来，而是在整个民族的长时期奋斗下，笃实光辉地产生。从北魏到北周以及隋唐，逐步进展，光明在黑暗的氛围中长养成熟，在和平的环境下达其顶点。至于社会不时的动乱，只是黑暗与盲目势力，给与历史进展的一些波折。”钱穆先生的这些观点，对我们深刻地理解盛唐时期的各种制度创建很有帮助。

一切优良的社会制度都不会凭空创建，它一定是既有历史传承，又有强烈现实针对性的。同时，不论多么优秀的制度，都不能保证一劳永逸。在长期的执行过程中，再好的制度也会变形走样，它的积极效应会经历一个衰变期。因此，制度建设应该时刻保持开放的状态，及时与现实发生良性互动。换言之，制度创新没有真正的完成时，制度创新永远在路上。

女皇时代

唐朝是中国历史上一个比较辉煌的王朝，这个王朝在政治、经济、文化等各个方面都取得了令人瞩目的成就。可是即便如此，权力争斗的戏码仍然在唐朝的宫廷中不断上演，而且异常血腥、异常惨烈。

权力争斗的悲剧其实自唐朝建立之初开始了。唐高祖李渊的几个儿子就斗得你死我活，最后胜出的李世民便是通过弑兄杀弟才登上皇位的。李世民去世之后，权力争斗的情形愈演愈烈，其中尤以武则天篡唐称帝的部分最为惊心动魄。

武则天原名武曌，出生于太原地区的一个名门望族，父亲武士彟曾在隋朝做过小官儿，也做过木材商人。李渊起兵时，武士彟弃商从戎，加入到了李渊的队伍之中。大唐王朝建立后，李渊封赏功臣，武士彟被封为二级功臣，后官至工部尚书。这可说是武氏家族与李唐王朝最早的接触。

公元637年，年仅14岁的武曌被送入皇宫，成了唐太宗李世民的“才人”，也就是一个低级的嫔妃。不过，在做“才人”时，武曌就表现出了她异于常人的狠劲。有一回，唐太宗李世民得到一匹烈马，李世民自己不能驯服，就问手下：“有人能制服这匹烈马吗？”

武曌立即表示她可以制服这匹烈马。李世民不信，就问：

“你一个小女孩如何制服得了这匹烈马?”

武曌说:“只要给我三样东西——鞭子、锤子和匕首就可制服烈马。烈马不听话,就用鞭子抽它;如果仍然不听话,就用锤子敲它的脑袋;如果继续不听话,就用匕首割断它的喉咙。”只有14岁的武曌就说出了这样一段凶狠的话,其心狠手辣的性格暴露无遗。

据说,就在做李世民的“才人”期间,武曌与李世民的儿子李治有了私情。李治8岁时,母亲文德皇后就去世了。幼年丧母的伤痛可能是导致李治爱上武则天的一个重要的心理原因——小时候缺乏母爱,长大后就只好从姐弟恋中得到补偿了。武曌比李治大四岁,而且还是李世民的“才人”,这本来是一段不伦之恋,但武曌硬是凭着这种关系一步一步地登上了权力顶峰。这也不能不说是一个奇迹。

唐太宗李世民去世后,武曌和李世民的其他宫女一样,被送往佛寺,出家为尼,过一种与世隔绝的生活。可是,已经当上了大唐皇帝的李治在到佛寺进香时遇见了当年的情人,并且不能自拔,他又将武曌接回皇宫,并册封为“昭仪”。

回到宫中的武曌经过一系列复杂的宫廷斗争,击败了王皇后和萧淑妃,完全迷住了甚至是控制了唐高宗李治。最后,李治贬黜了王皇后,改立武曌为皇后。在这段后宫斗争中,武曌充分展示出了她为达目的不择手段的性格特点。据史书记载,为了让唐高宗李治下决心贬黜王皇后,武曌曾亲手杀死自己的小女儿,然后嫁祸王皇后。

当上皇后之后,武曌又开始在朝廷中培植自己的势力。李治的健康状况比较差,便将很多政务委托给武曌来处理。武曌借高宗的名义一步一步地掌管了国家大权。她建了一套密探制度,在朝廷中打击异己，培植亲信。贞观年间的老臣长孙无忌、褚遂良等都遭到了武曌的残酷打击，而她自己的亲信许敬宗和李义府等人则得到了提拔重用。

公元 683 年，唐高宗李治驾崩，唐中宗李显即位，但朝政大权依然控制在武曌手里。武曌行事异常放肆大胆，完全不顾道德，蓄意打击报复，诚可谓心狠手辣。她有超强的权力欲望，也有与之相匹配的超群的政治才能。在她身上，一半是天使，一半是魔鬼。她坚毅、果决而又冷酷无情，她居心不正而又能力超群。

唐朝的宫廷争斗接连不断，但整个大唐帝国的行政机器依然保持着正常运转。那些久经沙场的将军们依然在守护着大唐的疆土，那些勤劳的农民依然在耕种大唐的土地，大唐王朝也继续书写着它的强盛与辉煌。

公元 684 年，武曌废黜了自己的儿子中宗李显，改立李旦为帝，是为唐睿宗。武曌此举其实是为自己称帝做准备。此时，以徐敬业为首的一批反对者发动了一场旨在颠覆武曌统治的军事行动。徐敬业是唐初大将徐世勣(后赐姓李)的孙子，唐高宗时任太仆少卿、眉州刺史，公元 684 年被贬为柳州司马。他约同监察御史薛仲璋等，在扬州起兵，反对武则天，打出的旗号是拥立已废太子、恢复唐室。唐朝著名的诗人骆宾王写了一篇有名的檄文《为徐敬业讨武曌檄》，痛骂武则天，说她“洎乎晚节，秽乱春宫”“入门见嫉，蛾眉不肯让人；掩袖工谗，狐媚偏能惑主”。

对付反对派，武曌绝不手软，她组织了 32 万大军，迅速打败了徐敬业的大军，徐敬业本人，也在兵败后自杀。经此事件，武曌于公元 690 年干脆废黜了唐睿宗，自己称帝。她改“唐”这个国号为“周”，让自己的儿子改姓“武”，变“李唐”为“武周”。当上皇帝之后，她便自称武则天，意思是要做一个像天一样伟大的女人。她不穿女人的服装，而是完全把自己打扮成男皇帝的样子，直接面对群臣处理国家大事。以女人的身份直接称帝，在中国历史上只有武则天一个人。

男皇帝都有很多嫔妃，武则天也不甘落后，她在后宫中养了很多男宠。她也知道很多人不服一个女人当皇帝，就用各种酷刑来惩罚反对者。当时有一种酷刑叫“凤凰展翅”，就是把犯人的手脚绑上短木，然后扭绞短木上的绳索，折磨犯人；还有一种酷刑叫“仙人献果”，就是让犯人赤裸地跪在碎石之上，双手捧着木枷，枷上屡屡加砖，令犯人举过头顶。有名的几个酷吏，如索元礼、来俊臣、周兴、侯思止等人，在武则天掌权时均得到了重用。

武则天称帝之后，武氏家族的势力迅速发展，其家族成员获得了大规模的封赏，武则天的侄子武承嗣甚至想当太子，日后继承皇位。朝廷围绕着可否立武承嗣为太子的问题发生了激烈的争论。武则天在此问题上一直犹豫不决，最后，著名的大臣狄仁杰提醒武则天，侄子毕竟不如自己的儿子更亲近。于是，武则天于公元 698 年重新召回李显，立为太子。此举意味着，武则天已决定将帝国再次交到李氏家族之手。这一决定，使武氏利益集团大为失望，武承嗣不久就懊恼而死。

武则天的私生活一向不检点，晚年尤甚。张易之和张昌宗这两个同父异母的兄弟成了武则天的男宠，并权倾一时。武则天过度迷恋于张氏兄弟，对他们有求必应，极其纵容。张氏兄弟的奢靡和腐败行为招致了朝廷大臣的强烈不满，武则天的威望也随之下降。在这种情况下，以丞相张柬之为首的一批大臣策划了一次宫廷政变。公元 705 年正月的一天夜里，张柬之召集一批大臣，拥戴李显为皇帝，带了五百御林军杀进玄武门，处死了张氏兄弟，包围了武则天的寝宫。被逼之下，女皇武则天不得不宣布退位。

几个月后,82 岁高龄的武则天含恨离世。

唐中宗李显复位之后,名义上成了大唐帝国的最高统治者,可是他还像从前一样软弱。唐中宗的妻子韦后也是一个行为放荡的女人,她与武则天的侄子武三思发生私情。武三思借此谋取权位,武氏家族再次兴盛。韦后将自己的女儿安乐公主嫁给武三思的儿子武崇训,韦后借此与武家勾结,专权干政。唐中宗还十分宠爱一个叫上官婉儿的女人,上官婉儿此时也出来干政,劝说韦后效仿武则天。武三思和韦后大搞阴谋活动,一度想将安乐公主立为皇储。唐朝此时的朝政比武则天时期更为混乱。公元 710 年,韦后为了夺权,毒死了唐中宗李显,企图取而代之。

韦后有武则天那样的野心,但却没那样的好运气。她篡权的行为一暴露,就激起了皇室成员的激烈反抗。李旦之子李隆基发动政变,率兵杀入皇宫,斩杀了韦后和安乐公主,然后李旦被立为新皇帝,是为唐睿宗。而李隆基本人,则被立为太子。唐睿宗当政时期,妹妹太平公主依然干政,并与太子李隆基明争暗斗。

公元 712 年,唐睿宗将皇位传给儿子李隆基,自己当太上皇。

公元 713 年,太平公主倚仗太上皇的势力专擅朝政,与李隆基发生尖锐的冲突,朝中七位宰相之中,有五位是出自她的门下,文臣武将之中也有一半以上的人依附她。太平公主与她的党羽密谋,想废掉李隆基。此外,太平公主还与宫女元氏谋划,准备毒死李隆基。

姑侄斗法的最终结果是李隆基抢先发动政变,诛杀了太平公主的党羽,并赐死了太平公主本人。至此,唐朝的宫斗大戏以李隆基的最终胜利而告一段落。李隆基就是历史上著名的唐玄宗,大唐王朝在他的统治时期将达到鼎盛阶段——开元盛世。

从公元 649 年李世民去世到公元 713 年太平公主被赐死,这

64 年的历史可以说都是围绕着武则天展开的。武则天的一生与权力搅在一起，密不可分。她当皇后 28 年，皇太后 7 年，亲自做皇帝 15 年，加在一起，控制朝政整整 50 年。这 50 年又可分为三个阶段，在当上皇后之前，是武则天一步步获取权力的阶段；自当上皇后直到从女皇的位置退下，这是武则天使用权力的阶段；从武则天退位至太平公主被诛这一阶段，则可看作是武则天影响之下的“红妆时期”，也就是韦后、上官婉儿、安乐公主、太平公主等几个女人企图效仿武则天，也想当女皇的阶段。随着这几个野心膨胀的女人的陆续失败，“红妆时代”宣告终止。

对于武则天的历史功过，自唐代开始就有各种不同的评价。唐代前期，由于所有的皇帝都是她的直系子孙，所以对武则天的评价相对比较积极正面，多说她有政治才能，创下了伟大功业云云。但是到了宋朝，司马光在《资治通鉴》里面对武则天进行了严厉的批判。到了南宋期间，程朱理学在中国思想上占据了主导地位，武则天的种种作为更被视为大逆不道。到了明末清初，著名思想家王夫之对武则天讨厌至极，说她“鬼神之所不容，臣民之所共怨”。

时至今日，史学界已对武则天做出了比较客观的评价。对她的负面评价包括玩弄权术、心狠手辣、重用酷吏、大兴告密之风以及荒淫无度等。她的这些致命缺点破坏了贞观时期君臣一心、清正廉洁的政治风气，并直接导致了唐朝宫廷的多次动荡。对武则天的正面评价是，她确实有政治才能，善于治国、重视人才，能重用狄仁杰、张柬之、桓彦范、敬晖、姚崇等中兴名臣，因此，在武则天主政期间，大唐王朝政策稳定、文化繁荣、百姓富裕，有“贞观之遗风”，为后来唐玄宗统治时的开元盛世打下了比较好的基础。

◎延伸阅读：武则天时期的酷吏

武则天当政时期重用酷吏，著名的酷吏有四个人，即索元礼、来俊臣、周兴和侯思止，他们是武则天豢养的“四大杀手”，专门帮武则天铲除异己。

索元礼是波斯人，性情残忍凶暴，以诬告陷害他人为能事，因而得到武则天的重用，还当上了武则天男宠薛怀义的干爹。索元礼最大的特点是发明了若干酷刑，“凤凰展翅”和“仙人献果”就是他发明的。此外他还发明了“千钧一发”，就是将犯人倒悬梁上，头发上再系上大石头；他还发明了“天崩地裂”，就是将铁笼套在犯人头上，四周楔入木楔，越楔越紧，直至使犯人脑浆迸射。

来俊臣是雍州万年（今陕西西安）人，早年游手好闲，不事生产，是个地痞无赖，还因奸盗之罪入狱，后靠多次上书密告而得到武则天的重用，历任侍御史、左台御史中丞等官职。来俊臣审案，善于逼供，并以杀人为乐，毫无人性可言。犯人只要落到了他手里，如同下了地狱。史书记载，因害怕来俊臣告密，网罗罪名残害，当时的朝廷官员人人自危，早上去上朝都忧心忡忡的，生怕遭到来俊臣的陷害。

周兴年轻时学习法律，曾当过尚书佥事，后因告密而得到武则天的重用，他一步步升迁，每一步升迁都是靠诬告、陷害他人实现的。最后，这个恶贯满盈的人也被别人密告谋反。此时有趣的一幕出现了。来俊臣在家里置办了一桌丰盛的酒席，请周兴来赴宴。席间，来俊臣问周兴：“我碰到了个技术难题，请兄弟你来帮忙出个主意。我刚接了个案子，皇上要我一定审个水落石出，但是那个小子就是不招供。你说该怎么办呢？”

周兴得意地回答：“这个好办。先找一个大瓮，四周架上炭火，这样那个大瓮就如同一个熔炉，你把犯人放到瓮里面去，不论他是什么材料制成的，一定会老老实实地招供。”

“好主意，好主意！”来俊臣连声赞叹，随即命人抬来一口大瓮，按周兴说的那样在四周点上炭火，然后对周兴说：“宫里有人密告你谋反，皇上命我严查。对不起，现在就请你自己钻进瓮里吧。”这就是成语“请君入瓮”的出处。

闻听此言，周兴立刻吓得面如土色，赶紧“招供”。周兴被来俊臣定为死罪，报上去之后，武则天将其改为“发配岭南”。无奈，周兴作恶太多，在发配岭南的半道上就被仇家杀掉了。

侯思止是雍州醴泉人，本来是个卖大饼的，后来跟着游击将军高元礼当仆役。他也是靠诬告而得到武则天重用的。当时，武则天鼓励告密，告密者往往可以得到五品御史的官职。侯思止也要求得到御史之职位。武则天问：“你不识字，怎么能当御史呢？”

侯思止回答：“獬（传说中的一种独角兽，专用角攻击恶人）何尝识字，不也能以角触杀邪恶之人吗？”

武则天听了很高兴，就任命侯思止为侍御史。有一次，武则天要把没收反臣的住宅赏给侯思止。侯思止却说：“臣下憎恨那些乱臣贼子，怎么能住进他们的故宅呢！”这话讨得了武则天的欢心，武则天对他愈发重用。

公元693年，武则天下令：除皇室之外，其他人都不准使用锦缎。可侯思止胆大包天，偷偷地积蓄锦缎。这件事被揭发之后，宰相李昭德负责调查，他直接将侯思止乱棍打死在朝堂之上。

说到底，酷吏不过是武则天手中的工具。既然是工具，那么武则天对他们的态度就是：对自己有用时就使用，对自己无用或有害时就丢弃。对武则天来说，重用酷吏或者抛弃酷吏，不过是不同的统治手段而已。

在即将称帝和称帝的初期，武则天知道宗室大臣对自己不服，决定杀人立威，于是就提拔、重用酷吏，以维护自己的统治。她下令奖励告密，声称只要有人告密，臣子不得过问，都要提供当时最快捷的交通工具——驿马，并以五品官员的待遇供饮食，让其一路顺畅地抵达皇宫，由武则天亲自接见。如果告密者所说的话符合武则天的心意，那么此人马上会得到重用。如果告密者所说的话是虚构的，武则天则不予追究。这无疑是对告密分子的最大怂恿，武则天时期的“四大酷吏”几乎全部是靠告密起家的。

武则天借这些酷吏大搞恐怖政治，打压异己力量，登上了皇位。待她当上皇帝之后，尤其是在巩固了自己的统治之后，武则天为了笼络人心，则掉过头来开始杀掉酷吏以赢得人心。因此武则天时期的“四大酷吏”无一人得以善终。

周兴是第一个被清算的酷吏，索元礼随后也被杀掉，侯思止被宰相李昭德乱棍打死。来俊臣是“四大恶人”中最后一个被处死的，他被武氏诸王和太平公主告发，定为死罪。其被杀之日，“仇家争啖俊臣之肉，斯须而尽，抉眼剥面，披腹成泥”。得知来俊臣为天下人如此痛恨之后，武则天亲自下诏，历数来俊臣的罪行，称：“宜加赤族之诛，以雪苍生之愤，可准法籍没其家。”把来俊臣全家都抄斩了，以此再次笼络人心。

看到酷吏被诛，百姓于额手称庆的同时，自然会高呼“吾皇圣明”。而这恰是武则天所乐见的，她要的就是这种效果。在帝制时代，皇帝的“圣明”往往不是因为皇帝一贯坚持正义，而是因为其擅长统治术，善于笼络人心。此等情形，不断重演，甚至已经成了经典“套路”。

◎观点提炼:大唐王朝的“红妆时代”

武则天从一个后宫的“才人”一步步地奋斗成皇后、女皇,以女人之身登上九五之尊,她的人生故事刺激了很多人,尤其是她身边的女人。这些女人也想效仿武则天,也想当女皇。于是,一些野心膨胀的皇族贵妇开始疯狂地攫取权力。大唐王朝开启了一段特殊的女人掌控大权的“红妆时代”。

武则天是“红妆时代”的开启者。在她之后,又有四个女人卷进了对最高权力的角逐,这四个女人分别是:武则天的儿媳妇韦后,武则天的女儿太平公主,武则天的孙女安乐公主,武则天的“秘书”上官婉儿。这四个女人在武则天去世之后,将大唐王朝的宫廷搅得天翻地覆。

公元705年,张柬之等人发动兵变,逼迫武则天退位,拥戴李显重新称帝,而韦氏也重新当上了皇后。像武则天一样,她当上皇后并干预朝政之后仍不满足,还想着当女皇。唐中宗的昭仪上官婉儿也鼓动韦后,劝她效法武则天,窥视女皇之位。为了寻找政治同盟,上官婉儿向韦后推荐了武三思。韦后与武三思私通,又将女儿安乐公主嫁给了武三思的儿子武崇训,由此,他们形成一股强大的政治力量。

安乐公主是唐中宗李显和韦皇后的女儿，从小受到父母的极度宠爱，飞扬跋扈，不把任何人放在眼里。她看不起庶出的太子李重俊，对他如对仆役。李重俊终于忍无可忍，于公元707年发动兵变，杀死了武三思、武崇训父子。但是安乐公主这天正好回了皇宫，逃过一劫。

闻听变乱，唐中宗李显、韦后与安乐公主都吓得抖成一团，幸好上官婉儿非常沉着，她请求唐中宗亲临城楼督战，这才平定政变，李重俊被杀。

后来，无法无天的安乐公主还要求父亲立自己为“皇太女”，为了达到这个目的，她甚至让自己的新婚丈夫武延秀（此时武崇训已死）去陪亲娘韦后寻欢作乐，以换取母亲对自己要当“皇太女”一事的支持。韦后虽然广纳男宠，但对女婿武延秀似乎格外满意，还真在唐中宗的面前支持立女儿为“皇太女”的无理要求。

一向糊涂的唐中宗李显总算靠谱了一回，他拒绝了韦后和安乐公主的无理要求。韦后和安乐公主对唐中宗大为不满，最后竟然合伙毒死了唐中宗，并想篡夺最高权力。

关键时刻，临淄王李隆基和太平公主联手，发动了唐隆政变，斩杀了韦后和安乐公主，清除了韦氏党羽。

太平公主因与李隆基一起诛杀韦后而立功受赏，并得到了唐睿宗李旦的高度信任。李旦经常同她商量朝廷的大政方针，每次她入朝奏事，都要和李旦坐在一起谈上一段时间；有时她没去上朝谒见，李旦会派宰相到她的家中征求意见。宰相奏事的时候，李旦总要询问：“这件事曾经与太平公主商量过吗？”接下来还要问道：“与三郎（即太子李隆基）商量过吗？”在得到宰相们肯定的答复之后，李旦才会对宰相们的意见表示同意。可见当时的太平公主拥有多么巨大的权力。据说，自宰相以下的文武百官，太平公主说一句话就可导致他们升迁或降免。

权力鼎盛之际，太平公主的儿子武崇行、武崇敏、薛崇简三人都受封为王，太平公主的田产园林遍布长安城郊外各地，她家在收买或制造各种珍宝器物时，足迹远至岭南及巴蜀地区，为她运送这类物品的人络绎不绝。太平公主在日常衣食住行的各个方面，也处处模仿宫廷的排场。

李旦曾试图在李隆基和太平公主之间寻求政治平衡，以避免伤害到任何一人，但这种努力没有成功。在李隆基登基之后，太平公主依然纠结党羽，策划政变，试图废掉李隆基。最后，李隆基抢先发难，挫败了太平公主的势力，并赐死了自己的这个姑姑。大唐王朝的“红妆时代”就此结束。

大唐王朝的“红妆时代”，其实就是“后武则天时代”。四个野心膨胀的女人因效仿武则天而不断策划政变、搅动宫廷政局，这些女人有武则天一样的政治野心，也像武则天一样荒淫奢靡、任性残忍，但她们并不具备武则天那样的政治才华，尤其是在遇到唐玄宗李隆基这样英明神武的强劲对手时，她们的那些阴谋被一一击破了。而她们自己，也在一场场的政治豪赌中输得一干二净——不光丢掉了荣华富贵，而且还丢掉了性命。她们是飞蛾，前赴后继地飞向最高权力的灯光。她们干预朝政，玩弄权术，她们尝到了权力的甜头，但最终也被权力的火焰烧死。

开元盛世

公元712年,李隆基登基称帝,是为唐玄宗。次年,唐玄宗清除了太平公主的政治势力,开始整顿朝纲。

此时,距武则天去世刚过八年,可这八年之间,大唐宫廷历经五次政变,政局波诡云谲,动荡不安。有鉴于此,李隆基将年号定为“开元”,意在结束动荡,开创新局面。为此,他以进取的姿态,精简机构,裁减冗员,同时启用了一大批名臣,提拔了姚崇、宋璟、张嘉贞、张说、李元纮、杜暹、韩休、张九龄等名臣为相。这些人各有所长,通晓治国方略。李隆基还恢复了“贞观之治”的优秀传统,广开言路,鼓励进谏,这些做法又将大唐王朝的政治拉到了公正廉明的轨道上来,一改“红妆时代”任人唯亲的污浊之风,给大唐王朝的官场注入了正气和朝气。

开元年间,大唐王朝改革财政,制订新的经济措施,打击豪强,劝课农桑,大力发展农业;唐玄宗还进行了兵制改革,在边境地区大力发展屯田,提高军队战斗力,扩张疆域;与此同时,还实行民族和解政策,改善民族关系,这些措施对促进社会的稳定和繁荣起到了积极的作用。

经过一番励精图治,大唐王朝在开元年间进入到全盛时期,这一阶段政治稳定、经济繁荣、国力空前强盛,史称“开元盛世”。

当时的唐都长安是一座国际化的大都市,拥有海纳百川的精神和雄伟博大的盛唐气象,可说是开元盛世的一个很好的缩影。

唐都长安由宫城、皇城、郭城三部分组成。宫城在北面,是皇宫所在地。宫城南面是皇城,是政府所在地。郭城位于宫城和皇城的东、西、南三面,是居民住宅区和工商市场的所在地。整个长安城的外围城墙周长36.7公里,城墙内的面积84平方公里。郭城有十三座城门,从皇城的朱雀门到郭城正南的明德门,有一条居中的朱雀大街,宽达150米。如此规模宏大的城市,在当时的世界上是首屈一指的。

长安不仅是唐朝的首都,是全国的政治、经济、文化中心,而且还是举世闻名的国际性大都会,是东西方文明的交汇中心。各国使节和商人络绎不绝地来到这里,从事政治和商贸活动,他们将域外的文化带到了大唐,又从这里将中国文化带到域外。据《唐六典》记载,当时与大唐通使的国家有三百多个,仅日本一国,就派遣使者到长安15次,东罗马帝国派遣使者到长安7次,阿拉伯帝国派遣使者到长安的次数高达36次,西域各国"入居长安者近万家"。

在唐都长安,有来自波斯的珠宝、有来自西域的良马和音乐、有来自阿拉伯帝国的香料和药材。中原地区的丝绸、茶叶和瓷器等物资也源源不断地汇聚到长安,然后从这里沿着丝绸之路销售到西方。

物质丰富、经济繁荣之外,当时的长安更是世界上多元文化的交流中心。佛教高僧大德在长安的佛寺里翻译佛经、讲经说法。道教、景教(基督教的一支)、摩尼教、祆教等也在长安有自己的寺庙或教堂。大唐王朝以中国文化为主流,兼容并蓄,广泛吸纳外来文化,形成了那个时期特有的开放包容、富有生命力和创造力的盛唐文化。在长安城中,汉人穿着胡人的服装,胡人戴着汉人的帽子;汉人吃胡饼,胡人说汉语、胡汉之间,难分彼此。此外,唐朝政府中还有外国人前来做官,他们为大唐政府服务,居住在唐都长安,说汉语、写汉字,对汉文化一往情深。

可以说,全盛时期的大唐王朝,不仅开创了一个开放包容、多元共生的盛世,而且还以经济文化交流为纽带,将政治制度、木版印刷术、诗歌、建筑等先进的文化传到了日本、朝鲜和越南等地,加速了华夏文明向外扩展的进程。

◎延伸阅读:佛教在唐朝完成了中国化

佛教起源于印度，创始人为释迦牟尼。释迦牟尼俗名叫乔达摩·悉达多，是印度半岛一个小国的王子。他年轻时舍弃王子之位，出家修行，六年苦修之后，他在一棵菩提树下大彻大悟，从此开始讲经说法，传播教义。

佛教认为，每个人都要经历生老病死的痛苦。产生痛苦的根源，就在于人的内心之中有“贪嗔痴慢疑”五毒烦恼，即人性中有贪婪、嗔恨、愚痴、傲慢、疑虑五种重大的弱点。正因为无法克服这些弱点，所以芸芸众生才会在生死苦海中无休止地经历轮回。为了超越轮回，摆脱生死，就要克服人性的弱点，并体认到世界万物的空性，通过训练使心灵专注，最终充分开启智慧，达到彻底觉悟和涅槃的境界——也就是佛的境界。

佛教自东汉永平年间传入中国，在魏晋南北朝时期得到了发展，在唐朝达到繁荣期，并完成了中国化的进程。佛教中国化的完成，一方面要把佛教经典译成中文，另一方面要使佛教理论和佛教实践活动能与中国社会形成良性互动。因此，我们可以说，佛教中国化的完成其标志就是佛经翻译的完备和中国佛教八大宗派的创立、成熟。

佛教经典卷帙浩繁，佛经的翻译工作也不是一朝一代就能完成的。自佛教传入中国之时起，佛经翻译事业就随之开始启动，比如东汉时期就有著名僧人迦叶摩腾和竺法兰翻译了《四十二章经》，这是最早翻译成中文的一部佛经。到了魏晋南北朝时期，杰出的佛学大师、佛经翻译家鸠摩罗什翻译了《金刚经》《阿弥陀经》《法华经》《维摩诘经》等众多佛经。到了唐朝，在佛经翻译上做出巨大贡献的人则是玄奘大师。

玄奘大师，俗名陈祎，河南偃师人。他于唐贞观元年（627年）从长安出发，西行求法。历经艰难之后，他到达佛教的发源地印度，在那烂陀寺拜印度高僧戒贤法师为师，在那里学习了五年，学成之后又遍访各地，讲经说法，成为享誉印度半岛的高僧。

贞观十九年（645年），玄奘大师带着657部佛经回到长安。唐太宗李世民亲自接见了他。玄奘大师向唐太宗介绍了西行求法的所见所闻，尤其是西域和天竺的风土人情。唐太宗对此非常感兴趣，就让玄奘大师写了一部书，这就是著名的《大唐西域记》。唐太宗对玄奘大师舍身求法的精神非常钦佩，遂下令组织了规模宏大的佛经译场，支持翻译佛经的事业。于是，玄奘大师又花了19年的时间，带领弟子精心翻译了74部佛经，共计1300多万字。这是一项非常伟大的事业，精通梵文的季羡林先生曾说，玄奘大师所译的佛经，无论是质量还是数量，都是首屈一指的。

玄奘大师之后，还有义净、实叉难陀、菩提流志、金刚智等唐朝高僧继续翻译佛经，经过几代人的努力，印度佛教的著名经典和论著已经比较完备地译介到了中国。

由于佛教是一个博大精深的体系，佛经数量巨大，修学法门众多，一般的人难以准确地把握、学习。于是，中国的高僧们就在充分研判佛教经论的基础上，创建了不同的教学体系，这些不同的教学体系，便是佛教的宗派。这就相当于一所综合性的大学，里面又分了不同的学院和科系。佛教进入中国之后，经过六百年的发展，到唐朝时形成了八大宗派，分别是禅宗、净土宗、律宗、密宗、法性宗（又称三论宗）、唯识法相宗、天台宗、贤首宗。

禅宗的发展过程似乎最能让人体会到佛教的中国化到底是如何完成的。禅宗的发展历程大体是这样的：在灵鹫山法会上，释迦牟尼佛拈花微笑，“是时众皆默然，唯迦叶尊者破颜微笑”。于是，释迦牟尼佛说：“吾有正法眼藏，涅槃妙心，实相无相，微妙法门，不立文字，教外别传，付嘱摩诃迦叶。”这种“不立文字，教外别传”的佛法便是禅宗，而迦叶尊者就是禅宗第一代祖师。此后禅宗在印度代代相传，至二十八代传至达摩大师。

达摩从印度来到中国，禅宗也随之传到中国，达摩遂成为中国禅宗的初祖。之后，禅宗在中国经过五世单传，即达摩传衣钵于二祖慧可，二祖慧可传衣钵于三祖僧粲，三祖僧粲传衣钵于四祖道信，四祖道信传衣钵于五祖弘忍，五祖弘忍传衣钵于六祖惠能。

六祖惠能大师是个奇才，他能深入浅出地阐释佛学精华，同时使之与中国人的生活实践紧密结合。比如，佛家讲“持戒”“忍辱”“禅定”等，戒律很多，修行的法门也很多，一般人很难抓住精髓，经惠能大师一解释，问题立马明了：“心平何劳持戒，行直何用修禅。恩则孝养父母，义则上下相怜。让则尊卑和睦，忍则众恶无喧。若能钻木出火，淤泥定生红莲。苦口的是良药，逆耳必是忠言。改过必生智慧，护短心内非贤。日用常行饶益，成道非由施钱。菩提只向心觅，何劳向外求玄。听说依此修行，西方只在目前。”一首偈，直截了当，就把佛学的精华概括得差不多了。

再比如，佛家讲“戒定慧”三学，关于这三个方面的经论非常多，一般人也很难抓住问题的实质，而惠能大师又是用一首偈就把“戒定慧”三学的核心问题讲清楚了：“心地无非自性戒，心地无痴自性慧，心地无乱自性定，不增不减自金刚，身去身来本三昧。”这首偈一下子就抓住了佛学的核心，佛学是“心”学，学佛最重要的就是要“修好这颗心”。只要能修好这颗心，采用什么形式并不重要。

六祖惠能还将传统佛教的出世解脱转化为世间解脱，使佛教充分生活化。佛法传入中国之后，传法的高僧大德一般都是僧人身份，他们一般远离尘俗，寄情山林，这也让很多人误解，认为学佛一定要出家，一定要出世。针对这种误解，六祖惠能说：“佛法在世间，不离世间觉；离世觅菩提，恰如求兔角。”“若欲修行，在家亦得，不由在寺。……但愿自家修清净，即是西方。”自六祖惠能之后，禅宗乃至整个中国佛教便逐渐朝着既入世又出世的道路发展，即“以出世之心，做入世之事”“身在红尘，心怀净土”，这样，便将世间与出世间打成一片，使佛教充分生活化、普及化。

禅宗经六祖惠能大师弘扬之后，高僧大德辈出，禅宗此前五世单传的局面彻底终结，随后更是出现了“五家七宗”的繁荣局面。

禅宗以外的七个宗派的形成过程也是遵循大致相同的路径，它们都是将佛教理论与中国国情紧密结合的产物。从某种意义上讲，佛教中国化的过程，也是佛教与中国本土的儒家、道家思想相互融合的过程。佛教八大宗派的形成，标志着佛教理论及其修学体系都已经实现了中国化，此时的佛教已然成为中国文化不可分割的一部分，它深深进入了中国人民的思想观念和社会生活之中，对中国的诗歌、音乐、绘画、书法、建筑等均产生了深远的影响。

◎观点提炼：盛唐气象——文化自信与包容精神

唐朝人既不是魏晋以前汉人的简单延续，也不是胡人单向地融入到了汉族之中，而是“胡人汉化”和“汉人胡化”双向互动催生出的民族文化共同体，这一共同体在唐朝三百年的历史中，又陆续不断地与胡人、外国人进一步互动，不断兼容并蓄，不断吸纳创新。因此，大唐王朝才在政治、经济、文化等各方面都显示出了海纳百川的博大胸襟和磅礴气象。这种胸襟和气概，被后人称之为“盛唐气象”。

唐朝人之所以有“盛唐气象”，是以充分的文化自信为基础的。对此，美国著名历史学家伊佩霞曾说：“与20世纪前中国历史上任何其他时期相比，初唐和中唐时的中国人自信心最强，最愿意接受不同的新鲜事物。或许是因为来自异邦的世界性宗教使中国同波斯以东的所有其他亚洲国家建立了联系，或许是因为当时很多士族豪门为胡人后裔，或许是因为中国有强大的军事力量镇守丝绸之路，保证了商旅畅通无阻……总之，这个时期的中国人非常愿意向世界敞开自己，希望得到其他国家的优秀东西。”

大唐王朝以海纳百川的气概，广泛吸收优秀的外来文化。这方面以服饰和歌舞最为突出。初唐时期，祖孝孙把南乐与北曲融为一体，协调了“吴楚之音”和“周齐之音”，成就了大唐雅乐。唐太宗平定高昌之后，又引进了高昌乐。至此形成了唐朝的“十部乐”，其中只有燕乐和清商乐是传统的古乐，其余的龟兹乐、天竺乐、西凉乐、高昌乐、安国乐、疏勒乐、康国乐、高丽乐都是从边疆和外国引进、改造的。

最值得一提的是，唐玄宗李隆基本人是一位音乐素养极高的皇帝，他“雅好度曲”，善于学习来自西域的胡乐，一生创作了大量的乐曲，加速了胡汉音乐的渗透与融合。唐玄宗还对佛教音乐进行改造，将源于印度的佛曲《婆罗门曲》改编成著名的《霓裳羽衣曲》。而他宠爱的妃子杨贵妃则是《霓裳羽衣曲》的编舞者。皇帝作曲，贵妃编舞，珠联璧合，一下子就使《霓裳羽衣曲》风靡大唐。为了培养更多的音乐人才，唐玄宗还创办梨园，闲暇时亲自教授梨园弟子演奏乐曲。由此，唐玄宗本人一直被奉为“梨园祖师”。

在开元年间的唐都长安，来自西域的胡旋舞风靡一时。这种舞蹈以快速旋转著称，深受达官显贵的喜欢，杨贵妃和安禄山都是跳胡旋舞的高手。在敦煌莫高窟的壁画中，我们仍可以看到唐人跳胡旋舞的画面。舞蹈者身披飘带，上身半裸，扭动腰身，急速旋转，舞姿曼妙。从敦煌壁画中我们还可发现，唐朝为歌舞伴奏的乐器已达四十多种，其中，打击乐器、吹奏乐器、弹拨乐器、拉弦乐器等主要的乐器种类都已齐全。这些乐器相当一部分都来自于西域或外国，从乐器的名字（如琵琶、箜篌，羯鼓、答腊鼓）上就可看出这一点。

胡乐、胡舞之外，胡人的服饰也传到了大唐。胡人女性服饰的最大特点就是“香衫窄袖”，与以前中原人普遍喜欢的“宽袍大袖”的服饰风格迥然有别。史书记载，到开元天宝年间，“小头鞋履窄衣裳”的服饰就成了流行的趋势，贵族和普通百姓均“好为胡服及胡帽”。除了直接穿“胡服”外，唐人还调和“汉服”与“胡服”的特点，发明出新的服装样式。据说，杨贵妃就发明了一种新服饰，叫“鸳鸯并头锦裤袜”，类似于今天的连裤袜。我们从唐朝绘画中还可看到，唐朝女性爱穿一种叫“罗帔衫”的服装，这也是一种胡汉合璧的服装，它一方面袒肩露颈，摒弃了传统汉服遮盖全身的装束风格，另一方面它又是一种宽松的服装，与胡服的紧身设计旨趣有别。这可说是胡人汉化和汉人胡化在服装上的具体体现。

唐朝人的物质生活和精神生活在各个方面都受到了外来文化的影响。在长安的东市和西市，出售外来的工艺品和奢侈品。在各种娱乐场所，中外艺人表演风格不同的戏剧、滑稽剧及其他的娱乐项目。从印度、波斯和中亚传来的乐曲，对中国音乐产生了重大影响，其音乐元素很快融入到了中国音乐之中。从波斯传来的马球成为唐代男女老少都非常喜欢的一种时尚运动。

唐人对外来文化兼容并收的能力，是建立在强大的文化自信和博采众长的宽广胸襟之上的。对此，鲁迅先生说：“那时我们的祖先，对自己的文化抱有极坚强的把握，绝不轻易动摇他们的自信心；同时对于别系文化抱有恢廓的胸襟与极精严的抉择，绝不轻易地崇拜或者轻易地唾弃”“凡取用外来事物的时候，就如将彼俘来一样，自由驱使，绝不介怀”。

在文化自信心极强，社会风气极度开放、包容的情况下，唐朝的各项文化艺术，如诗歌、音乐、舞蹈、书法、绘画等，均取得了举世瞩目的成就。唐诗是中国古典诗歌史上公认的高峰，唐代诗人众多、名家辈出、风格多样，既有边塞诗，也有山水田园诗；既有古风，又有律诗和绝句。唐代诗人的思想旨趣和审美倾向也多姿多彩，比如杜甫，他是深怀儒家理想的人，他写的诗沉郁顿挫，忧国忧民，被称为“诗史”，他本人则被称为“诗圣”；李白炼丹求仙，在思想上倾向于道家，他的诗想象丰富，瑰丽雄奇，他被称为“诗仙”；王维是佛教徒，他的诗幽静、空灵、大有禅意，他被称为“诗佛”。儒释道三种不同的思想文化不仅能够在大唐王朝的统治下和平相处，而且各自都在诗歌创作领域找到了自己的代言人，并为后人留下了脍炙人口的诗篇。

书法也是一样，唐人在学习王羲之、王献之等人书法风格的基础上，大胆创新，涌现出了欧阳询、虞世南、褚遂良、薛稷、颜真卿、柳公权、钟绍京等一大批对后世影响深远的书法家。至此，中国楷书的法度在唐人的手中得以完成，这是唐朝对中国文化做出的又一巨大贡献。

盛世中的危机

俗话说“胜极而衰”，唐朝的国运正是如此。

从唐太宗时期的贞观之治到唐玄宗时期的开元盛世，大唐王朝一直是走上升路线的。开元盛世是唐朝的鼎盛阶段。可在人们还陶醉在歌舞升平的盛世之中时，大唐王朝便开始走上了由盛转衰的道路。

转折的关键就出在唐玄宗李隆基身上。李隆基本人多才多艺，但他的政治能力远不如唐太宗李世民。他统治前期，依“贞观故事”，通过复制唐太宗李世民的治国模式，使国家达到大治，创下了开元盛世。可是，一旦取得了盛世的成就，李隆基便不思进取乃至忘乎所以了，他忙着封禅，忙于享乐，逐渐变得骄纵昏庸。对此，《资治通鉴》称，唐玄宗“在位日久，渐肆奢欲，怠于政事”。

唐玄宗“怠于政事”之后，在用人上出现了严重的失误。正直的宰相张九龄被罢免，而奸相李林甫上位。李林甫口蜜腹剑，阴险奸诈，善于钻营，他一味迎合皇上，打击异己。他当政之后，大唐王朝的政治风气便一步步地坏了下去。因此，对于唐王朝的由盛转衰，李林甫负有“养成天下之乱”之责。

在导致唐朝由盛转衰的过程中，唐玄宗李隆基与杨贵妃杨玉环之间的爱情故事也不得不说。

杨玉环本是唐玄宗的儿子寿王李瑁的王妃,她因年轻貌美而迷倒了很多人,不幸的是,这其中竟有她的公公、大唐王朝的皇帝李隆基。开元二十八年(公元740年),56岁的李隆基与22岁的杨玉环在骊山温泉幽会,从此坠入情网,一发不可收拾。为了掩人耳目,李隆基先让杨玉环出家为道士,然后再以女道士的身份进入皇宫。于是,这位道号"太真"的女道士出家不到一年就又还了俗,进了皇宫,被封为妃子——太真妃。在李隆基61岁生日那天,27岁的杨玉环被封为贵妃。

唐玄宗十分宠爱杨贵妃,诚可谓"三千宠爱在一身"。杨贵妃喜欢吃荔枝,唐玄宗便下诏,专门开辟出一条从岭南直通长安的贡道,用驿马专门为杨贵妃送荔枝。诗人杜牧有诗云"一骑红尘妃子笑,无人知是荔枝来",描述的就是这件事。

杨贵妃本人虽然没有直接干预朝政,但她的极度受宠还是对朝政形成了恶劣的影响。为了讨得杨贵妃的欢心,李隆基命各地官员向宫中进献各种奇物珍玩。杨贵妃本人的生活更是奢靡无度,据说专门为她刺绣织锦的就有700多人,雕刻器皿的又有数百人。更可怕的是,享受奢华的远不止杨贵妃一人,而是以她为首的一个杨氏团队。杨贵妃的哥哥姐妹全都被召进了宫,三个姐姐分别被封为韩国夫人、秦国夫人、虢国夫人,每月各赐脂粉费十万钱,堂兄杨铦、远房堂兄杨国忠也都在朝中为官,人称杨氏"五大家"。唐玄宗每收到国内外的贡品,都会分赏"五大家",比如,赏赐给虢国夫人夜明珠、赏赐给秦国夫人七叶冠、赏赐给杨国忠的锁子帐,这些都是价值连城的珍宝。

"五大家"的府第靠近皇宫,规模宏大,富丽堂皇。每建一堂,均要耗资数千万。而且杨氏五个家庭之间还互相攀比,他们一旦发现别人家的建筑比自己的更豪华时,就不惜毁掉重建,也一定要超过别家。杨氏家族如此挥金如土,不仅耗费了唐朝大量的财富,而且带坏了社会风气。在开元后期和天宝年间,奢华之风弥漫全国,勤俭节约的美德在达官贵人的身上不复存在。统治阶层的奢华生活当然是靠剥削底层百姓来支撑的,达官显贵越崇尚高消费,普通百姓的负担就越重。

出于爱屋及乌的心理,唐玄宗还重用了杨玉环的远房堂兄杨国忠。李林甫死后,唐玄宗便让杨国忠接替李林甫的位置。杨国忠当上宰相之后,其飞扬跋扈的程度比李林甫有过之而无不及。

唐玄宗贪图享乐,怠于政事,竟将朝政大权交于杨国忠。杨国忠专权误国不算,他还穷兵黩武,动辄对边境少数民族地区用兵,不仅使成千上万的无辜士卒暴尸边境,也给少数民族地区造成了深重灾难,弄得民不聊生。

杨国忠为政期间,曾两次发动了征讨南诏的战争。天宝十年(公元 751 年),刚当上京兆尹不久的杨国忠就推荐自己的党羽鲜于仲通为剑南节度使,并命其率兵攻打南诏。结果征讨南诏的军事行动大败,不仅阵亡将士达六万人,而且直接导致南诏脱离了大唐,转而投向吐蕃。

为了掩盖第一次攻打南诏的失败,杨国忠策划了第二次攻打南诏的行动。本来大唐王朝兵力不足,为了补充兵员,唐玄宗就命令在长安、洛阳、河南、河北各地广泛招兵。杨国忠趁机派人到各地去“抓壮丁”,遇到青年男子,就给他们戴上枷锁,直接送到兵营。凑足兵员之后,杨国忠于天宝十三年(公元 754 年)再次发兵攻打南诏,这次军事行动又遭惨败。两次攻打南诏,损兵折将近 20 万人。

杨国忠对人民的疾苦漠不关心。天宝十二年(公元 753 年),关中地区连续发生水灾和严重饥荒。唐玄宗担心灾荒会影响庄稼的收成，杨国忠便叫人专捡好的庄稼拿给唐玄宗看，并说"雨水虽多，并未伤害庄稼"，用"报喜不报忧"的方法欺骗唐玄宗。后来有扶风太守奏报当地出现水灾，杨国忠便叫人审问这个太守，惩治他说真话的行为。从此以后，再没有人敢向朝廷报告实情了。

就在大唐帝国转向衰落之际，阿拉伯人建立的政教合一的大食帝国在西亚崛起，他们几乎打败了所有的欧洲国家，然后掉头向东，扩张到了中亚。公元 751 年 7 月，大食帝国的军队和唐朝的军队在中亚怛罗斯城（今哈萨克斯坦境内）展开一场大战。当时，大食帝国的兵力有 20 万之多，而唐朝的部队只有数万（关于唐朝军队的具体的数量，历来有两种说法，一种认为是 6 万—7 万，另一种认为是 2 万—3 万）。唐朝军队在名将高仙芝的率领下，凭借着精良的装备和先进的战术手段，与对方血战五天，杀敌 7 万，重创敌军。但由于唐朝军队兵力不足，没能攻破怛罗斯城。

战至第五天，大食帝国的援军赶到。见势不妙，唐军中的一支胡人队伍葛逻禄部叛变了。在内外夹击之下，唐朝军队溃败，伤亡 2 万多人。

怛罗斯之战对中亚格局产生了深远影响。此战之后，唐朝无力再经营西域，最终退出了对中亚地区的控制与争夺，自张骞通西域以来的中国版图被更改了，中亚就此逐渐伊斯兰化。

在怛罗斯之战中，有一些唐朝的工匠被俘，他们将造纸术带到了大食，随后又传到了欧洲。

唐朝军队在战场上的失利，并没有让唐玄宗和杨国忠警惕起来，他们还继续沉醉在歌舞升平的盛世幻想之中。不过，很快就有一个更大的动乱到来了，这就是安史之乱。安史之乱一下子打碎了大唐王朝太平盛世的美梦，成了唐朝由盛转衰的转折点。

◎延伸阅读：安史之乱

公元755年12月16日，身兼范阳、平卢、河东三节度使的安禄山伙同部将史思明在范阳起兵，以“奉密诏讨伐杨国忠”为借口发动叛乱，兵锋直指洛阳和长安。由于大唐王朝承平日久，疏于备战，因此沿途各州县或陷或降，纷纷瓦解。短短的34天，安禄山的大军从范阳攻打到洛阳。次年，安禄山的叛军又攻陷了长安。大唐王朝的皇帝唐玄宗在长安陷落之前仓皇出逃，一直沉浸在歌舞升平之中的大唐，瞬间由盛世转入了到战乱之中。

那么，安史之乱到底是怎样发生的呢？号称盛世的大唐为什么竟然不能抵御住安禄山的叛乱？安史之乱又对唐朝的政局产生了怎样的影响呢？……要回答这些问题，我们还得从头说起。

大唐王朝统一全国之后，国力蒸蒸日上，经过唐太宗、唐高宗直至唐玄宗几代君王屡次开疆辟土，先后平定辽东、东西突厥、吐谷浑等地区，使唐朝成为一个疆域极为辽阔的国家。为了加强中央对边疆的控制、巩固边防，唐玄宗于开元十年（公元722年）在边疆地区设立了十个兵镇，由九个节度使和一个经略使管理。节度使相当于大军区司令，他们率兵镇守边地，军力日渐强大，到天宝年间，边镇节度使已经拥兵50万，而中央禁军只有兵力12万，如此也就形成了外重内轻、强枝弱干之势。

另外，为了应对边疆战事，唐玄宗不得不以募兵制代替府兵制。这些招募职业军人的兵制解决了征兵困难的问题，但也增加了中央财政的负担。更关键的是，募兵制使将兵之间形成了固定的人身依附关系，导致节度使对军队的控制能力极大增强。节度使的权力越来越大，他们“既有其土地，又有其民人，又有其甲兵，又有其财赋”，慢慢地就形成尾大不掉之势，各路节度使随之演变成了地方军阀。

各路地方军阀之中，安禄山又最为得势。

安禄山是混血胡人，父亲是康姓粟特人，母亲是突厥人。他精通多种胡语，善于贿赂朝野政要。他靠贿赂李林甫、巴结杨贵妃而博得了唐玄宗的宠信和重用。天宝初年，东北边疆的奚、契丹不断发动叛乱，唐玄宗感到非常头疼。安禄山出兵平定了叛乱，这令唐玄宗十分高兴，安禄山由此得到重用。

安禄山“外若痴直，内实狡黠”，为了讨好唐玄宗，他干脆认比自己小八岁的杨贵妃为义母。安禄山很胖，“腹垂过膝”。唐玄宗调侃他：“你肚子这么大，里面装的是什么呀？”他回答：“里面只有一颗对陛下的赤胆忠心。”这样的回答让唐玄宗感到很开心。于是，安禄山官运亨通，一人兼任平卢、范阳、河东三镇节度使，拥兵近20万，实力强大。此时，整个唐朝中央直接控制的兵力才不到8万。如此一来，安禄山就有了起兵对抗中央的军事实力。

安禄山最终起兵发动叛乱，还与他和杨国忠之间的私人恩怨有关。杨国忠当上宰相之后，妒贤嫉能，骄纵跋扈，不可一世。为了独揽大权，他蓄意排挤安禄山，不断在唐玄宗面前告安禄山的恶状，说他要造反。此事成了安史之乱的导火线，后来安禄山叛乱所打的旗号便是“奉密诏讨伐杨国忠”，意思是他要“清君侧”。可是，当叛军攻陷洛阳之后，安禄山在洛阳称帝，号“大燕皇帝”，改元“圣武”。这充分说明安禄山“清君侧”是假，叛乱是真。

唐玄宗出逃长安的第二天，到达马嵬坡。在这里，护卫部队发生了兵变，他们杀死了奸相杨国忠，并逼迫唐玄宗赐死杨贵妃。这便是有名的马嵬兵变。

马嵬兵变之后，百姓一度恳求唐玄宗留下来指挥平叛，但唐玄宗拒绝了，他执意向西逃跑。幸好，太子李亨看到了人心所向，留了下来。他在一伙大臣的拥戴之下奔向了朔方节度使所在地灵武，并在那里称帝，是为唐肃宗。唐肃宗登基之后，遥尊唐玄宗为太上皇。

登基之后，唐肃宗召集唐朝各部将领，部署平叛行动。郭子仪、李光弼等著名将领迅速加入到平定安史之乱的军事行动之中。由此，形势有了转机，大唐王朝开始了艰难的平叛行动。

反观叛军，此时却出现了严重的内斗。为了抢夺皇帝宝座，安庆绪杀死父亲安禄山。而安庆绪本人却只知道纵酒享乐。唐朝军队趁机反攻，收复了沦陷一年多的长安，随后又收复了洛阳。

到了这个时候，叛乱的主角又变成了史思明。他不愿意受安庆绪的管制，两人发生了矛盾，于是他率领 8 万军队投降了唐朝。为显示宽宏大度，唐朝任命史思明做范阳节度使。可是，半年之后，史思明再次反叛，并与驻扎在邺城的安庆绪遥相呼应。当时，唐军已经包围了邺城。安庆绪向史思明求援，答应邺城解围之后将大燕皇帝之位让于史思明。史思明禁不住皇帝宝座的诱惑，先率兵解救了困在邺城的安庆绪，随后又设计杀死了安庆绪。

史思明让儿子史朝义守邺城，自己引兵北还，在范阳自称大燕皇帝。史思明的军队一度攻陷了洛阳，使唐军陷入被动。关键时刻，叛军再次出现内讧，就像安庆绪杀死父亲安禄山一样，史朝义也杀死了父亲史思明。唐朝军队抓住机会，打败了叛军，再次收复洛阳。兵败之后，史朝义在逃亡的途中自缢而死。至此，长达八年的安史之乱终于平息。

◎观点提炼:安史之乱的后果

安史之乱从公元755年爆发,到公元763年最终平息,历时八年,中间经历了唐肃宗、唐代宗两任君王。唐朝军队最后虽然打败了叛军,达成了复国的目标,但这场战争成了唐朝由盛而衰的转折点,它对唐朝造成的后果极其严重。

其一,长达八年的战乱让大唐王朝经历了一次空前浩劫,开元盛世所积累的财富在这场战争中化为乌有。中原地区“宫室焚烧,十不存一,百曹荒废,曾无尺椽。中间畿内,不满千户”,战乱之下,广大百姓流离失所,无家可归,整个黄河中下游都呈现出了“千里萧条”的荒凉景象。经过安史之乱,唐朝的人口一下子从5292万锐减至1699万,人口减少近3600万,社会元气大伤。

其二,安史之乱还造成了百姓负担的加重。由于战争造成了人口锐减,劳动力严重不足。此等情形之下,百姓还要负担大量的军费和朝廷财政开支,税收势必加重。统治阶级对百姓的残酷压榨,又进一步激化了阶级矛盾,导致唐朝中后期农民起义比较频繁。

其三,经过安史之乱,唐朝的统治基础受到严重削弱,统一的中央王朝对地方的控制力持续减弱。自此之后,唐王朝由盛而衰，一蹶不振。在平定叛乱的过程中，为了分化瓦解叛军，唐肃宗、唐代宗均鼓励叛军投降，并准许投降的叛军将领继续在原地做官，并统领军队。这种措施对尽快平定叛乱有一定的积极作用，但弊端也显而易见，那就是使全国处于分裂割据的状态之中，形成了事实上的藩镇割据。唐朝末年的藩镇割据，本质上是安史之乱的延续和发展。安史之乱本来就是藩镇反对中央的一场军事叛乱。在平定这场叛乱之后，那些参与平叛的藩镇愈发有资本拥兵自重。经过安史之乱，唐王朝不仅无力收回各地节度使的兵权，还要封赏他们。如此一来，地方节度使的权力越来越大，到后期，唐朝的节度使出现了世袭化的现象，老节度使死了，朝廷很难派新人担任节度使，而必须由老节度使的儿子或部下继任才可以。这样的节度使，事实上已不再是朝廷的命官，而是成了割据地方的“土皇帝”。

其四，安史之乱后，唐王朝失去了对周边地区少数民族的控制。安史之乱一爆发，不得不将原本驻守在西域一带的重兵皆调到内地参与平叛，由此，唐朝的西北和西南边防就出现了空虚，吐蕃人乘虚而入，控制了河西走廊一带。

其五，安史之乱促使中国的经济重心再次南移。安史之乱对北方生产造成了极大的破坏，大量北方人士南渡。南方相对较为稳定，北方人口的南迁，带去了先进的生产技术，促进了江南经济的发展。自此之后，中国经济重心彻底转移到了南方。

晚唐悲风

安史之乱之后,大唐王朝开始一步步走向衰落。这一阶段自公元 763 年安史之乱结束至公元 907 年朱温篡位,持续了近 150 年。这个阶段的唐朝,表面上还维持着统一,但中央政府已然失去了应有的权威;这个阶段的唐朝,在政治、经济和社会生活的各个方面都暴露出了难以调和的矛盾;这个阶段的唐朝,就像风烛残年的老人,病态的躯体越来越孱弱,直到生命终结;这个阶段的唐朝,有唐代宗、唐德宗、唐顺宗、唐宪宗、唐穆宗、唐敬宗、唐文宗等十多个皇帝相继当政,但他们都没有能让大唐王朝重现盛世的光景。

当然,若说大唐王朝在这近 150 年的时间里毫无作为,那也是不对的。在唐德宗时期,唐朝一度爆发财政危机。为解决财政危机,宰相杨炎于公元 780 年实施了两税法,即将各种赋税折合在一起,分夏、秋两次收取。这次税收改革的一个重大变化是:自此之后,农业税就按照土地多少来收,而与一个家庭的人头多少无关了。这是中国古代税收制度上一次重大改革。实施两税法之后,税收手续简化了,唐朝的中央财政有所增加。

唐德宗一度想趁机清除藩镇势力,恢复中央的权威。当时,成德节度使李宝臣死去,他的儿子李惟岳要求继任;淄青节度使李正己死,他的儿子李纳也要求继任。唐德宗断然拒绝了他们的要求，想将节度使的任免权收回中央。不料，李惟岳联合魏博、淄青等地的节度使发动了叛乱。

为了平定叛乱，唐朝只得继续使用借藩镇打藩镇的老办法。平定叛乱之后，参与平叛的几个节度使借口朝廷封赏不公，公然对抗中央，其中有四个节度使直接称王。这还不算完，淮西节度使李希烈认为平叛有功，向朝廷讨价还价，自称“天下都元帅”。正当唐德宗调兵遣将要征讨李希烈的时候，泾原节度使又发动了兵变，他们攻入长安。唐德宗只好逃往奉天（今陕西乾县），叛军直接拥立泾原节度使朱泚为皇帝。看着朱泚称帝，李希烈不甘落后，也跟着称帝。最后，唐朝虽然平定了朱泚、李希烈等人的叛乱，但也不能削弱藩镇的势力，只能对藩镇割据的现实采取姑息的态度。

唐德宗驾崩后，唐顺宗继位，他在位不到一年就被迫退位。随后，唐宪宗登基。此时唐朝出现了朋党之争，以牛僧孺为首的“牛党”和以李德裕为首的“李党”互相争斗，彼此倾轧，这种内耗让唐朝的朝政更加恶化。

平心而论，唐德宗和唐宪宗也都算锐意改革的皇帝，无奈藩镇势力已经强大，很难撼动，朝臣也与皇帝离心离德。因此，他们的改革都没有达到预期的效果，藩镇割据的痼疾始终困扰着晚唐朝廷。

藩镇割据和牛李党争之外，晚唐政治的另一痼疾就是宦官专权。

唐朝初年政治清明之时，宦官只能主管宫廷内部守卫、洒扫之类的服务性事务，并无政治权力。到了唐玄宗时，他宠信宦官高力士，让他审阅奏折。从此，宦官开始登上唐朝的政治舞台。安史之乱以后，宦官逐渐掌握军权、政权和财权，皇帝的大权旁落于宦官之手。自唐德宗时开始,宦官掌握禁军已成定制,如此一来,晚唐时期的宦官,经常毒杀和废立皇帝。

宦官权力过盛,引起了皇帝和朝臣的共同不满,一些大臣与宦官势力进行了斗争。唐德宗驾崩后,唐顺宗继位。他重用文官王叔文、王伾裁决宫中大事,王叔文、王伾又引进了柳宗元、刘禹锡、韩泰、陈谏、韦执谊等官员,企图削弱宦官的权力。这便是唐朝历史上的“王叔文变法”。但由于宦官势力盘根错节,难以动摇,加上藩镇与宦官内外勾结,致使这场改革中途夭折。

宦官与藩镇两股势力互相勾结,使晚唐的朝政愈发黑暗。从唐宪宗开始,到唐朝灭亡,唐朝后期的皇帝都形同傀儡,十个皇帝中,除了最后一个为朱全忠所立,其余九个都是宦官所立,其中,竟有唐宪宗和唐敬宗两位皇帝被宦官所杀。连皇帝都成了宦官可以任意摆布的傀儡,大唐的政治秩序之混乱可见一斑。

公元 835 年,唐文宗不甘大权旁落,起用李训、郑注等人谋诛宦官。密谋之后,李训令将军韩约奏报,说发现左金吾后院内的石榴树上夜降甘露,诱骗宦官头目仇士良前去查看,企图趁机一举歼灭宦官。但仇士良等宦官到达时,看出了破绽,赶紧返回,并劫持了唐文宗。他们带领五百禁军对大臣进行报复性屠杀,杀掉了一千多名朝臣,致使朝班一空。这便是有名的“甘露事变”。经此事变之后,唐文宗也只能哀叹自己受制于家奴,后来郁郁而终。

唐文宗之后,唐朝又历经唐武宗、唐宣宗、唐懿宗、唐僖宗、唐昭宗、唐哀宗各朝,这些皇帝也都一直没能解决宦官专权的问题,宦官之祸一直延续到唐朝结束。

最后给唐朝致命一击的是王仙芝、黄巢农民起义。这场起义爆发于公元 875 年,起义的农民军驰骋中原,四次横渡长江,两次横渡黄河,攻占了东都洛阳和西京长安。声势浩大的农民起义不仅屠杀了大量的皇亲国戚、达官显贵,而且彻底摧毁了整个社会秩序,使唐朝再次陷入到动乱之中。

大规模的战乱之中,又涌现出了一大批武装割据的军阀,他们互相火拼,最后形成了两个最有势力的集团——以开封为中心的朱温(后改名朱全忠)和以太原为中心的李克用。公元907年,朱温废掉了唐哀宗,自立为帝,改国号为梁。至此,唐朝结束,历史进入到五代十国时期。

◎延伸阅读:晚唐"顽主"唐敬宗

中学语文课本中有一篇有名的杜牧写的古文《阿房宫赋》。这篇文章实际上是一篇借古讽今之作——借秦始皇大兴土木、骄奢淫逸的历史教训,批判唐敬宗宝历年间的奢华、堕落之风。杜牧自己就明确指出:"宝历间大起宫室,广声色,故作《阿房宫赋》。"意思是,唐朝宝历年间,统治者大兴土木,过着声色犬马的奢靡生活,官场风气和社会风气都不太健康,所以他才写了《阿房宫赋》予以批评。

阿房宫是秦始皇所建的宫苑,据史书记载,其建筑极尽奢华,充分表现了秦始皇的残暴荒淫。唐敬宗登基之初就大兴土木,公然步秦始皇的后尘,使原本就江河日下的晚唐朝政更加脆弱不堪。唐敬宗这个人,堪称晚唐时代的"顽主"——他绝对是一个玩乐高手,绝对不适合当皇帝。

唐敬宗名李湛,登基后根本不把国家大事放在心上,一心追求享乐。比如,他就连皇帝例行的早朝都不能坚持来上。一次,群臣来到朝堂准备入阁议事,可是敬宗一直到日上三竿还没有上朝。大臣们只得干等，左等右等，皇帝就是不来，有的大臣在朝堂上站得太久了，直接就昏倒了。这个时候，唐敬宗才当上皇帝不久，刚登基就如此任性，你说让人多失望吧！谏议大夫李渤对唐敬宗提出了劝谏，唐敬宗在大臣的催促下才姗姗来迟。退朝以后，谏官左拾遗刘栖楚对皇帝更是极力劝谏，他头叩龙墀，血流不止。敬宗当时表现出很受感动的样子，但过后仍不改。对他来说，上早朝简直是比上战场还可怕的一件事，发展到后来，他一个月也难得上朝两三次。皇帝都带头“罢工”“懒政”，国家如何治理得好?

唐敬宗对朝政不负责，却对声色狗马的玩乐兴趣大增。宝历元年（公元 825 年）十一月，唐敬宗突然想去骊山游幸，大臣们都极力劝阻，他就是不听。拾遗张权舆在大殿叩头进谏，还说：“从周幽王以来，游幸骊山的帝王都没有好的结局，秦始皇葬在那里，国家二世而亡，玄宗在骊山修行宫而安禄山乱，先帝（穆宗）去了一趟骊山，享年不长，回来就驾崩了。”

唐敬宗听了这话，反倒引发了更大的兴致：“骊山有这么凶恶吗？越是这样，我越是应当去一趟来验证你的话。”到骊山游玩之后，他还对身边的人说：“那些向朕叩头的人说的话，也不一定都可信啊！”丝毫不把臣下的意见当回事。

唐敬宗还喜欢到鱼藻宫观龙舟竞渡，有一天突然给盐铁使下诏，他要造竞渡船 30 艘，要求把木材运到京师修造。这一项的花费总计要用去当年国家转运经费的一半，谏议大夫张仲方等力谏，他才答应减去一半。

唐敬宗还喜欢打马球，他不但自己玩，还要求禁军将士、三宫内人都要参加。宝历二年（公元 826 年）六月，他在宫中举行了一次体育盛会，马球、摔跤、散打、搏击、杂戏等，项目很多，参加者也很踊跃。最有创意的是，唐敬宗命令左右神策军士卒，还有宫人、教坊、内园分成若干组，骑着驴打马球，史书记载这一天唐敬宗的兴致很高，一直折腾到夜里一二更才结束这次“体育盛会”。

唐敬宗还喜欢打猎，他觉得白天打猎不过瘾，就深夜带人捕狐狸，称之为“打夜狐”。种种迹象均表明，唐敬宗的心思全都用到了玩乐上，他在玩乐上也确实颇有“创意”，玩得花样翻新。他是一位马球高手，还善手搏，对摔跤、拔河、龙舟竞渡之类的游戏也是乐此不疲。放在今天，他若参加个娱乐达人秀之类的电视节目应该有不错的表现，可是他当皇帝可就太糟糕了。他喜欢豢养大力士，这些人既做他的保镖，又负责陪他玩。

可是，唐敬宗一旦玩得尽兴，就没有任何理智了。哪怕是对待自己豢养的大力士，他也是动辄就将其配流、籍没；他身边的不少宦官稍有过错，也遭到捶挞、重罚。皇帝当得这么“任性”，搞得身边人都不堪忍受。最终，唐敬宗也因肆无忌惮的玩乐而命丧黄泉。

宝历二年（公元 826 年）十二月初八日辛丑，敬宗又一次出去“打夜狐”，回宫之后，兴致盎然，又与宦官刘克明、田务澄、许文端以及击球军将苏佐明、王嘉宪、石定宽等 28 人饮酒。刘克明、苏佐明这些陪他玩的人，时刻提着小心，怕遭严惩，于是，他们乘唐敬宗入室更衣之际同谋将其杀害，这一年，唐敬宗只有 18 岁，当皇帝的时间也仅有两年。

◎观点提炼:晚唐时期的党争

唐朝晚期的党争并没有什么实质上的理念之争、路线之争,争斗的实质就是争权夺利。双方越斗越水火不相容,一派上台,必将另一派"赶尽杀绝"。

唐武宗时,李党首领李德裕入朝为相,他立马利用手中的大权打击牛党大佬牛僧孺和李宗闵。他以各种借口,在不到两个月的时间里,三次贬牛僧孺和李宗闵,将他们分别流放到循州(惠州)和封州。

后来,唐宣宗即位,牛党头目白敏中受到重用,他执政时又打击报复李党人士,"凡德裕所善,悉逐之",即凡是跟李德裕关系好的朝臣,一律遭到清除。白敏中罗织李德裕的罪状,将其贬为潮州司马,随后又贬为崖州司户参军。李德裕经不起这样的严厉打击,死掉了。

牛李党争时,朝臣的命运完全与"站队"捆绑在了一起。牛党领袖做宰相时,牛党一派的官员就可以加官进爵,平步青云。可是,当宰相换成李党领袖时,那么,牛党一派的官员就会遭到贬黜、打击,腾出的位子则就让给了李党人士。

有个李党成员叫李让夷,他靠同党引荐,当上了中书舍人。后来,李德裕失势,李让夷也跟着遭到贬斥。唐武宗初期,李德裕再次当上宰相,李让夷也随之连升三级,由尚书右丞提拔为中书侍郎、同平章事。

牛党成员李汉的命运亦是一样,他"尤为李德裕所憎"。在牛党得势时,他官职连升,最后升为吏部侍郎。可在此时,牛党领袖李宗闵得罪了皇帝,被"罢相"。李宗闵被罢相后,李汉随之被贬为汾州刺史,“二十三年不得录用”,直到死也没有再回到京城。

著名诗人白居易也受到牛李党争的牵连。白居易并未加入到党争之中,他只是以诗文会友,与牛党成员有交往而已。可就是这样,他还是招致了李德裕的嫉恨。当唐武宗想重用白居易时,李德裕就在唐武宗面前说白居易的坏话,说他有重病,不堪重用。结果,唐武宗改变了主意,白居易也就没能得重用。

牛李党争的背后,还有宦官势力参与其中,两党人士都借助宦官来打击异己。比如,牛党领袖李宗闵勾结宦官王践言,以此来排挤李德裕。而李德裕则讨好宦官杨钦义,两人合力排挤牛党。此外,牛李党争还和藩镇之间有着千丝万缕的联系。有支持牛党的藩镇,也有支持李党的藩镇。牛党得势时,有一些藩镇拍手称快,而另一些藩镇则心怀不满;待李党得势时,情况恰好反过来。如此一来,党争、宦官、藩镇三股痼疾搞得唐朝政局十分混乱,元气大伤。

关于牛党和李党的党争问题,陈寅恪在《唐代政治史述论稿》中指出,牛党成员多是通过科举入仕的官员,而李党成员则多出身士族,两党之争是士族和庶族之间的权力斗争。可是,《剑桥中国隋唐史》一书通过更精确的实证指出:两党在科举出身和士族出身的人数上是旗鼓相当的,两党之争并非“士庶之争”。后来又有学者对两党成员的出生地进行统计分析,得出的结论是:李党成员主要是山东士族,牛党成员主要是关陇士族,两党之争完全是士族内部的斗争,或可称为山东派与关陇派之间的郡望之争。不过有一点是可以肯定的:不论牛党和李党如何争斗,争来争去,全无胜者。党争恶化了唐朝的官场风气,进一步加速了唐朝灭亡的速度。

第四辑

帝国第三期——宋元

五代十国——唐宋之间的混乱时代

朱温篡唐建梁，标志着五代十国时期的开始。五代十国时期，实质上是唐朝晚期藩镇割据的延续。

这个时期，在黄河流域地区相继建立了梁、唐、晋、汉、周五个王朝，为了区别以前已有的王朝，历史上称他们为后梁、后唐、后晋、后汉、后周，这便是所谓的“五代”。“十国”是指在南方建立的前蜀、后蜀、吴、南唐、吴越、闽、楚、南汉、南平（荆南）、北汉等十个割据政权。我们先简单地说说“五代”，然后再说“十国”。

朱温建立后梁之后，连年征战，横征暴敛，导致了民众暴动，统治就此衰落。沙陀人李克用之子李存勖灭掉了存在十六年的后梁，建立了后唐王朝。李存勖在历史上被称为唐庄宗，他很有军事才能，统一了中国北方，但他不善于治国，不久就死在了兵变中。李克用的养子李嗣源随后登上皇位。此人比较明智，统治后唐时推行休养生息的政策，使北方经济有了一定的发展。不过好景不长，后唐也陷入到了内乱之中。

李嗣源的女婿、河东节度使石敬瑭趁后唐内乱之机，以割让幽云十六州为代价，换取契丹人对他的支持。他勾结契丹军队，推翻了后唐王朝，建立了后晋。更为可耻的是，为了巩固自己的帝位，石敬瑭竟然自称“儿皇帝”，称契丹的耶律德光为“父皇帝”。这种自称“儿皇帝”的做法，把他钉在了历史的耻辱柱上。

但“儿皇帝”的日子并不好过，他要对“父皇帝”小心侍奉，稍有不恭，就要受到斥责。六年后，石敬瑭死去。他的后继者称帝五年，“父皇帝”耶律德光还是发兵南下，灭掉了后晋王朝。947年，耶律德光在开封称帝，将契丹的国号改为辽，然后引兵北还。

后晋的河东节度使刘知远在辽太祖耶律德光北返后，建立了后汉王朝，随后夺取了开封，并将都城定在那里。

后汉王朝只存在了四年，就被邺城（今河北大名县）留守郭威所推翻。郭威建立了后周王朝，即周太祖。他是一个比较靠谱的统治者，经过他的治理，后周的社会面貌为之一新。郭威死后，继承者为周世宗柴荣，他也是一位难得的政治家，一面改革政治，一面准备统一。他自己规划，要做三十年的皇帝，用十年的时间来开疆辟土，用十年的时间来休养百姓，再用十年的时间来开创太平盛世。可惜的是，他本人在位仅仅五年就去世了。又过了五年，发生了著名的陈桥兵变，赵匡胤篡夺后周王朝，建立了宋朝。

在北方改朝换代之际，南方的十个割据政权，利用有利时机发展经济。吴越和南唐地处富庶的长江中下游，在各个割据政权中堪称“地大力强，人才众多”，他们经过二十多年的发展，经济和文化都呈现出一派繁荣的景象。

在四川一带的前蜀、后蜀在这一时间也有很大发展，原因就在于：动乱之世，大批文人学士从中原地区避难蜀地，为这里带来了发达的中原文化。

最令人刮目相看的，当属钱镠治理下的吴越国。生逢乱世，钱镠深知小国处境艰难，在外交上极力斡旋，不惜放低身段，“以小事大”。他通过这种外交上的努力，换得了吴越国的和平发展环境。在国内，他发动民众构筑捍海石塘，设置龙山闸、浙江闸，治理内涝——为了纪念钱镠沿江建造石堤的功绩，后人就把他治理过的这条河叫钱塘江。钱镠还扩建都城杭州,修建城内的道路、市场,还扩建灵隐寺,新建了昭庆寺、净慈寺、灵峰寺、云栖寺、六通寺等,后来杭州有名的雷峰塔、六和塔、白塔等也都兴建于此时。钱镠治理吴越时取得的良好成绩,为后来南宋在杭州建都奠定了基础。

“五代”均在北方的黄河流域,“十国”则多在长江以南。在史书上,多奉“五代”为正统,原因就在于他们的政权“上承唐,下启宋”,其实,“五代”加在一起只有五十四年的时间,却有六姓、十三君,可见政权更迭之频繁,此正可说明那时的北方中国实实在在是一个乱世。与之相比,“十国”则国运更长些,治理也较“五代”更有成效。也就是说,经过这一阶段之后,北方愈加遭到了破坏,而南方则得到了一定的发展。自此之后,中国的北方开始全面落后于南方。

◎延伸阅读:李克用的三支箭

唐朝末年爆发了黄巢起义,为了镇压起义军,唐朝不得不借助沙陀人的势力。沙陀将领李克用就此崛起,他因帮助唐朝镇压黄巢起义有功,被封为晋王。

公元908年,晋王李克用病死。临死前,他交给儿子李存勖三支箭,嘱咐他要完成三件大事:一是讨伐燕王刘仁恭,原因是李克用曾向唐朝保荐刘仁恭为卢龙节度使,可后来刘仁恭却反过来出兵打败了李克用,依附了李克用的仇敌朱温。二是征讨契丹。原来,李克用曾在公元907年与契丹首领耶律阿保机结拜为兄弟,结成军事同盟,相约一起进攻朱温。可是后来,耶律阿保机背叛了约定,与朱温通好,共同对付李克用。第三件大事就是要消灭宿敌朱温。朱温曾邀请李克用赴宴，趁机将其灌醉，然后想放火烧死他。李克用幸得属下相救才侥幸免死。另外，两人争夺天下，朱温最后胜出，并篡唐建梁。

这三支箭就是李克用的三条政治遗嘱。李存勖将三支箭放在精制的丝套里，郑重地供奉在家庙里，每次出征就派人取来，带着上阵，等打了胜仗，再送回家庙。这样的做法大有越王勾践卧薪尝胆的意味，从这里也可看出，李存勖并非凡人。

李存勖是李克用的长子，自幼擅长骑射，胆力过人。李存勖成年后英勇善战，还喜爱音乐、歌舞等，堪称多才多艺。

父亲病死之后，李存勖承袭晋王之位。他凭着出色的军事才能，于公元 911 年在高邑（河北高邑县）打败了朱温的五十万大军。接着又攻破燕地，将刘仁恭和他的儿子刘守光活捉，押回太原。三年后，他又大破契丹，打败了耶律阿保机的军队。很快，河北各州县已尽归李存勖所有。公元 923 年，李存勖在魏州（河北大名县东北）称帝，国号为大唐，史称后唐，不久迁都洛阳。同年十二月后唐灭掉后梁，统一了北方。可以说，经过十多年的征战，李存勖基本上完成了父亲的遗愿。

如果只看前半段，李存勖的人生堪称是一个完美的励志故事。可是，在建立后唐之后，李存勖的人生就发生了逆转。他是军事上的强人，却是治国方面的弱者。称帝以后，李存勖认为父仇已报，中原已定，便开始享乐。他自幼喜欢看戏、演戏，即位后，常常面涂粉墨，穿上戏装，登台表演，不理朝政，并自取艺名“李天下”。

他宠信伶人，导致伶人傲视群臣、诸将。众人敢怒不敢言，有的甚至反过来巴结伶人。伶人中为害最深的就是景进。景进大进谗言，陷害忠臣良将，干预朝政。李存勖还用伶人做耳目，去刺探群臣的言行。李存勖宠信伶人的做法激起了将士们的不满，为日后的兵变埋下了伏笔。

公元926年，李存勖听信谗言，冤杀了大将郭崇韬，另一战功卓著的大将李嗣源也险遭杀害。这年三月，李嗣源在将士们的拥戴下发动叛乱，率军进攻洛阳。李存勖仓促之中率军去镇压。但大军行至中牟县时，听说李嗣源的军队已经进入了汴京，李存勖又急忙返回洛阳，可路上兵士逃走了一半。回到洛阳后，他试图抵抗李嗣源的进攻，但此时军心已散。一天，李存勖正用早餐。他的近卫军在指挥使郭从谦的率领下又发动了兵变，叛乱的士兵杀入宫内，乱箭射死了李存勖。讽刺的是，这个郭从谦原本就是一个伶人，正是李存勖将他提拔为指挥使的。

针对李存勖的悲剧，宋代大文豪欧阳修写下了“忧劳可以兴国，逸豫可以亡身”的警句，意思是，忧思辛劳可以使国家兴盛，而贪图享乐则可使自己灭亡。李存勖的人生，前半段注解的是“忧劳可以兴国”，后半段则恰可说明“逸豫可以亡身”。

◎观点提炼：契丹的崛起

契丹原本是鲜卑族的一支，北魏时期，它从鲜卑族宇文部中分离出来，主要活动在今内蒙古赤峰市和辽宁西部的广大区域。随后，契丹族分为悉万丹、何大何、伏弗郁、羽陵、日连、匹絜、黎、吐六於八个部落，各部落平时逐水草而居，过着游牧生活，并与北魏建立了朝贡关系。

隋朝时，契丹族分别依附于隋朝和突厥，继续游牧于辽西地区。大业元年(公元605年)，契丹族南下营州(今辽宁朝阳)地区时，遭到突厥的袭击，四万人被俘，受到重创。

到了唐朝贞观年间，契丹诸部归附唐朝。唐设松漠都督府(今内蒙古巴林右旗南)，任命契丹部落联盟首领窟哥为左领军将军兼松漠都督府都督，赐姓李，管理契丹事务。

契丹旧制，部落联盟首领可汗及八部酋长夷离堇(也称大人、大王)，每三年推选一次。随着社会经济的发展，这种三年推选一次酋长的旧制逐渐遭到破坏。

唐末国势衰微，契丹族趁势兴起。未经唐朝许可，他们即自选迭剌部夷离堇及可汗，耶律阿保机就是在这种情况下脱颖而出的。公元901年，耶律阿保机担任迭剌部夷离堇，当年他就率部连破室韦、六奚诸部，随后又被任为总理军政事务的大迭烈府(部)夷离堇，次年攻掠河东、代北，第三年讨伐女真，又劫掠河东、蓟北。随着契丹势力日益强大，耶律阿保机也升任为最高官职于越，总知军国事，成为遥辇氏痕德堇可汗手下的实际掌权者。此后耶律阿保机又击败唐刘仁恭的大军，声威大震。

公元905年，耶律阿保机与唐河东节度使、晋王李克用结盟。次年，积极进行篡位的梁王朱温也派使臣与耶律阿保机互聘。于是，依靠强大的军事力量及日益增高的声望，耶律阿保机于公元907年当上了契丹新可汗，取代了“不任事”的遥辇氏痕德堇可汗。

耶律阿保机担任契丹可汗后，继续扩展势力，建立并完善了契丹的政治制度，吸收汉族文化，发展农垦，建立州县，以汉制统治汉人。公元916年，耶律阿保机称帝，正式建立契丹国，定都临潢府(今内蒙古赤峰市巴林左旗林东镇南),随后又创建契丹文字。耶律阿保机便是辽太祖。

耶律阿保机于925年东征渤海国,统治渤海遗民,册立皇太子耶律倍为东丹王。耶律阿保机还想南征中原,但天不假年,他于公元926年病逝。

耶律阿保机病逝后,他的妻子述律平摄政,以次子耶律德光总揽朝政。公元927年,耶律德光即位,即辽太宗。

公元936年,后唐发生内乱,河东节度使石敬瑭自称"儿皇帝",以割让燕云十六州为条件,请求耶律德光支援他攻打后唐。耶律德光遂亲率五万骑兵,在晋阳、洛阳等地击败后唐军队,协助石敬瑭灭掉了后唐,石敬瑭得以建立后晋。契丹国得到燕云十六州后,势力大增。

公元944年,后晋出帝石重贵即位,他不愿向契丹臣服,上表称孙不称臣。辽太宗趁机率军南下,于公元947年攻克后晋首都开封,后晋亡。契丹国至此又占领大部分的中原地区。二月,耶律德光改国号为大辽,辽朝正式成立。虽然辽太宗有长久经营中国的意图,然而契丹士兵掠夺百姓财物,招致中原人民的强烈反抗。于是,耶律德光被迫引军北返,最后在河北栾城病逝。

耶律德光之后,辽国政局一度陷入内乱之中,其勃兴的势头受到了影响。不过此时的契丹已然形成了一个非常有实力的国家。此时的辽代朝廷多用汉人,不少皇帝也通汉学,其对中国文化学习的态度也算真诚。对此,钱穆先生曾说:"以耶律德光与石敬瑭、刘知远相较,一样是胡人,一样不了解中国传统文化,然而耶律德光的政治成绩要比石敬瑭、刘知远好得多。此因耶律德光诚心诚意想模仿中国,而石敬瑭只是想用兵力霸住地位。此正是唐藩镇与五胡之相异点。因一面有理想求上进,一面无理想只求霸占。所以想上进者,因其为一部族中之优秀领袖,能知为远大长久之计。所以只想霸占者,因其本来出身于行伍,徒藉兵强马壮,非有远志。"钱穆先生的这个论断,很是耐人寻味。在统治者都缺少必要文化涵养的情况下,谁能开创一番大基业,往往就要看谁有理想,有追求。

从陈桥兵变到澶渊之盟

自唐末藩镇割据直到五代，割据一方的军阀通过发动兵变称帝已形成一种风潮，后唐李嗣源是通过这种方式当上的皇帝，后周郭威也是通过这种方式当上的皇帝。现在又轮到赵匡胤用这种方式当皇帝了。

赵匡胤为了当皇帝发动的这场兵变更有名，那就是陈桥兵变。

陈桥兵变是在一夜之间发生的事，但之前的背景也有必要了解一下。公元 959 年，正谋划着攻取幽州的后周世宗柴荣突然病逝，年仅 39 岁。柴荣驾崩后，年仅 7 岁的儿子柴宗训继承了帝位，是为后周恭帝。

公元 960 年正月初一，忽然传来辽国要大举进攻后周的消息。后周朝廷赶紧派大将赵匡胤前去迎敌。不料赵匡胤却托言兵少将寡，不能出战。无奈之下，朝廷只得将最高军权托付给赵匡胤，给予他调动全国兵马的大权。于是，赵匡胤统率大军从东京城（今河南开封）出发，赶赴前线。当部队赶到开封北面的陈桥驿时，兵变发生了。此时为公元 960 年正月初三。

这一天的清晨，尚在睡梦中的赵匡胤被一阵嘈杂的人声吵醒，他还没来得及穿好衣服，房门就被人打开了。然后，就有人（赵光义和赵普）将一件皇帝穿的黄袍披在了赵匡胤的身上。

睡眼惺忪的赵匡胤将目光投向门外，只见一大群士兵已经齐刷刷地跪倒在地，口中高喊："万岁！万岁！"

此时，赵匡胤做出被迫无奈的样子，以很不情愿的口吻对部下说："你们自贪富贵，立我为天子，能从我命则可，不然，我不能为若主矣。"

拥立者当然一致表示"唯命是听"。

于是，赵匡胤当众宣布，我们不去前线打辽国了，先回开封称帝，同时与部下约定，对后周的太后和小皇帝不得惊犯，对后周的公卿不得侵凌，对朝市府库不得侵掠，服从命令者有赏，违反命令者族诛。

就这样，赵匡胤率兵变的队伍回师开封，把小皇帝柴宗训请下宝座，自己做了皇帝，并改国号为宋。大宋王朝建立了，赵匡胤也就成了宋太祖。

正史上叙述的陈桥兵变，仿佛赵匡胤是被部下胁迫，在万不得已的情况下才称帝的。这种情况可以套用一句流行语言形容："还没来得及思考，美好的事情就发生了。"不过也有史学家认为，整个陈桥兵变都是赵匡胤事先策划好的，他只不过是临时装出被迫无奈的样子，以掩饰自己的篡位野心罢了。

赵匡胤靠兵变篡夺了后周孤儿寡母的江山，自己这么夺了别人的江山，他也怕别人效仿，用同样的办法篡夺大宋的江山。出于对手握重兵的开国武将的忌惮，他就又导演了一幕"杯酒释兵权"的戏码。赵匡胤大摆筵席，请开国的武将们来赴宴。宴席之上，他对石守信、高怀德等高级将领说："若不是靠你们出力，我是做不了皇帝的，为此我很感念你们的功德。但做皇帝也太艰难了，我现在整个夜晚都不敢安枕而卧啊！"

石守信等人骇然，忙问其故，赵匡胤继续说："这不难知道，我这个皇帝的位子谁不想要呢？”

石守信等人听出话中有话，连忙叩头说：“陛下何出此言，现在天命已定，谁还敢有异心呢？”

宋太祖说：“不然，你们虽然无异心，然而你们部下想要富贵，一旦把黄袍加在你们身上，你们即使不想当皇帝，到时也身不由己了。”

诸位开国将领赶紧恳请皇上给他们指一条明路。

赵匡胤告诉他们：“人生苦短，人们所求的不过是富贵。我看你们不如交出兵权，多置良田美宅，好好享受人生，也为子孙挣得一份永久的产业。这样，我们君臣之间两无猜疑，上下相安，不是很好吗？”

第二天，石守信、高怀德等开国将军就纷纷上表，称自己有病，要求解除兵权，赵匡胤欣然同意。这就是历史上有名的“杯酒释兵权”。

通过杯酒释兵权，宋太祖赵匡胤将兵权从开国武将的手中收回，消除了造成五代十国混乱局面的藩镇割据制度。与此同时，赵匡胤还将地方的财权和官员任免权都收归了中央。如此一来，中央集权的帝国体制重新走上正常轨道。

完成了中央集权之后，赵匡胤将南方的割据政权一一征服。公元976年，宋太祖赵匡胤驾崩，他的弟弟赵光义继位，是为宋太宗。公元979年，宋太宗成功征服了山西境内最后一个地方割据势力——北汉，完成了统一中国的任务。

宋太宗还想着夺回契丹人占领的关内领土，遂发兵进攻辽国占据的幽州地区。但宋太宗的这次北征行动失败了，宋军大败，宋太宗本人也中箭溃逃。但他并不甘心，在公元986年再次进攻契丹。这次，宋军还没有到达幽州，就在今天的北京和保定之间，被契丹人击败了。契丹军队乘胜追击,一路进攻到河北南部。

宋太宗两次进攻契丹失败后,战争的主动权转到了契丹人统治的辽国手中。到宋太宗的儿子宋真宗当皇帝的时候,契丹人继续入侵中原,一直进攻到黄河边上,逼近宋朝的都城开封。一时之间,北宋朝廷不知所措,是战是和,动摇不定。幸好,在主战派大臣寇准的坚持之下,宋真宗赶赴澶渊(今河南濮阳市西),坐镇指挥。宋真宗御驾亲征,极大地激发了守城将士们的士气,挫败了契丹人的攻势,辽国大将萧挞凛在视察地形时还被宋军的床子弩射死。

契丹人进攻受挫,只好向宋朝发出议和的请求。于是双方缔结了澶渊之盟。两国称兄道弟,宋每年送给辽岁币银30万两、绢20万匹。而辽国则从新占领的河北南部地区撤军,向北退到今天的北京至大同一带。

澶渊之盟签订之后,宋、辽之间一百多年没再发生战争,双方礼尚往来,通使殷勤。辽国发生饥荒,宋朝会派人去赈济,宋真宗崩逝,辽圣宗也"集蕃汉大臣举哀,后妃以下皆为沾涕"。

以前,曾有史书认为澶渊之盟是宋人签订的一个屈辱的条约。今天看来,这种观点恐怕要加以修正。澶渊之盟对双方来说都有收获,辽国得了财物,宋朝也收回了一部分领土。尤其是,条约签订之后确实达到了实现长久和平的目的。因此,我们与其说澶渊之盟是宋人军事上和外交上软弱的表现,不如说它正是宋朝"以财富换和平"外交策略的一次具体落实。

◎延伸阅读:烛影斧声和金匮之盟

公元976年,宋太祖赵匡胤驾崩,其弟赵光义即位。在这场权力交接的过程中，就有了一桩“斧声烛影”的疑案。

这一年的十月十九日夜，阴风呼啸，霰雪纷飞。宋太祖赵匡胤召弟弟赵光义进入宫中，两人置酒对饮，并令宦官、嫔妃全部退下。

退到远处的宦官透过烛影看到，赵匡胤和赵光义兄弟两人时而畅饮，时而交谈，时而赵光义又离席做谦让之状。

兄弟二人的饮酒交谈持续了非常长的一段时间。三更都过了，这场夜饮还未结束。此时，殿外都已积下了一层厚厚的雪。忽然，宦官们从烛影中看到宋太祖赵匡胤手持柱斧（一种文房用具）击地，同时对赵光义高喊两声，“好做！好做！”然后便解衣就寝，鼾声如雷。这天夜里，赵光义也留宿在了宫中。将近五更的时候，宦官们发现宋太祖赵匡胤的房中寂静无声，进去一看，发现赵匡胤已暴毙。

宋太祖赵匡胤在斧声烛影之中暴毙，实乃千古难解之谜。有人说，宋太祖赵匡胤的死因是饮酒过量导致猝死；也有人说，是赵光义为了夺取皇位谋害了哥哥赵匡胤。但不管怎么说，宋太祖驾崩之后，赵光义以弟弟的身份继承皇位，是为宋太宗。

宋太宗继承皇位之后，曾于公元979年北征契丹，结果大败。宋军溃败之际，朝廷不知宋太宗本人是死是活，有人又准备拥立宋太祖赵匡胤的儿子赵德昭为新帝。宋太宗回来之后，非常害怕，后来干脆逼死了赵德昭。两年之后，赵匡胤的另一个儿子赵德芳也不明不白地死去，年仅23岁。

赵匡胤两个儿子的非正常死亡，再加上此前的烛影斧声事件，显然让人对宋太宗赵光义产生怀疑，这种怀疑甚至足以动摇其执政的合法性。不过，在赵光义当上皇帝的第六年，赵普献上一份密奏，赵光义的这块心病随之药到病除。赵普在密奏中称，早在公元961年，宋朝杜太后（也就是赵匡胤、赵光义、赵光美的生母）病重，太祖赵匡胤在旁侍疾，杜太后临终时召赵普入宫记录遗言，交代未来的皇位继承问题，劝说宋太祖赵匡胤死后传位给弟弟赵光义。这份遗书藏于金匮之中，名为“金匮之盟”。

金匮之盟到底是真是假，历来众说纷纭。如果说它是假的，正史上有白纸黑字的记录。可如果说它是真的，那如此重要的东西，为什么不在宋太祖赵匡胤死后的第一时间就拿出来？这也着实不合常理。

就宋朝当时的情况而论，金匮之盟的出现对于赵光义来说显然有雪中送炭之效。既然宋太祖赵匡胤传位给弟弟赵光义是奉母命而为，那么赵光义不但摆脱了谋害哥哥的嫌疑，而且继承帝位也是名正言顺的，其执政的合法性随之坚不可摧。

由于烛影斧声和金匮之盟均有种种疑点，不能证实，亦不能证伪，史学界将二者与陈桥兵变合在一起，称为“宋初三大疑案”。

◎观点提炼：大宋王朝的“蝴蝶效应”

现代模糊学有一种叫“蝴蝶效应”的理论，其形象的说法是：南半球一只蝴蝶偶尔扇动翅膀所带起来的微弱气流，几星期后竟变成了席卷美国德克萨斯州的一场龙卷风！原理就是，一件事物的初始状态非常重要，初始状态的极微小差异，往往会导致发展过程和结果的极大不同。对宋朝来说，陈桥兵变和杯酒释兵权就是蝴蝶扇动的两只翅膀,它明确无误地确立了宋朝重文轻武的立国原则。这一原则深刻地影响了整个宋朝的国运。宋朝后来在经济和文化上所取得的巨大成就与这一原则有关,宋朝后来在对外关系上的积弱不振也与这一原则有关。

宋太祖赵匡胤是由士兵拥立而当上皇帝的,但他称帝之后第一要务就是想尽办法抑制武将的权力。为了压制武将,宋朝就优待文人士大夫,让文人永远压在武人头上。宋太祖赵匡胤立有祖制:“不杀大臣及言事官。”这是一项极重要的政治遗嘱。两宋三百多年,历代皇帝都忠实地执行过这项祖制,对文人持一种少有的宽容态度。对于优待文人的理由,赵匡胤曾对宰相赵普说:“五代方镇残虐,民受其祸。朕今选儒臣干事者百余,分治大藩,纵皆贪浊,亦未及武臣一人也。”意思是,藩镇割据在五代时期造成的危害实在是太严重了,我大宋王朝坚决不能重用武人,转而重用文人,文官即便贪污腐败,其危害性也不及武将的十分之一。

为了显示对文人的优待,宋朝尤其重视科举。唐朝时期,文人中进士后还要再通过吏部的考试才能获得官职,但到了宋朝,考中进士者立即进入仕途。另外,唐朝录取进士,每年三四十人,多者不过百。到了宋朝,录取进士的人数大大增加了。太平兴国二年(公元 977 年),宋朝录取进士多达七百人。录取进士的人数多,考进士的人数当然就更多了。太平兴国八年(公元 983 年),应进士试者多达 10260 人,淳化二年(公元 991 年)更是多达 17300 人。

宋朝是文人的黄金时代,士人状元及第,是一件无上光荣之事。皇帝往往会亲自主持殿试,得进士者即为天子门生。若名次靠前,则必能在官场中快速升迁。因此,每当殿试后产生新状元,自公卿至庶民,无不前来围观。

宋朝如此优待文人,不仅很快就营造出了重文轻武的社会氛围,而且还造就了一套成熟的文官制度。皇帝在中央牢牢控制着军权、财权和用人权,然后用饱读诗书的文人去处理具体的行政事务,代替皇帝治理地方。这种文官制度显然比以前的贵族政治更为公正、合理,也比唐末至五代时期的藩镇割据局面更加安全。在宋朝之前,常有大将、后妃或者重臣夺权篡位的事情发生,但宋朝成立之后,再无大将、后妃或权臣篡权的事件发生。另外,通过大规模科举的方式选拔文官,成功地将大量人才(尤其是优秀的平民子弟)收罗到了政府之中。优秀的平民子弟可以通过科举进入官场,参与到国家管理之中,这等于开通了底层人才上升的通道,不致造成社会阶层板结、固化的弊端。所有这些,都使宋朝的政治比以前更加稳定,社会的经济和文化也更加繁荣。

现在的史学界一致认为,宋朝的经济和文化比唐朝还要繁荣。在宋朝开国的前六七十年,经济持续增长,整个社会也在文治思想的贯彻下呈现出蒸蒸日上的局面。宋朝的农业生产有了惊人的发展,在11世纪早期从越南引进了能快速成熟的双季稻,宋朝还修建了许多大型的水利工程,扩大了水稻的种植面积,这些都极大地提高了稻米的产量。在宋朝,种茶、纺织、漆器、烧瓷等技术也日趋成熟,并得到了广泛的推广。中国古代著名的四大发明,其中就有指南针、火药和活字印刷三大发明出现在宋朝,宋朝科技之强悍于此可见一斑。

商业贸易在宋朝得到了较好的发展,商业行会产生了,聚集大量人口的商业大都市也产生了。商业活动不仅局限在国内,而且还拓展到了国外。宋朝的茶叶和丝绸等商品深受辽、金、西夏等国的喜欢。宋朝从这些出口贸易中赚得的资金，不但足以偿付给这些国家的“岁币”，而且还可以购进北方的马匹及其他物资。

商业经济的飞速发展打破了自给自足的生产方式，使得整个社会出现了都市化和商业化的倾向。此外，随着科举制度的完善，大量平民子弟登上政治舞台，导致豪门贵族的政治影响日益黯淡，世袭的爵位在宋朝已显得不那么重要。由于整个社会重视文化和商业发展，相伴而来的是平等思想深入人心，高雅的文化和艺术追求开始受到空前的重视。可以这么说，两宋王朝最大的特点就是，在文治思想的指导下，整个社会向着商业化、都市化和平民化的方向迈进了一大步。两宋王朝在哲学、史学、文学、绘画、书法等各个文化领域均取得了骄人的成绩。著名历史学家陈寅恪先生就说：“华夏民族之文化，历数千载之演进，造极于赵宋之世。”

当然，宋朝重文轻武的国策也造成了显而易见的弊端，最明显的就是军事上的软弱，由于宋太祖赵匡胤对武人的深深忌惮，所以他在制度设计上就将统兵权和调兵权分开了，此举使得“将不知兵，兵不知将”，将帅和士兵之间不能形成生死相依的亲密关系，避免了武将发动兵变、颠覆政权的内忧。可是，这种制度设计也导致宋朝军队的战斗力比较低下，在对外作战中多采取防御的态势，不能像汉朝和唐朝那样具有主动出击的强大军事实力。军队战斗力低，就不得不大量招募兵员，兵员数量庞大，消耗了大量的军费。另外，宋朝优待文人，不但给文官比较高的俸禄，而且还形成了冗官。冗官太多，消耗了宋朝大量的财政。冗官和冗兵与日俱增，最终导致国家从富强转为贫弱。对此，钱穆先生说：“宋朝竭力想抑制武人，然而却根本不能去兵。宋朝又竭力想提高文治，然而亦根本不能对文吏有一种教育与培养。结果虽有兵队而不能用。兵队愈不能用，则愈感兵队之少而兵队反日增。文臣虽极端优待，而亦得不到文臣之效力。结果，文臣气势日高，太阿倒持，文臣一样像骄兵悍卒般，只来朘吸国家的精血。”

宋朝的变法

北宋王朝共有九个皇帝:宋太祖、宋太宗、宋真宗、宋仁宗、宋英宗、宋神宗、宋哲宗、宋徽宗、宋钦宗。在宋仁宗至宋神宗期间,北宋王朝进行了两次变法运动,分别为范仲淹主持的庆历新政和王安石主持的熙宁变法。这两次变法主要都是因为宋朝的财政困难而引发的,而宋朝的财政困难,又与宋朝的"冗官"和"冗兵"两大痼疾密切相关。

宋太祖赵匡胤建国之后,宋朝为了防止军阀割据,就将行政权、财权、军权都收归中央,同时尚文抑武,用文官治国,处处提防武官。宋朝大开科举,对考中科举的文人授予官职,此举导致官僚机构庞大臃肿,出现了很多"冗官"。此外,宋朝为了防止武将专权,实行"更戍法",即士兵定期换防,这就不得不大量养兵。这种做法导致宋朝"兵多而不精",军队中有大量的"冗兵"。"冗官"和"冗兵"消耗了宋朝大量的政府财政,致使宋朝财政每每入不敷出。

宋仁宗当政期间,宋朝与西夏作战。战事一起,宋朝的财政愈发窘困,几乎到了要崩溃的边缘。在对西夏用兵时,宋仁宗起用了范仲淹、韩琦,这两个人经略西北很有成绩。待西夏边患解除后,宋仁宗遂任命范仲淹、韩琦、富弼三人为相,并对三人施以特殊的礼遇,特开天章阁,召对赐坐,给笔札,让他们当面奏疏,陈述富国强兵的改革方案。

退朝之后，范仲淹等人上奏了一份《十事疏》，详细陈述了变法主张。范仲淹等人的变法主张，大致分三项：澄清吏治、富国强兵以及建立一套能让贤能者上升、让庸者退出的“黜陟”机制。这套变法的整体思路是：欲求强兵，必先富民；而欲行富民之政，必先从澄清吏治下手；而要想澄清吏治，就必须建立一套能者上、庸者下的机制。

对于范仲淹提出的变法主张，宋仁宗全部接受了，庆历新政由此启动。可是，范仲淹的改革主张引起了很多官僚的反对。宋朝有上百年的优待士大夫的传统，官员有很多特权。范仲淹推行变法，首先就要罢黜不合格的官员，将其赶出待遇优厚的官僚队伍，这不仅是动了官僚的奶酪，而且等于直接砸了一些人的饭碗。这样一来，怎么会没人反对变法呢？

庆历新政中有一项叫“择官长”，就是选择各路的转运按察使，再让他们负责来甄别下面的官吏。在选择各路转运按察使时，范仲淹翻阅班簿，发现不称职的人就一笔勾去，毫不留情。

见范仲淹罢黜庸官如此决绝，富弼不无担忧地说：“一笔勾之甚易，焉知一家哭矣。”（您一笔把他的名字勾掉很容易，可他的一家人都要痛哭的呀。）

范仲淹回答：“一家哭何如一路哭耶？”（让一家人哭总比一个地区的百姓都哭要好些吧？）

范仲淹坚决罢黜庸官的做法，对国家来说是十分正当的，可对一些官员来说却是灾难性的。官员是大宋王朝的既得利益集团，大多数的官员都不愿意看到自己的特权被剥夺，他们就联合起来毁谤新政，并指责范仲淹、韩琦、富弼、欧阳修等人是“朋党”。

在官僚集团的反对之下，范仲淹于庆历五年（公元1045年）被罢去参知政事之职，同一天，富弼被罢去枢密副使。不久，韩琦也被罢去枢密副使，欧阳修被罢去河北都转运使。至此，主持变法改革的主要人物全被逐出朝廷，实行了仅一年的庆历新政随之失败。

庆历新政失败后，宋朝的社会矛盾依然存在，土地兼并日益严重，宋朝的财政依旧空虚。很多人对这种积贫积弱的情况强烈不满，要求改革的呼声越来越强烈。正因如此，范仲淹被罢官不到三十年，一场规模更大、影响更深、争议也更大的变法继之而起，这就是王安石主持的熙宁变法。熙宁变法实际上可说是庆历新政的继续与深化——这两次变法的目标完全一致，都是为了实现富国强兵。

王安石绝对是北宋政坛上一个特立独行的人物，他志向远大，生活俭朴，道德学问都是一流的。他参加宴会时，吃菜只吃离自己最近的那一个，离自己远的都懒得去碰。别人科举中进士的时候都兴高采烈，可王安石考中进士时十分淡定。据说，公布科举成绩时，他连看都没看，因为他早就认定自己是重任在肩的人物，区区一个科举考试又算得了什么？怎么会考不过呢？果然，他轻轻松松地就以第四名的好成绩高中进士。科举成绩这么好，皇帝就想将他留在身边，但王安石又一次显示出了他的个性，他拒绝了人人艳羡的在皇帝身边工作的美差，主动申请到基层去做官。在基层工作的官员经常要参加酒局，但王安石偏偏滴酒不沾。他的全部心思，都用在了调查研究之上。此外，王安石还研究古书典籍，著书立说，以大胆的思想重新解释儒家经典。

公元1067年，宋神宗即位。这位年仅二十岁的皇帝血气方刚，心怀富国强兵的梦想，他久慕王安石大名，开始重用王安石，两年后，他任命王安石为参知政事，实行全面的变法。

王安石一上台，便实施了一系列整顿财政、加强边防的改革，史称“王安石变法”，因为这一系列变法发生在北宋熙宁年间，也称“熙宁变法”。

王安石变法内容主要也是三大项，针对宋朝财政空虚的问题，他从理财的角度实施了均输法、市易法、青苗法、农田水利法、方田均税法等，内容分别为：政府设立发运使，掌握各地的生产情况及政府的需要情况，按照“徙贵就贱，用近易远”的原则，统一收购和运输，以降低国家开支，是为均输法。

政府在某项商品价格偏低时买进，以防谷贱伤农，然后再在等价格回升时卖出，这样用行政手段调整物价的方法，既能稳定物价，国家又可从中获利，是为市易法。

政府在每年青黄不接的时候向农民放贷，利息为20%左右，夏秋庄稼收获之后再还本偿息。此举既可打击高利贷者对农民的盘剥，又可增加国库收入，是为青苗法。

政府鼓励垦荒，兴修水利，当地百姓可按贫富等级不同集资修建水利工程，也可向州县政府贷款修建水利工程，是为农田水利法。王安石还派人重新丈量土地，按照土地质量的优劣分级征收赋税，是为方田均税法。

针对宋朝兵多不精、国防力量太弱的现实，王安石实行了保甲法、裁军法、保马法、军器监法。保甲法的内容是将乡村农民加以编制，十家为一保，民户家有两丁（即两个成年男性）以上抽一丁为保丁，农闲时集中接受军事训练，寓兵于民，提升国防力量。

针对宋朝军队冗兵太多的缺点，王安石实行裁军法，规定士兵五十岁后必须退役，同时还对士兵进行各项测试，做禁军不合格者改为厢军，厢军不合格者则改为民籍，用这种办法裁减冗兵。

保马法是将原来由政府雇专人监养的战马改为由保甲户的百姓来替国家牧养。保甲户自愿养马,政府则可免除养马户部分赋税,此举可为国家节省了大量的养马费用。军器监法是指要严格督造兵器,提高武器的质量。

在改革人才的选拔方式上,王安石则颁布贡举法,废除明经科,而进士科的考试则以经义和策论为主,此外还增设了法科、武学、医学等专科学校,以培养专门人才。在太学之内,则根据上、中、下三种不同基础的学生进行有针对性的教学,是为太学三舍法制度。

王安石变法充实了政府财政,提高了国防力量,对豪强大户的非法渔利行为也进行了有力的打击,在一定程度上改变了北宋积贫积弱的局面。但是,变法在推行过程中由于用人不当及实际执行中的不良运作,给百姓造成了不同程度的伤害。

熙宁七年(公元1074年),天下大旱,大量流离失所的灾民涌向都城开封。在重大的天灾面前,人们怀疑是王安石的变法措施触怒了上天。一位叫郑侠的官员将灾民的惨状画成《流民图》,呈给宋神宗,并上疏请求罢除新法,疏称:“但经眼目,已可涕泣,而况有甚于此者乎?如陛下行臣之言,十日不雨,即乞斩臣宣德门外,以正欺君之罪。”

宋神宗看了《流民图》和郑侠的泣血上疏后,“反复览图,长吁数四”“是夕寝不能寐”。第二天,宋神宗下令开封府接受灾民,发放救济粮加以救助,同时暂停了向农民追索因青苗法、免役法而欠下的债务,方田均税法和保甲法也一并罢除。宋神宗亲下《责躬诏》,请求直言。恰巧,三日之后天降大雨,旱灾解除。辅政大臣入内祝贺,宋神宗趁机将郑侠所呈的《流民图》和奏疏拿给他们看,这些大臣“再拜谢罪”。经过此事之后,王安石的变法措施被废止，他本人也只好上表请求辞职。

熙宁八年（公元1075年），王安石再次拜相，但已经得不到更多支持，加上变法派内部出现了分裂，变法已无法推行下去。熙宁九年（公元1076年），王安石的长子王雱病故，王安石辞去宰相，从此隐居江宁（今天的南京），变法的各项措施陆续被废。

对于王安石变法，自变法实施之日起就有很多争论。这场变法取得了很大的成就，但问题也不少。对于变法失败的原因，美国汉学家费正清在《中国：传统与变迁》一书中说——

在历史上，王安石也同王莽一样，被视为“社会主义者”而毁誉参半，但他并不像王莽那样关注社会平等的问题。他的某些改革，如分级征收土地税，降息贷款和免役诸法，在经济、政治上都走在了时代的前面。其他一些措施，如政府控制物价和保甲制度不过是袭用前代的做法。他的变法自然引起了大地主、大商人和高利贷者这些既得利益者的坚决反对。由于大部分官僚也都是地主阶级出身，他们同样反对王安石变法。当时大多数的学者型政治家，如司马光、欧阳修、苏东坡等人都站在反对者的一边，而王安石也一直受到正统派史学家的严厉指责。

不过，官员和学者们的反对并不是由于阶级利益的原因，而是更为深刻地反映了当时这个官僚化国家的统治惰性。这种制度的僵化也是后世各朝的通病。同时，变法也在既定体制内部产生了混乱和失衡。因此，尽管王安石变法并未触动当时的根本制度，不过是对已往做法的反拨，但还是引发了尖锐的朋党斗争，并且在后来的几十年中愈演愈烈。1085年神宗驾崩，守旧派上台后立刻废除了新法。新旧两派力量的对比发生了转变,在党争中新法带来的经济、军事利益于是付诸东流,而党争双方后来也均为一场更大的政治灾难所吞没。

王安石变法的失败,在某种程度上标志着大宋王朝已经失去了自我革新、升级再造的能力,等待这个王朝的,也就只有灭亡的命运了。

◎延伸阅读:宋朝的新旧党争

宋朝重文轻武,而文人又多有爱争论的特点。

在王安石变法的过程中,宋朝就出现了新党和旧党之间的激烈争论。新党的代表人物是王安石,而旧党的代表人物则是司马光。

司马光被誉为“醇儒”,是北宋时期著名的史学家和政治家,其道德文章备受后人赞誉。他少年早慧,七岁时就能熟读《左氏春秋》,并做出了妇孺皆知的“砸缸救友”之事。司马光和王安石都是一流的士人、顶天立地的君子,二人之间的争论,绝非小人与君子之争,而是君子之间的因政见不同而引发的争论。比如就如何富国的问题,王安石主张开源,司马光主张节流;王安石颁布“青苗法”,司马光则表示不同意见,认为官府靠权柄放钱收息,要比平民放贷收息危害更大。二人因政见不同而产生了激烈的争论。

此外,王安石是南方人,他的变法主张代表着南方知识分子一种新兴的激进气息。中国幅员辽阔,南北方之间有很大的差异,王安石制定的一些变法措施,有些对于南方人有利,而对北方人则有害。司马光是北方人，他对王安石变法中一些不利于北方的主张就尤其敏感。因此他就成了旧党领袖，反对王安石变法。

公元 1085 年，宋神宗驾崩，宋哲宗即位。哲宗年幼，由祖母皇太后当政。皇太后向司马光征询治国方略，司马光建议“广开言路”，并呼吁对贫苦农民不能再加重负担，提出保甲法、免役法等是“病民伤国，有害无益”，请求废除王安石当初推行的这些新政。

皇太后接受了司马光的主张，并下诏令其回朝主政。司马光主政之后，很快就废除了王安石变法的各项政策。回朝主政仅一年，司马光也去世了。

王安石和司马光都是正人君子，两人之间的争论还属政见之争。但在他们之后，新党和旧党之间的“党争”非但没有停下来，反而愈演愈烈，直到演化成了人事之争、意气之争，双方从面红耳赤，吵到恨之入骨，到最后，连为什么争论都忘了，完全变成了为了打击对手而争，为争权夺利而争。旧党得势的时候，便把朝廷的新党官员全部赶走；新党得势的时候，也会把旧党的人物全部换掉。如此一来，宋朝政治在王安石变法之后就陷入到了党争的可怕泥潭之中。

宋哲宗时期，旧党得势，赶走了新党；到宋徽宗时，蔡京又把旧党定义为“元祐奸党”，还把司马光、苏轼等人的名字刻在石碑上，是为《元祐党籍碑》。后来，宋徽宗感到不妥，便将石碑销毁。可是若干年后，旧党的后人觉得自己的前辈被奸人列为“奸党”，反倒是一种光荣，于是他们又重新刻了碑。在翻来覆去的折腾之下，北宋王朝也走到了它的末日。公元 1127 年，金军攻下了北宋的都城汴京（今开封），俘虏了宋徽宗和宋钦宗两位皇帝，并将繁华的汴梁城洗劫一空，北宋就此灭亡。

◎观点提炼:宋朝两次变法的差异

宋朝的两次变法,目标虽然一致,但二者亦有不少值得玩味的差异之处。就主持变法者的遭遇而言,钱穆先生就说:“反对范仲淹的,全是当时所谓小人;而反对王安石的,则大多都是当时的所谓君子。”甚至连当时赞同范仲淹变法的诸君子,如韩琦、富弼、欧阳修等,亦反对王安石。

为什么会出现这么大的反差呢?原因很多,一方面跟人有关。首先,范仲淹跟王安石两人的作风就不一样。范仲淹可说是宋代士人的精神领袖,他写下的“先天下之忧而忧,后天下之乐而乐”的名句,不知激励了多少后人。范仲淹本人极力推举人才,其道德文章备受推崇。正因如此,后人推崇范仲淹,并不在于他主持变法所取得的事功,而在于在他人格之高尚与推奖人才之宗师风范。王安石则不一样,他本人的道德文章虽也没有大的瑕疵,但他主持变法之际却为小人所包围,自己也为小人所利用。当时反对王安石的人,如司马光、苏轼等,所反对的也不是王安石的人品,而是他推行的政策过于激进以及他的所用非人。主持变法者的作风不同之外,支持变法的两位皇帝气质也有很大的差异。支持范仲淹变法的宋仁宗是一个比较温和的人,变法一旦遭到强烈反对他就不再坚持了;而支持王安石变法的宋神宗则是一个乾纲独断之人,变法尽管遭到强烈反对,他也坚决推行。

此外,庆历新政与熙宁变法在改革的侧重点上也有细微的差异。范仲淹庆历新政的侧重点特别重视澄清吏治,而王安石熙宁变法的侧重点则在于国家富强。因此后人说范仲淹是儒家，而王安石为申韩之士（法家）。范仲淹的政见，先重视选拔贤人，而后再推行法治；王安石似乎只重视法治的推行，而不在意执行者的人品。正是因为这个原因，范仲淹的身边有一大批君子，而王安石则为小人所包围。

王安石变法之所以最后失败，也与他仅重视法治，而忽视执行者的人品有莫大的关系。一项政策要想取得好的成效，不但政策本身要好，执行政策的人也非常关键。如果仅有好的政策，而没有选好执行之人，那么好政策也会被执行得变形走样，造成种种弊端。依宋朝当时的情况，不先澄清吏治，不足以宽养民力；不宽养民力，不可能富国强兵。王安石变法，一面忽略了人的问题，一面又抱有急切的富国强兵的心理期待，所以在执行的过程中就造成了对民众的种种盘剥。如此一来，王安石变法在上层受到官僚阶层的强烈反对，在底层又出现与民争利的致命弊端。两面夹击之下，变法最终失败也就不可避免了。

偏安的南宋

公元1127年,金兵攻占北宋都城汴京之后并没有长期占据,而是抢掠一番就撤军了。撤军时他们立张邦昌为伪楚皇帝。

张邦昌原为宋臣,后来才投降了金国,百姓因此对他恨之入骨。金兵撤走之后,张邦昌根本无力统治宋朝的旧地,无奈之下,他只得以孟太后之名下诏书,立宋钦宗的弟弟康王赵构为帝,是为宋高宗,南宋王朝由此开始。

宋高宗登基的第二年,金国以张邦昌被废为名,再次大举南侵。宋高宗一路南逃,他从陆地逃到海岛,又从海岛逃到船上,总算没有被金兵捉住。

金兵追击到南方之后,金兵在地形上已经处于劣势。江南河汉纵横,已不再是便于骑兵纵横驰骋的北方平原。在追到浙江的时候,金兵又遇到了风暴,被宋军击败。随后,宋朝名将韩世忠在黄天荡击溃了金兵。这样一来,金兵无力再战,只好撤军北还。于是,宋高宗将都城迁到临安(今杭州),稳定了政局。

乘金兵疲惫之机,宋朝将领率军收复了几个战略要地。其中最有名的将领就是岳飞,他率领岳家军抗击金兵,几乎从未战败过。金兵对岳家军闻风丧胆,发出了"撼山易,撼岳家军难"的感慨。

公元1140年,岳飞率军北伐,打到了距离汴京不远的郾城。

在这里，岳飞指挥的岳家军战胜了金兵统帅完颜兀术指挥的金国王牌军。至此，南宋的北伐形势一片大好。岳飞也雄心勃勃，与部下相约"直捣黄龙府，与诸君痛饮！"

可就在此时，南宋王朝向岳飞连下十二道命令，催促岳飞退兵回朝。原来，宋高宗并不打算乘胜追击金兵，收复失地。他主张向金国求和，以确保自己的统治。

岳飞无奈，只得退兵。班师回朝之后，宋高宗和宰相秦桧又以"莫须有"的罪名将岳飞下狱，并于当年除夕前夜（公元1142年）杀害了岳飞。

岳飞是南宋主战派的灵魂人物，岳飞被冤杀后，几乎所有支持过岳飞抗金的文武官员都遭到了贬斥。至此，南宋的"主和派"控制了朝政，北伐事业付诸东流。就在岳飞被冤杀的这一年，南宋与金签订协议，将金人占领的整个华北地区拱手相让，大宋王朝只保住了长江流域以及福建、广东等华南地区，成了一个偏安的王朝。

宋高宗之后，宋、金两国各自发展，相对稳定。金国也有过几次南侵行动，但都半途而废。南宋也在宋孝宗年间进行了北伐，同样未取得实质性成果。

到了13世纪，金国的实力大不如前，不但已经无力南征，而且还要时刻提防来自西北日渐兴起的蒙古军队。

到了此时，历史出现了惊人相似的一幕。北宋与契丹人建立的辽国对峙的时候，东北地区的女真部落迅速崛起，建立了金国。后来，北宋和金联合进攻辽国。在北宋的帮助之下，金国于公元1125年灭掉了辽国。随后，金国又于1127年灭掉了北宋。到了南宋与金国对峙之时，蒙古人在北方草原迅速崛起。公元1206年，铁木真统一蒙古各部，号"成吉思汗"。他和儿子窝阔台多次率大军进攻金国。这时,南宋又与蒙古人联手攻击金国。这仿佛是把当年北宋与金国联手攻击辽的剧目重演了一遍,只不过角色稍稍变换了一下而已。公元1234年,金国被蒙宋联军攻陷,金哀宗自缢,金灭亡。

金灭亡之后,南宋不仅没有换来和平,反而还要面对更为强大的敌人——蒙古大军。公元1235年,蒙古大军不断南侵,被宋击退。但蒙古军队并不甘心失败,之后又多次南侵。

公元1260年,忽必烈夺得汗位。夺得汗位之后,忽必烈重新启动消灭南宋的计划。公元1267年,蒙古军队大举伐宋。公元1271年,忽必烈改国号为“大元”,次年定都大都(今北京),元朝正式建立。公元1276年,蒙古大军围困南宋都城临安,谢太后携年仅五岁的宋恭帝投降,交出了传国玉玺。

南宋一些旧臣不愿投降元朝,就组建流亡朝廷,坚持与元朝军队斡旋。公元1279年,南宋的最后一支军队与元朝的军队在崖山(今广东新会南崖门镇)展开决战。宋军战败,宰相陆秀夫背着八岁的宋帝赵昺投海而死。这对君臣以死殉国的一幕是大宋王朝极为悲壮的尾声。

宋朝的灭亡,可说是中国农耕文化盛极而衰的一个结果。宋朝是中国历史上经济最繁荣、文化最昌盛、艺术最精深、科技最发达、人民生活水平最富裕的朝代。宋朝在航海、造船、医药、工艺、农技等方面都达到了前所未有的高度。有人估算,宋代的GDP已经占到全球的50%,是当时世界的第一经济大国。宋朝的商品经济非常发达,有些地方甚至已经出现了资本主义萌芽。可是,宋朝有一个致命的弱点,那就是一直奉行“重文轻武”的国策,造成军事实力太弱,根本不足以抵挡游牧民族的进犯。

与宋朝相比,契丹、女真、蒙古等游牧民族,常年在马背上打猎,其日常生活与战争状态相差无几,所以他们更加骁勇善战。一个经济繁荣、百姓富庶、生活安逸却又武备不足的政权,往往会被文化落后、武力强悍的部落政权所打败。在西方,经济繁荣、文化发达的罗马帝国就毁于蛮族入侵之手,此事与宋朝为辽、金、元所困、所灭是一个道理。

中医上讲,一个人要想健康长寿,就要保持各器官的和谐运转,“金、木、水、火、土”要“相生”,而非“相克”。一个人是这样,一个国家亦是如此。一个国家既要搞好内政,也要搞好外交;既要发展经济和文化,也要增强国防力量。文明程度和武备实力缺一不可,且不可偏废。宋朝灭亡的教训就在于,一个经济富庶、文化繁荣的王朝,却没有足够的武备力量来保护自身的文明。

与宋朝形成鲜明对比的王朝是秦朝,秦有极强的武力,南征北战,穷兵黩武,在开疆辟土方面极有建树,可在内政方面却管理得一塌糊涂,以严刑峻法治理国家,最后激起了农民起义,王朝也随之土崩瓦解。秦朝的致命弱点是“武太盛,文太弱”,而宋朝的痼疾则是“文太盛,武太弱”,两个王朝的气质迥异,但他们都没有处理好文武之间的平衡,秦朝是“武克文”,宋朝是“文克武”。

◎延伸阅读:宋代理学——儒家学说的新发展

宋朝是一个文化极其发达的朝代，体现在哲学思想上就是宋人将儒家思想发展到了一个新阶段——理学阶段。

宋朝人研究儒家思想的主流是探讨义理、性命之学，所以后人称之为宋代理学。 理学是儒家思想的宋代化，是宋人在借鉴佛教、道教思想之后发展起来的一整套的思想体系。 北宋时期的石介、胡瑗、孙复被称为理学三先生，但实际的开创者为北宋五子，即邵雍、周敦颐、张载、程颢、程颐。这其中，周敦颐是宋代理学真正的开山鼻祖，他将道家的无为思想和儒家中庸思想加以融合，阐述了理学的基本概念与思想体系。而宋代理学的集大成者，则非朱熹莫属。

朱熹生活在南宋孝宗至宁宗时代，他继承了程颢、程颐的学说，完成了儒学的复兴。在中国思想史上，朱熹是孔子、孟子之后又一伟大的儒学大师。他的学术思想被后人称之为“朱子学”。

朱熹认为，宇宙中间有一定不变的“理”，“理”是事物最完备的形式与标准。万物有万理，万理的总和是“太极”。要想了解和体认“太极”，就必须从“格物致知”做起，多穷一物之理，就能够多一些体认“太极”。

朱熹有着渊博的学识和精密的分析方法，他不仅能从哲学的高度重新阐释儒家的经典，而且还善于以具体化、通俗化、生活化的方式推广儒学教育。而他对后世影响最大的，也正是他对儒学普及化、通俗化的解释著作。他编著的《四书章句集注》，以理学思想重新解释《论语》《大学》《中庸》《孟子》。此书后来成为官方的儒学教科书，影响深入人心。直到今天，我们要学习儒家的“四书”，朱熹的《四书章句集注》依然是最重要的参考书目。

此外，朱熹还编著了《小学集注》，旨在教育青少年遵守道德规范；他编写《论语训蒙口义》《童蒙须知》，提出了一整套操作性极强的少儿行为规范，涉及少儿的衣食住行及说话、读书、写字等各个方面，其核心思想就是教孩子如何“修身”，即在生活中要懂得“持敬”，保持外表与内心的统一、整肃，而不可放逸、放纵自己。

朱熹这样一位道德学问极佳的儒学大师，在其生前竟然也受到当权派的严厉打压。他的学说被污蔑为“伪学”，他本身也被泼污水，说他霸占已故友人的家财，还说他与尼姑有“不正当的男女关系”。公元1200年，朱熹在政治高压之下，孤独地离开人世。九年之后，他的冤案得到昭雪，朝廷为朱熹恢复了名誉，他的学说也不再是“伪学”，门生也不再是“伪党”。公元1227年，宋理宗下诏，追赠朱熹为太师、信国公，提倡学习他编著的《四书章句集注》。从此之后，朱熹的学说由“伪学”变身为官方学说，成了显学，后世甚至科举取士都一直以朱熹对儒家经典的解释为标准答案。

◎观点提炼：宋、辽、金、西夏的列国体系

中国传统的王朝叙事将宋代作为中国的正统王朝，而将辽、金、西夏放在中国史的圈外，这样的叙事方式在今天看来已经不可取了。宋朝固然是历史更迭中的正统王朝，但它的疆域并没有涵盖汉唐时期的全部。汉朝和唐朝时期的中国疆域，不仅包括宋朝的国土，还要包括辽、金、西夏的疆域。因此我们可以说，两宋时代的中国，并不是一统天下，而是一种列国体系，即宋朝和辽、金、西夏等几个同时并存的王朝共同构成了那一时期的“中国”。

辽、金、西夏与宋朝之间的关系，并不同于过去匈奴、突厥和中央王朝之间的关系。原因就在于，匈奴、突厥在汉唐时期并不是完整意义上的国家，他们入侵边境，主要目的就在于掠夺财富和人口。而辽、金、西夏则不同，他们都建立国家，与宋朝时战时和，其最主要的目的并不在于掠夺土地，而是要求宋朝向其“纳贡”，给予丝帛和金银。他们甚至还将宋朝赠予的丝帛，转卖到

西方，以牟取利润。也正因为这个原因，宋朝对这几个北方敌国也不以常规的军事打击为首选，而是以金钱来购买和平。宋朝在向北方敌国购买和平的同时，也从这些国家购买马匹。在和平时期，宋、辽之间还联手做过香料贸易，宋朝将南海诸岛上出产的香料转运到辽国，再由辽国运往西方。如此一来，宋朝增加了香料出口的贸易额，辽国也获得了香料贸易的中转利润。这样的关系俨然是国与国之间的贸易合作，与汉唐时期以军事手段打击匈奴和突厥等游牧部落的方式大不相同。

就文化而言，辽国和西夏都相当程度地接受了中国文化，也与汉唐时代的匈奴、突厥不可同日而语。在当时，人们在方式上虽然也有南方和北方之分，但即便是北方的胡人国家（如辽和西夏），他们的文明也达到了相当高的程度。西夏国生产的钢剑锋利无比，质量比宋朝人生产的还好。辽国由于较好地继承了唐代文化，他们的医术和算术也早已普及到了民间，其水平也与宋人不相上下。而且，辽国和西夏的知识分子也与宋朝的士人一样，学习的都是中国儒家的典籍。这两个国家都创造了自己的文字，整体的文化水平并不低下。这也说明，到了宋朝时，北方游牧民族的政权也学习了中原地区的先进文化，已经非常汉化了。

元帝国的兴衰

蒙古是一个古老的民族，其祖先是室韦人的一支，与鲜卑、契丹同属一个语系。隋唐时期，蒙古人分布在大兴安岭北端、额尔古纳河一带，被称为鞑靼，受制于突厥。唐朝强大之后，不断打击突厥，蒙古人趁机摆脱了突厥的控制，转而投靠唐朝。也就是从那时起，他们不断西迁，进入了蒙古高原一带。

蒙古人在漠北草原上形成了许多个部落。为了掠夺人口、牲畜和土地，这些部落之间不断发生战争。最后，草原英雄铁木真统一了蒙古各部，在公元 1206 年登上蒙古大汗的宝座，被尊为成吉思汗。

统一之后的蒙古帝国迅速走上了对外扩张之路。公元 1218 年，蒙古大军灭掉了西辽国；1219 年，成吉思汗以蒙古商队被劫杀为由，亲率大军西征花剌子模国。蒙古大军横扫中亚西亚、波斯和印度的广大地区。西征之后回途的过程中，蒙古军队又一举灭掉了西夏。

就在攻取西夏的前夕，成吉思汗去世，他的三子窝阔台继承汗位。他又发动了对金国的进攻。南宋王朝此时犯下了重大的战略错误，与蒙古人达成协议：联手进攻金国，灭掉金国后，黄河以南的领土归宋，黄河以北的领土归蒙古。南宋王朝的这种决策无异于引狼入室。待灭掉金国之后，蒙古大军随即把南宋列入了征服名单。

灭掉金国的第二年，窝阔台再次做出西征的决定，远征今天的俄罗斯、波兰、匈牙利一带。蒙古西征军攻势凌厉，攻下了莫斯科、基辅之后，挥师进入今天的波兰和匈牙利，并在波兰南部打败了波兰和德国的联军。随后蒙古大军又征服巴格达、侵入了叙利亚。经过多年战争之后，蒙古人在欧亚大陆的腹地建了四个大汗国：钦察汗国，统治区域在今天东欧、俄罗斯的欧洲部分和北高加索地区；察合台汗国，统治区域在今天天山南北及阿姆河、锡尔河之间；窝阔台汗国，统治区域在今天新疆、中亚一带；伊儿汗国，统治区域在今天伊朗、伊拉克一带。四大汗国横跨欧亚大陆，地域空前辽阔。

公元 1260 年，成吉思汗的孙子忽必烈继承了蒙古汗位。1271 年，忽必烈改国号为“大元”，定都大都（今北京），元朝正式建立。1276 年，元军攻克南宋都城临安。随后，元军以摧枯拉朽之势追击坚持抵抗的南宋军民，1279 年，元军在崖山之战中打败宋军，彻底消灭了抵抗势力，统一了中国。

接下来，忽必烈又在亚洲发动了几场战争。他于 1274 年和 1281 年派兵远征日本，但是，蒙古舰队被一场突如其来的海上台风刮散，攻占日本的行动宣告失败。同样，蒙古人曾试图远征越南、缅甸等地，也因海战不利而宣告失败。这说明在陆地上纵横驰骋、骁勇善战的蒙古军队，在面对茫茫大海时便丧失了他们的优势，不能继续取得攻无不克的战绩。

元朝的版图空前辽阔，民族和种族的问题也就变得非常复杂。可是，元朝处理民族问题的政策却相当粗暴：按照征服的先后顺序，将人分为四个等级。第一等蒙古人；第二等色目人，指的是从中亚到欧洲那一带种类繁多的民族；第三等汉人，指的是消灭南宋之前所征服的汉人、女真人和契丹人等；第四等是南人，指的是最后征服的南宋人。元朝的法律还明确规定，蒙古人、色目人殴打汉人和南人，汉人和南人不得还手，只能向官府申诉。即便汉人和南人被打死，行凶者也不过是出一些丧葬费而已；可若第四等人杀了第一等人，那问题就严重了，不但行凶者本人要被处死，他们的家族都要受到牵连，家产还要充公。

元朝法律还规定，汉人不得打猎，不能习武，不得聚众买卖、祭祀，不能夜行。在任用官吏方面，中书省、枢密院、御史台等重要部门的官职非蒙古人不授，就连次要的地方官职也多由蒙古人和色目人担任，汉人和南人一般是当不上官的，即便当官也只能是做为蒙古人和色目人服务的事务性官吏。

蒙古人长于征伐，短于治理。当年成吉思汗的儿子和功臣都被赐予数量可观的土地，他四个儿子所统治的四大汗国，就相当于四个独立王国。这样的治理结构，显然易于分裂而不利于统一。果不其然，到了忽必烈统治时，他便不能成功处理家族内部的关系了。先是钦察汗国拒绝承认忽必烈的宗主权，随后察合台汗国也分裂了出去，伊儿汗国虽然名义上依附元世祖忽必烈，但也因地域的阻隔而自成一体。如此一来，忽必烈的蒙古大汗之位有名无实，并不能号令蒙古帝国各部，他所能做的就是做好中原人的皇帝。

元朝也确实在忽必烈的统治下取得了一些成就：忽必烈学习用儒家学说来治理国家，启用了一批汉族官员，改革了一些落后的蒙古旧制，采用中原王朝的政治体制。这些实行汉化的措施使忽必烈赢得了明君的称号，也在一定程度上缓和了阶级矛盾和民族矛盾。可惜的是，忽必烈死后，元朝的统治迅速恶化。他之后的皇帝，有的在权力争斗中失败，有的早夭，有的被刺杀，有的荒淫无道。统治者的昏聩加速了元朝灭亡的脚步,至元顺帝时,政局动荡不安,民族矛盾和阶级矛盾日益尖锐,汉人不断在各地造反。

公元1344年,黄河下游决口,淹没了大量的农田,许多农民流离失所。元朝下大力气治理水患,直到1351年,元朝征调了二十万民夫修筑河堤才解决了黄河水患问题。可就在治理黄河水患的过程中,活跃于江淮地区的白莲教首领韩山童领导了大规模的农民起义。随后,徐寿辉、郭子兴、陈友谅、方国珍、张士诚等豪杰都聚众起义。

在风起云涌的反元起义大军之中,朱元璋趁机崛起,麾下聚集了不少精兵强将。他在南方消灭了陈友谅、张士诚、方国珍等其他起义军,随后出师北伐,痛击元军主力。此时的蒙古军队早已失去了当年神勇。

朱元璋击溃元军主力之后,于公元1368年在应天(今南京)称帝,建立了明朝,元朝在中原的统治宣告结束。随后,朱元璋派大军追击北逃的元军,攻克了元朝的都城大都。元顺帝仓皇北逃,在漠北又维持了数十年的政权,史称"北元"。到1399年,北元政权灭亡。至此,这个蒙古人创建的跨欧亚大陆的元帝国烟消云散。

蒙古政权在历史上迅速崛起,建立元朝后又迅速衰落。整个过程就像蒙古大军的骑兵一样,快速冲杀,抢掠,然后又快速离去了。蒙古民族靠着快马弯刀创建了一个地跨欧亚的大帝国,这样的血腥征服对西夏、金、宋及中亚各国来说都是一场巨大的灾难。就中国历史而言,蒙古人灭宋建元也导致了经济和文化的倒退。元朝的建立,使中国第一次完全被北方游牧民族所统一,华夏文明也第一次全面受挫于少数民族入侵。此事对国人的心理影响十分巨大。可以说，自元朝之后，中国的帝国制度就开始走下坡路，中国的思想文化发展也失去了汉唐时期元气充沛、昂扬向上的博大气象。

不过，英国著名历史学家汤因比站在文明交流的角度也看到蒙古人创建元帝国的积极意义，他指出：蒙古帝国使得许多区域性文明发生相互接触。他说，在那一度秩序井然的欧亚大平原穿越往返的使团，其文化上的作用远较政治上的成果重要得多。蒙古人凭借强悍的武力打通了欧亚大通道，他们在战时的征服路线，在和平之际变成了贸易路线。沿着这条线路，波斯人、阿拉伯人、犹太人源源不断地来到中国，确实“使得许多区域性文明发生了迅速的接触”。

◎延伸阅读：鲁班天子元顺帝

元顺帝是元朝的末代皇帝，他很聪明，受过良好的汉学教育，还特别擅长书法。可惜的是，元顺帝并没把聪明才智用在治国理政之上，而是用在了钻研木工和建筑上。史书记载，元顺帝曾设计出一艘长一百二十尺、宽二十尺的大龙舟。这艘豪华的大龙舟行驶在水中，就像真龙一样，眼睛、嘴巴、爪子、鬃毛都会动。龙舟之上，有吃的地方，游玩的地方，也有开会的地方，不同的地方有不同的设计；文武百官在这个龙舟上也有不同的房间，不同的房间有不同的摆设，可谓构思精巧、美轮美奂。就连龙舟上水手所穿的衣服，都是元顺帝精心设计的，“上用水手二十四人，身衣紫衫、金荔枝带、四带头巾，于船两旁下各执篙一”。

元顺帝的才华在设计龙舟上得到了淋漓尽致的体现，老百姓为此特意送给他一个绰号：鲁班天子。因为鲁班是木匠的祖师，是能工巧匠的代名词。据说，元顺帝听到百姓如此称呼自己还很自豪呢。

此外，元顺帝还发明了一种钟漏，也就是原始的自鸣钟。这只钟漏每天在固定的时间会自己鸣叫，而且钟上的狮凤还随着叫声翩翩起舞。

待明军攻克元大都时，元顺帝发明的这只钟漏被作为战利品献给了明太祖朱元璋。朱元璋看后说："废万几之务，而用心于此，所谓作无益害有益也。使移此心以治天下，岂至亡灭？"

说完，朱元璋就命人将这只钟漏捣毁了。

◎观点提炼：草原帝国及征服者的命运

中国历史教科书通常都将元朝列为中国的朝代之一，顺带着也将成吉思汗建立的蒙古大帝国视为中国的一个政权。对此，历史学家许倬云持不同看法，他说："我们不能承袭旧习惯，将这一个外族征服的时代简化处理，实际上蒙古帝国并不以中国为主体，应是中国朝代历史的一个变形。"原因就在于，成吉思汗建立的庞大帝国，东到东北亚，西到中亚、中东，南到印度半岛。蒙古大汗是由若干个汗国共同推举的，成吉思汗的四个儿子各有领地，称为四大汗国。中国部分和蒙古草原的东半边则由小儿子拖雷管理。在这样一个多元共存的大集团中，中国虽然已经全部被蒙古征服，但也不过是蒙古大汗国中的五分之一，而且还是较小的部分。

后来，忽必烈建立元朝，统治中国部分，这等于是自成格局，在他治理下的疆域，可称为“中国”。但蒙古帝国屡次选举大汗，忽必烈并没有得到其他汗国的一致拥护，他的大汗之位是自封的，有名无实。可以这么说，我们对成吉思汗时期建立的大蒙古帝国和忽必烈建立的元朝要区别对待，因为成吉思汗所征服的大部分地区，并不在中国范围内。理性的态度应该是：中国人既不能将成吉思汗所征服的广袤疆域据为己有，同时也不必将忽必烈创建的元朝当作中国以外的历史。

总的来说，蒙古王朝是一个征服王朝，在征服的过程中造成了许多灾难，不仅改变了中国的社会格局，甚至也在一定程度上改变了世界的政治和文化格局。不过，在使用暴力征服欧亚大陆的过程中，蒙古帝国并没有形成一个统一而稳定的国家体制。在成吉思汗之后，尤其是在忽必烈之后，蒙古帝国逐渐解体。其中，钦察汗国的统治权逐渐转移，俄国从钦察汗国独立出来。而察合台汗国、窝阔台汗国、伊儿汗国则几经演变，成为后世的帖木儿帝国和莫卧儿帝国。

大蒙古帝国的各个汗国，在其演进中都经历了一个本土化的过程，并且最终被统治地区的文化所同化。钦察汗国最后被俄罗斯化，察合台汗国、窝阔台汗国、伊儿汗国的绝大部分地区则都被伊斯兰化，忽必烈所建立的元朝更是被汉化了。靠着快马弯刀横扫欧亚大陆的蒙古帝国，其后裔最终被同化、融入广袤欧亚大陆的各种人群之中，他们改变了生活方式、改变了语言、改变了信仰，有的甚至已经忘记了祖先曾经是蒙古人这一久远的历史。

第五辑

从帝国到共和——明清民国

“雄猜之主”朱元璋

公元1398年，明朝的开创者朱元璋在做了整整三十年的皇帝之后去世。去世之前，他在遗诏中说：“朕膺天命三十有一年，忧危积心，日勤不怠，务有益于民。奈起自寒微，无古人之博知，好善恶恶，不及远矣。”他说自己一辈子为了国家十分操劳，但毕竟没有文化，比古人差得很远。应该说，朱元璋还是个有自知之明的人，他对自己的这个评价还是十分恰当的。

朱元璋是大明王朝的开创者，他出身底层，文化水平不高，少年时期给地主放过牛，当过和尚，还一度以乞讨为生，生活十分艰辛。当上皇帝之后，他以性格孤僻严厉著称，他猜忌手下大臣，常常大开杀戒，堪称冷酷无情。他不信任任何人，所做的一切努力都是为了把大权控制在自己手里，是有名的“雄猜之主”（钱穆语）。

公元1380年，朱元璋以“擅权枉法”的罪名诛杀了丞相胡惟庸，并下诏废除丞相制度：“以后嗣君毋得议置丞相，臣下有奏请设立者，论以极刑。”自秦朝以来辅佐天子处理朝政的丞相制度，自此废去。

废除丞相之后，朱元璋将原属于中书省的权力分解到六部之中，然后设立“大学士”一职，由若干大学士组成一个隶属皇帝的内阁，代皇帝草拟诏书、御批，并处理日常公文，协助皇帝处理政务。大学士们最初手中并无实权，只能奉皇帝之命行事。可是发展到后来，大学士们的权力开始变大，到了张居正时期，首席大学士已俨然握有丞相之权。

废除丞相之外，朱元璋开的另一个坏头就是“廷杖”大臣——在朝廷之上当众责打大臣，这严重违背“刑不上大夫”的古训，是对士大夫人格的一种严重羞辱，也是对士人精神的一种粗暴践踏。

宋太祖赵匡胤有感于唐朝中叶以后武人的飞扬跋扈，所以在宋朝实行“尚文抑武”之国策，优待士大夫。经宋朝养士三百年的积淀，中国已然形成了一种尊重士人、崇尚士气的风气，也形成了一种士大夫勇于担当、辅佐天子治理国家的士人政治传统。可朱元璋建立明朝之后，既不信任跟自己一起打天下的功臣，也不信任饱读诗书的士大夫，甚至觉得两者都会对皇帝的权力构成威胁。于是一面大开杀戒、制造冤案、诛杀功臣，一面又以“廷杖”之法羞辱、摧折士大夫，强迫其彻底臣服于皇帝的权威之下，只能为皇帝所用而不能为皇帝所患。朱元璋的这种想法、做法全从有利于皇帝专权的角度考虑，而不顾及整个社会的均衡、健康发展，实乃是一种将私心置于国家之上的做法。

此外，为了加强皇帝集权，朱元璋还创办了特务机构锦衣卫。锦衣卫直接听命于皇帝，为皇帝搜集情报、替皇帝监督、缉捕大臣。锦衣卫享受特权，可以逮捕任何人，包括皇亲国戚，并且不用公开的审讯就可以处决被捕者。锦衣卫所设立的监狱称为“诏狱”，即皇帝特批的监狱。朱元璋为大肆屠戮功臣而制造的“胡惟庸案”“蓝玉案”就都是通过锦衣卫来实施的。在胡惟庸案中，通过不断牵连，有二十多位公侯大将被灭族，被诛杀者竟有三万多人；在蓝玉案中，被牵连诛杀的也有一万五千多人。经过朱元璋这两次有预谋的大清洗，明朝的开国元勋几乎被铲除殆尽。

恐怖统治使明朝初年的官场人人自危。官员每天上朝，不知是否可以平安回家，以至于出门前都要与妻子诀别，吩咐后事。因此，清代学者赵翼批评朱元璋为“残忍实千古所未有”。

当然，在屠戮功臣的同时，朱元璋也痛恨贪官污吏，惩治贪官的力度也前所未有。他规定，凡是贪污到白银六十两以上者，就要“枭首示众，剥皮楦草”——朱元璋将贪官处死还不解恨，还要把他们的皮剥下来，里面塞上稻草，以这种极其惊悚的方式警告官吏不可贪污腐败。据统计，在朱元璋统治的洪武一朝，大小官吏因贪污腐败而遭受枭首、凌迟、族诛的，就有几千例，被杀头的官员更是有一万多人。在朱元璋的严厉惩治下，明朝初期的吏治比较清明，人民所受的压迫大为缓解。

朱元璋也同情百姓，实行轻徭薄赋的税收政策，同时鼓励垦荒，兴修水利。这些措施促进了明朝农业的发展，对维护明朝社会的长期稳定也起到了重要的作用。

朱元璋也重视文化教育，他大力兴办学校，完善了一套自中央到地方的教育——科举系统。不过明朝的科举有它的问题，那就是完全以朱熹注释过的儒家经典（尤其是“四书”）作为考试的依据。儒家学说中本来有士大夫劝谏、批评君王的传统，但朱元璋讨厌这一点，遂删掉了儒家经典中这部分内容，就连《孟子》一书中的有些章节都遭到了朱元璋的粗暴删除。经过这样的改造之后，明代儒生所接受的教育基本上也可说是一种洗脑教育，这种教育的核心目的就是把人培养成绝对效忠君王的奴仆。

朱元璋身为明朝的开国之君，统治国家喜欢杀伐立威，他通过制造冤案屠戮功臣，通过廷杖摧折文武大臣，通过剥皮楦草震慑贪官,其种种严酷手段都是为了将大权集中到皇帝一人之手。可以说,朱元璋的统治使得皇帝极权制度化了,这种影响极其深远,不仅有明一朝未被改变,而且还被后来的清朝所沿用、加强。明、清两朝连续对中国人实行专制极权统治,压制了中国思想文化的活力,对中国人精神上的健全发育造成了不可低估的伤害。

◎延伸阅读:胡惟庸案和蓝玉案

朱元璋当上明朝的开国皇帝后，他昔日的谋臣李善长，出任左丞相，名将徐达出任右丞相。由于徐达常年带兵在外，所以李善长在朝臣中权势最大，成为淮西集团的首领。

本来，朱元璋打天下主要依靠的就是淮西集团的势力，他的功臣之中，淮西旧部也是绝对多数。可是，当坐稳天下之后，朱元璋对淮西集团势力过大并不满意，想加以抑制，于是，就想撤换李善长。

朱元璋曾打算用足智多谋的刘基代替李善长。

刘基是浙东派的代表人物，他深知在淮西集团当权的情况下，他很难在朝廷中施展手脚，于是坚决辞谢了。他劝朱元璋不要撤换李善长，因为李善长能够“调和诸将”。

朱元璋又问刘基，杨宪、汪广洋、胡惟庸这三个人哪个可以担任丞相?

刘基认为这三个人都不适合当丞相，原因是杨宪“有相才，无相器”；汪广洋“偏浅”，还不如杨宪；胡惟庸则更不可，此人好比一匹劣马，要他驾车，势必会翻车坏事。

朱元璋见以上人选都不合适，再次敦请刘基出任丞相，说：“吾之相，诚无逾先生。”我的丞相人选，还是先生您最合适。

刘基推辞说：“臣疾恶太甚，又不耐繁剧，为之且辜上恩。”意思是，我也不是合适的丞相人选，您还是再找别人吧。

后来，朱元璋还是根据李善长的推荐，选择了胡惟庸。胡惟庸是个精于拍马屁的小人，他痛恨刘基说他的坏话，就打击报复，最后甚至毒死了刘基。更关键的是，胡惟庸当上丞相之后，独断专行，飞扬跋扈，这与朱元璋提高皇权、专制独裁的执政思路正好相悖。于是，朱元璋在1380年以“擅权植党”的罪名处死了胡惟庸。处死胡惟庸之后，朱元璋又将他的罪状升级，不断株连，将包括李善长在内的一大批功臣都借机诛杀了。这显然是在借胡惟庸案来剪除功臣，并实现废除丞相制度的目的。

蓝玉案与胡惟庸案的情形大同小异。蓝玉是常遇春的妻弟，以能征善战、所向披靡著称。明朝建立之后，蓝玉被封为大将军。大权在握、炙手可热之际，他不禁有些飘飘然，也开始骄横跋扈，这让朱元璋感到将权也对皇权构成了挑战。于是，朱元璋就在1393年以“谋反”的罪名处死了蓝玉，并连坐处死了一万五千多人，将打天下的将领几乎一网打尽。

朱元璋制造胡惟庸案和蓝玉案的根本目的就是要屠戮功臣，屠戮功臣则是为了清除潜在威胁，强化皇权。为了把大权独揽在皇帝手中，朱元璋可谓心思用尽。相权有可能威胁到皇权，那就杀相；将权有可能威胁到皇权，那就杀将。这真有点“逢魔斩魔，遇佛杀佛”的味道。

◎观点提炼：朱元璋废相的后果

朱元璋废除丞相的后果极其严重。明末清初的思想家黄宗羲就说："有明一代政治之坏，自高皇帝废宰相始。"原因就在于，废除宰相制度之后，大权完全落到皇帝一个人的手中。皇帝的权力高度集中，表面上看有利于巩固皇帝的地位，可它同时也对皇帝的能力提出了极高的要求。如此庞大的帝国，政事千头万绪，这么多的事情都要皇帝一个人来做决策，皇帝就必须精通政治、精力旺盛，而且还要勤奋异常、无比英明——也就是要成为"圣贤君王"——才能胜任。若非如此，则朝政势必恶化。明朝后来的历史发展证明，把国家的治理都寄托在代代都出现"圣贤君王"之上是多么不靠谱！

自1368年到1644年，明朝共有十六位皇帝，其中及格者不过三四人而已，其余皆在及格线之下，是有名的"问题皇帝"。尤其是明朝中后期的皇帝，大都任性变态、胡作非为。比如，明宪宗、明武宗、明世宗、明神宗、明光宗、明熹宗等，皆是不称职的皇帝。明宪宗朱见深有深深的恋母情结，宠幸大自己十九岁的万贵妃，并任由万贵妃飞扬跋扈、为非作歹；明武宗朱厚照身为帝王，却偏要自封为"大将军"，本该在皇宫里处理朝政，可他却四处游荡，热衷于"游龙戏凤"。即便回京，也多是住在"豹房"之中，疯狂享乐；明世宗朱厚熜痴迷道教，常年不上朝，天天想着修仙炼丹之事；明神宗朱翊钧更是有名的"怠工皇帝"，创下了近三十年不上朝的纪录；明光宗朱常洛极其好色，因吃一粒"红丸"而命丧黄泉；明熹宗朱由校热衷于木工，将朝政大权委托给了大太监魏忠贤。一方面，废相之后的制度安排需要明朝的皇帝个个圣明才能胜任,可另一方面,明朝中后期的皇帝却又如此不堪。巨大的反差不只造成了明王朝的最后衰落、灭亡,而且也使中国在明朝时丢掉了领先世界的地位,并且丧失了重要的历史机遇。自此,中国开始逐渐落后于西方。

废除丞相的做法也让另一种人攫取了极大的权力,那就是宦官。朱元璋曾严禁宦官干政,并在宫中立了一块铁牌,上有:"宦官不得干预政事。"他还对宦官的人数、品级、职务、衣服样式都做了规定,甚至还规定宦官不得由识字者担任。朱元璋做这些安排可谓用心良苦,目的只有一个,就是尽最大可能预防宦官干政。可是历史还是给朱元璋开了个玩笑,他死后没几年,他生前所做的这些规定就形同废纸了。朱棣当上皇帝后,很快就派宦官统领军队,随后又派大名鼎鼎的宦官郑和率领着庞大的船队出海。从此以后,宦官的政治势力就越来越大,直到后来出现了刘瑾、魏忠贤这样的大太监,而且发展成了"阉党"。

朱元璋无疑是少有的政治强人,可政治强人再强,也只能在活着的时候控制政局。当他死了之后,当他的血肉之躯变成一个牌位的时候,后继者们是否还拿他的"政治交代"当回事,是否还愿意把他的"政治交代"落到实处,那就不是他能控制的了。李亚平在《帝国政界往事》一书中曾这样评价朱元璋:"朱元璋心思细密,考虑重大问题时,常常绕殿徘徊,正思逆想,反复斟酌。当他自以为一切安排都完美妥帖、天衣无缝时,偏偏忘记了自己的那些子孙,他们不会都是像他一样的工作狂。他们是要在深宫膏粱中出生、在满身脂粉香气的女人怀里和不男不女的宦官堆儿里长大的。于是,在后来的时代里,朱元璋的如意算盘都演变得面目全非。"

美国历史学家费正清也说,在废除丞相之后,朱元璋"把他自己的个人作用制度化了”“自此皇帝完全可以为所欲为了”。既然皇帝“完全可以为所欲为”，那他就既可以勤政、简朴，也可以奢侈、胡闹，甚至是“罢工”。所以，在朱元璋之后，明朝出现那么多的荒唐皇帝也实在是在情理之中的事。

从靖难之役到土木堡之变

明太祖朱元璋有二十六个儿子，他把长子朱标立为太子，其余的儿子都封王建藩（早死的两个儿子除外）。可惜的是，太子朱标于1392年去世，朱元璋就又立长孙朱允炆为皇储。这样，朱元璋在1398年驾崩后，朱允炆就继承皇位，是为建文帝。

建文帝二十多个身为藩王的叔叔根本不把这个侄儿皇帝放在眼里，他们个个拥兵自重，建文帝也时时感受到了各位藩王的威胁。于是，他与大臣齐泰、黄子澄、方孝孺等商量，采取措施削夺藩王的权力。

藩王们当然不会坐以待毙，其中势力最大的燕王朱棣起兵发难，打着“清君侧”的口号，于1399年发动靖难之役。

经过四年的内战，燕王朱棣的大军攻下了首都南京城，朱棣随后称帝，而建文帝则下落不明。朱棣怀疑建文帝逃亡到海外，就又派人去海外搜索。他派去搜寻建文帝的人就是著名的太监郑和。

朱棣派太监郑和率领庞大的船队，于1405年正式从江苏太仓刘家港出发，出使西洋。据史书记载，郑和下西洋的船队中，最大的船有151.8米长，宽约61.1米，比一个足球场还大。这么大的“宝船”高达四层，有九条桅杆，可以张开十二面帆，船的排水量达1.4吨，需要动用二百多人才能起航。到了二战时期，德国的海上巨无霸“俾斯麦号”战列舰，排水量也不过 4 万吨。在没有机械动力的时代，建造这么大的舰船，算得上是一个奇迹。可以说，在 15 世纪之初，中国的航海技术绝对是世界一流的。

郑和率领的船队有 2.7 万人之多，团队里有官员、军人、水手、会计、翻译等，其中人数最多的就是军人。但这支军人最多的船队出海，并不是为了征伐侵略，而仅仅是为了“耀兵异域，示中国富强”。

郑和率领着庞大的船队，一路访问各国，一面打探建文帝的下落。他们沿途受到各国国王、酋长的欢迎，因为他们根本不敢想象世上竟有如此强大的国家和舰队，都表示愿意归顺大明王朝。郑和则代表大明王朝的皇帝朱棣赏赐南洋诸国的国王、酋长及各级官员。当郑和船队返航时，许多国王和使者又搭乘郑和的航船来到中国，向朱棣皇帝朝贡。

郑和下西洋是人类航海史上的壮举。郑和船队先后抵达了亚非三十多个国家，最远到达非洲东海岸，打通了中国到东非的航线，把亚、非之间的广大海域连在一起。郑和下西洋，比哥伦布发现新大陆早了 87 年，比达·迦马发现新航路早了 93 年，比麦哲伦到达菲律宾早了 116 年。

郑和下西洋并没有找到建文帝，也没有像西方的航海家那样凭借航海优势占领土地、掠夺财富，这次浩大的航海行动本质上是一场耗资巨大的国家面子工程。它也算是一次金元外交，用收买性质的贸易，换得南洋各国对大明王朝的朝贡。郑和先后七次下西洋，南洋诸国对明朝的朝贡达三百多次，平均每年有十多次，大有“万国来朝”之势，给足了大明王朝面子。

郑和下西洋耗费了大量的财力，这在当时就招致了许多大臣的批评，有人说：“三保（郑和原名马三保）太监下西洋，费钱粮数十万，军民死者万计，纵得珍宝，于国家何益？”这种批评是很有道理的。郑和船队从海外买回来的都是香料、宝石、珍奇异兽等奢侈品，对国民经济和百姓的生活并没多大的帮助。因此，下西洋的活动在郑和去世之后迅速偃旗息鼓。

在明成祖朱棣的统治时期，除了郑和下西洋的航海壮举，还有几件大事也值得一说。其一，朱棣将明朝的都城从南京迁到了北京，完成了迁都之举；其二，朱棣曾五次率军北征蒙古，巩固了北方边疆；其三，朱棣集国家之力，编撰了一部《永乐大典》，这是一部中国古代百科全书式的文献集。

朱棣去世之后，他的儿子朱高炽继承皇位，是为明仁宗。仁宗当上皇帝一年就去世了，帝位传给太子朱瞻基，是为明宣宗。明宣宗当了十年皇帝。在仁宗、宣宗这对父子统治期间，大明王朝四海承平，百姓安居乐业，史书上称之为“仁宣之治”。可这段时间也仅有十一年，宣宗之后，明英宗朱祁镇继承皇位。到了英宗之时，明朝就开始走下坡路了，国势迅速衰落。衰落的典型事件就是土木堡之变——这场战争险些让明朝亡国。

元朝灭亡之后，元顺帝率蒙古贵族逃出大都（今北京）后，继续统治漠北地区。随后，蒙古分裂为鞑靼、瓦剌及兀良哈三部。这三个部落之间互相征战，也不时出兵南下，骚扰明朝边境。经长期征战，鞑靼势力不断削弱，瓦剌逐渐强大。

明朝统治者一直害怕蒙古人强大，明成祖朱棣干脆把国都从南京迁到北京，紧紧盯住北方，形成“天子守国门”之势，以遏制蒙古人南侵。

不过到了明英宗统治期间，蒙古人的瓦剌部落出了一个名叫也先的首领，他想跟明朝做生意，比如，将蒙古的马匹卖个好价钱；他还向明朝下聘礼，希望娶一个明朝的公主。按说，这样的要求完全可以通过谈判的方式和平解决。可明英宗宠信的宦官王振办事不力，不仅大大削减了蒙古马匹的价格，而且还将也先送给要迎娶公主的聘礼给退了回去。这让也先很没面子。

为了找回面子，也先就在 1449 年集结兵马，进攻明朝。在蒙古军队的进攻之下，明军连连失利。

前方战事失利的消息传到北京后，明英宗依然找王振商量对策。而王振出的主意是要明英宗御驾亲征。王振跟明英宗说，如果效法曾祖父朱棣的做法，御驾亲征，一定可以大获全胜。明英宗听信了太监王振的蛊惑，在两天之内集结了五十万大军，匆忙之中就率军出发了。

由于组织不当，大军还没有与瓦剌交战，在路上就冻死、饿死了很多人，可谓出师不利。当明军抵达大同时，传来了前方战败的消息。听到前方使者描述的战争惨状，宦官王振被吓破了胆，决定班师回朝。

如果明朝军队快速返回北京，问题也不大，可是在后撤之时，王振又让明英宗绕经他的家乡蔚州，“驾幸其第”，以让他显示威风。结果，当明军行至土木堡的时候，遭到了瓦剌追兵的突然袭击。明军猝不及防，三万骑兵被“杀掠殆尽”，就连明英宗本人也被瓦剌的大军给俘虏了。而给明英宗出坏主意的宦官王振，则被痛恨他的明朝将领给杀掉了。这件事就是有名的“土木堡之变”。

土木堡之变可以说是明王朝由盛转衰的转折点。经此一战，明王朝的五十万大军被击溃，皇帝本人也被俘虏，跟随皇帝出征的五十多位文武大臣全部遇难，这让明朝上上下下极为震惊。为了应急，朝臣联合奏请皇太后，立郕王朱祁钰为皇帝，是为明代宗。

瓦剌俘虏明英宗后，便大举入侵中原。也先以送太上皇为名，令明朝各边关开启城门，乘机攻占城池。这年十月，瓦剌攻陷了白羊口、紫荆关、居庸关，直逼北京。

面对瓦剌的入侵，大明朝廷惶惶不安，有的大臣甚至提出了南迁都城的逃跑方案。幸好，兵部侍郎于谦力排众议，组织军队坚守京师，同时命令各地武装力量至京勤王。

于谦分遣诸将率兵二十二万，于京城九门之外列阵迎敌。他率军出城之后，就令守城者关闭城门，以示不击败瓦剌军队不回城的决心。

于谦先指挥骑兵与也先部队交战，以佯败的战术引诱也先追击。也先果然中计，当他率军追至德胜门时中了明军的埋伏，被击溃。也先又转攻西直门，城上守军也早有准备，也先的军队又被击溃。

也先一看明朝有了新皇帝，他俘虏的明英宗失去了价值，就将其释放了，自己也宣告退兵。至此，明朝取得了北京保卫战的胜利。

于谦指挥北京保卫战，立下了汗马功劳，得到了百姓的敬重和爱戴，可是却得罪了明英宗。后来，明英宗发动了“夺门之变”，从明代宗手中抢回了皇位。重新当上皇帝的明英宗制造冤案，杀害了于谦。

土木堡之变充分暴露了明朝宦官专权的弊端。经此事变之后，这一致命的弊端非但没有根除，反而愈演愈烈。明朝祸国殃民的宦官，除了明英宗时期的王振之外，还有明宪宗时的汪直、明武宗时的刘瑾、明熹宗时的魏忠贤等，这几位宦官都权倾天下。

明武宗朱厚照当上皇帝时只有十五岁，他非常贪玩。而宦官刘瑾恰恰抓住这一特点，经常在明武宗玩兴正浓的时候把奏折拿去请他批阅,明武宗这时就说:“你怎么什么事都烦我呀?你自己看着办吧。”如此一来,刘瑾就把内阁的大权掌握在了自己的手里。

大权在握之际,刘瑾疯狂地接受官员们的贿赂。当时地方官到京城朝觐的时候,每个人都要送给刘瑾两万两白银,如果没有那么多钱,就得先向京城的富豪借贷,待回到地方后,再想法从老百姓身上盘剥、搜刮。刘瑾后来失势被抄家时,从家中搜出黄金250万两,白银5000多万两,其他珍宝无法统计。

魏忠贤是明朝又一个著名的宦官,他凭借着明熹宗的宠信控制了朝政。朝廷中的很多大臣纷纷投靠魏忠贤,认其为义父,称其为“九千岁”,这样就结成了“阉党”。“阉党”势力牢牢地把持了东厂、西厂等特务机构,实行恐怖统治,打压东林党人,把整个朝政搞得乌烟瘴气。直到明熹宗死后,继位的崇祯皇帝才采取果断手段,严惩了魏忠贤和他的“阉党”。可是此时的明朝,已经被折腾得千疮百孔、危机四伏了。

◎延伸阅读:张居正改革

明朝自明英宗时期就开始走向衰落,到了中后期,兼并土地的现象非常严重。在江南,有的大地主占田7万顷。在朝廷,内阁大学士徐阶一家就占田24万亩。全国的土地约有一半为大地主所侵占。这种情况激发了社会矛盾,也使明朝出现了财政危机(因为高官和大地主总能设法避税)。为了化解危机,明朝万历年间的内阁首辅张居正发动了一场有名的变法革新运动,史称“张居正改革”。

张居正是湖北江陵人,于1547年中进士,因才能出众,得到了明穆宗的赏识。1572年，张居正在太监冯保的支持下，取代高拱，成了内阁首辅。明穆宗去世后，明神宗继承皇位。明神宗当时只有十岁，他的母亲李太后信任张居正，于是，张居正得以总揽朝政，从军事、政治、经济等各方面进行改革。

张居正首先创制了“考成法”，严格考察各级官吏贯彻朝廷命令的情况，以此罢免因循守旧、反对变革的顽固派官吏，选用并提拔支持变法的新生力量。“考成法”规定，各衙门在办理公务之前，要根据事情的缓急，制定出一个公务完成的最后期限，并记录在文簿上，若事情在规定期限内完成了，便在文簿上注销掉；若没有按时完成，就要进行处罚。张居正执行“考成法”非常严格，务求“法之必行，言之必效”。实行此法加强了中央集权，提高了明朝衙门的办事效率。

军事上，张居正整顿武备，编练新军，启用了一大批名将镇守边防。他还与鞑靼汗进行茶马互市，以贸易的方式达成和平的目的。从此，北方的边防更加巩固，在二三十年中，明朝和鞑靼没有发生过大的战争，使北方暂免于战争破坏，农业生产有所发展。

经济方面，张居正在全国开展清丈土地工作，经过清查，全国土地比弘治年间多出了300万顷。张居正还对赋税制度进行改革，推行“一条鞭法”，将原来的田赋、力役和其他各种杂役合在一起，按照田亩多少来征收赋税，田多多征，田少少征。这使得政府增加了税源，改善了国家的财政状况。张居正还选拔官员，治理黄河、淮河，疏通运河。黄河得到治理后，漕船可直达北京。

张居正的全面改革进行了十年，取得了很大的成效。改革提升了明朝国家机器的运转效率，使明朝政府的财政收入有了显著的增加，社会经济有所恢复和发展。张居正也因此被称赞为“救时宰相”。但由于历史积弊太深，已成积重难返之势，张居正的改革并不能从根本上扭转明朝的颓势。再加上张居正的改革触动了既得利益集团，引发了反对派的反扑。1582年，张居正病死。反对他的势力立马对张居正群起而攻之，对张居正心怀不满的明神宗随即下令削夺了张居正的官爵，并查抄张居正的家产。如此一来，张居正生前所推行的各项改革措施随之人亡政息了。

张居正改革失败之后，大明王朝重振生机的最后一丝希望也破灭了，等待明王朝的，只剩下了一条衰亡之路。

◎观点提炼：朝贡体系与全球化贸易的巨大错位

朝贡体系是古代中国处理与海外各国关系的一个长期传统，这种做法的核心是：中国皇帝以“中央之国”的心态，把周边各国都看作是中国的藩属。藩属要接受中国皇帝的承认与册封，还有向宗主国朝贡的义务，而中国则要在军事上保护藩属国，在经济上也会对藩属国多加赏赐。此种外交关系的核心在于，中国方面通过威慑和利诱两种手段来“怀柔远人”，让中国之外的邻邦表示臣服，从而达到自卫的效果。在这种朝贡体系中，中国方面第一位考量的远远是政治意义，而经济贸易则是附属的、次要的。

可是到了15世纪，随着全球化贸易的不断拓展，中国人惯用的朝贡体系已然跟不上时代发展的步伐了。15世纪到16世纪，是世界历史上公认的地理大发现和大航海时代。欧洲的航海家发现了绕过非洲好望角通往印度和中国的新航路，这标志着一个

“全球化”时代的开始。自此以后,人们的视野与活动范围,就已经不再局限于某个地区,而是遍及整个地球。世界各大洲之间的经济联系大大加强,国际贸易迅速增加,世界市场慢慢形成。在这个全球化的时代,中国当然不能置身事外。

葡萄牙人最先进入印度洋,占领了印度西海岸的一些贸易重镇,他们率先在中国的东南沿海进行走私贸易。葡萄牙人之后,西班牙人也随之而来,他们来到菲律宾群岛,并开拓了海上丝绸之路,将中国的丝绸远销西方。再稍后,荷兰人与葡萄牙人、西班牙人展开商业竞争,于1602年建立了联合东印度公司,总部建在巴达维亚(今天印尼的雅加达)。这些新兴的欧洲强国与中国进行贸易往来,将中国的丝绸、瓷器运往欧洲和南美洲。

最初,明朝在与葡萄牙、西班牙和荷兰人做生意的过程中,始终处于贸易顺差的优势地位。可是,贸易顺差弥补不了制度上的缺憾。明朝对内实行的皇权专制制度及其外交上奉行的朝贡体系与新的“全球化”时代格格不入。新型的贸易模式需要更有效率的经济组织以及更能保证经济持续增长的制度保障和社会环境,而这显然不是皇权专制的大明王朝所能提供的。因此,明朝错过了“全球化”的第一班车。这一次错过,使得中国与整个世界的发展大势擦肩而过。

社会的发展就像新软件的开发与升级,15世纪以后,正是西方人研发出一种名为“全球化”的新软件并不断升级之时,而此时的明朝还沉浸在皇权专制和朝贡体系的旧梦之中,拒绝下载“新软件”。若干年后,待西方人携其“新软件”之威,取得突飞猛进的成果之际,中国则因长期的“闭关锁国”而远远地落后于西方了。

明亡清兴

明朝的最后一位皇帝是明思宗朱由检，也就是人们常说的崇祯皇帝。他 1627 年当上皇帝时只有 17 岁，跟今天一名高三学生一样大。大明王朝传到这名少年的手上时已是一个充满内忧外患的烂摊子。

内忧表现在政治上和经济上。政治上，大明王朝的统治机器经过两百多年的运行，已经从内部腐烂，宦官专权、党争严重，政治环境极为恶劣。经济上，此时明朝的财政面临着崩溃的危险，土地大量集结在大地主及贵族的手中，越来越多的农民失去了土地。失去土地的农民有的投奔地主，成为佃农；还有的背井离乡，逃亡在外，成了流民。流民一多，各地就不断发生饥民暴动事件，农民起义此起彼伏。

外患则表现为后金的迅速崛起上。后金是满族人建立的政权，满族是女真族的一支后裔，一直居住在中国东北。明朝永乐年间，朝廷欲压制北元残余势力，在中国东北一带设立远东指挥使司，控制女真各部落。到 1616 年，建州女真部的首领努尔哈赤统一了各部，建立起后金政权，定都赫图阿拉（今辽宁省新宾县），割据辽东。后金看到明王朝政治日益腐朽，边防日益废弛，就一再向明朝发动进攻，占领了辽东地区大小七十多座城池。1636 年，努尔哈赤之子皇太极登基，把后金的国号改为大清，正式建立清朝，与明朝相抗衡。

崇祯时的明朝恰好陷入到了内外交困的境地之中。一方面，农民起义形成了两股巨大的武装集团，一股为李自成率领，一股为张献忠率领。另一方面，山海关外的清朝时刻窥视中原，一有机会就举兵进犯。

应该说，在内忧外患的局势之下，崇祯皇帝还是很想振作起来，挽救大明王朝的。他刚登基两个月就铲除了宦官魏忠贤及其“阉党”的势力，把朝政大权夺回到自己手中。这一举动，让很多人看到了希望；他还非常勤政，鸡鸣即起，深夜才睡，夜以继日地工作。他经常召见大臣，研讨治国良策。一次，他因“偶感微恙”而没上早朝就遭到了内阁辅臣的批评。可崇祯皇帝并没有恼火，他还亲笔写敕书，一面做严厉的自我批评，一面褒奖批评自己的辅政大臣。这样的做派更让很多人心生感动。崇祯皇帝自幼就非常俭朴，小时候练习写字时，如果纸张较大，临摹完范本上的字还有剩余的空白，那他就会再把剩下的地方都写满，以免浪费。当上皇帝之后，他依然保持这种艰苦朴素的作风，衣服破了，他舍不得扔掉，让皇后给补好继续穿。

内忧和外患，先解决哪一个？这是一个颇让崇祯皇帝费脑筋的问题。他也拿这个问题去征求大臣的意见，结果大臣们的意见不统一，导致此事议而不决，耽误了不少时机。

崇祯皇帝一度采纳了内阁大学士兼兵部尚书杨嗣昌“攘外必先安内”的策略，集中优势力量镇压农民起义。可是明朝派出去的官兵比所谓的“流寇”还凶恶，他们经常把大批逃难的百姓杀掉，冒充起义军的士兵，以向朝廷邀功领赏。这种做法越发激化了官民矛盾，导致了大量百姓转而投靠农民起义军。

最初，农民起义主要集中在陕西、山西一带，可到了1633年，农民起义反而扩大到了河南、湖广、直隶、四川等地，成了全国性的农民起义。在这些农民起义军中，闯王李自成的势力最大，他于1640年占领了河南和陕西。李自成的农民起义也一度快被明朝的军队剿灭，但就在他快被剿灭之际，满族人在辽东挑起了战事。一看边关吃紧，崇祯皇帝赶紧调与李自成作战的部队去边关防御。于是，李自成的农民起义军又得以存活，并发展壮大起来。

当然，在明朝走向灭亡的过程中，崇祯皇帝也犯了不少错误。崇祯皇帝这个人本身就是一个矛盾体，他有行事果断、雷厉风行的一面，但也有多疑多虑、优柔寡断的一面；他既有自律甚严、生活俭朴的一面，也有大肆敛财，关键时刻不肯多掏一分钱的吝啬的一面；在对待大臣方面，他既有知人善任、重用人才的一面，也有刻薄寡恩、翻脸无情的一面；他对袁崇焕、杨嗣昌、洪承畴等人，任用时言听计从，优遇有加，可一旦翻脸，就严酷无情，说杀就杀，这导致很多好的政策不能执行到底，达不到预期效果；在对待百姓方面，他既体恤民众疾苦，常下“罪己诏”做自我批评，但又加派无度，置百姓于水深火热之中。尤其严重的是，在面对“攘外必先安内”还是“先攘外后安内”的重大抉择时，崇祯皇帝一直犹豫不决，结果“内外失据”，满盘皆输。

1644年，李自成在西安称王，建国号大顺。随后李自成的军队，一路进攻到了北京。此时明朝最精锐的一支部队被吴三桂统领，正在山海关防御满族人的入侵。李自成的农民起义军不费吹灰之力就攻下了北京。崇祯皇帝走投无路，在紫禁城北面煤山（今景山）的一棵大树上自缢身亡。明朝就此灭亡，而李自成则以大顺皇帝的身份在北京登基。

局势似乎朝着有利于李自成的方向发展，可是李自成手下的将领迅速腐化堕落，他们在京城拷掠王公贵族，大肆抢夺金钱和美女。李自成本来想招降吴三桂,可就在吴三桂准备接受招降之际,李自成手下的大将刘宗敏却抢劫了吴府,霸占了吴三桂的爱妾陈圆圆。吴三桂获悉此事之后,怒不可遏,发布声讨李自成的檄文,并写信给清朝的摄政王多尔衮,请求出兵相助,联合攻击李自成的部队。清朝多尔衮的军队正想挥师入关,于是双方一拍即合,达成了联合对付李自成的协议。

李自成率主力部队在山海关与吴三桂和清军展开大战,结果战败,一路溃逃。仅当了42天皇帝的李自成逃离北京,北京城由大顺易手到大清。

清朝大军占领北京城后,拥立皇太极的儿子爱新觉罗·福临称帝,是为顺治皇帝。作为对吴三桂的回报,清廷让吴三桂以陕西总督的名义继续率军追剿李自成。吴三桂一路追剿,很快扑灭了李自成的起义军,李自成也兵败被杀。

◎延伸阅读:崇祯皇帝冤杀袁崇焕

袁崇焕(1584—1630)是晚明时期最著名的将领,他虽是文人出身,但有胆略,好谈兵。他于天启二年(1622年)单骑出关,考察关外地形地貌和敌我形势,还京后,自请守卫辽东。获准后,他守卫宁远(今辽宁兴城)。天启六年(1626年)正月,努尔哈赤统领6万大军进攻宁远。袁崇焕坚守孤城宁远(相关地区的明军纷纷撤退),以不到2万的兵力击退了努尔哈赤的进攻,取得了宁远之战的胜利,史称“宁远大捷”。第二年,袁崇焕又在宁远、锦州等地打败了前来进犯的皇太极,史称“宁锦大捷”。袁崇焕本人因军功卓著而升任兵部尚书兼右副都御史,督师蓟辽,人称“袁督师”。

皇太极要经山海关进攻北京城，就必须除掉袁崇焕，于是就设计了一个反间计。首先，皇太极向袁崇焕发书，要求和谈。袁崇焕考虑到明军也需要时间备战，就同意和谈。同时，皇太极又提出了条件，要求袁崇焕提着名将毛文龙的头颅来议和。原来，当年满洲人攻下辽东后，毛文龙逃到沿海岛屿，招募百姓四十多万，屡次袭扰满洲人。

袁崇焕此时犯了一个大错误，他接受了皇太极的条件，打着犒劳军士的幌子前往毛文龙驻守的小岛，杀掉了毛文龙。此事传到朝廷，让崇祯皇帝颇为震惊。崇祯皇帝虽然赋予了袁崇焕"先斩后奏"的权力，但袁崇焕未经奏报就自作主张，杀掉了毛文龙这样替朝廷镇守一方的将领，其做法实在有些过分。崇祯皇帝虽然没有追究袁崇焕"擅杀毛文龙"的责任，但已对袁崇焕起了戒心。

接着，皇太极避开山海关，绕道漠南进攻北京。袁崇焕在巡视山海关时获悉了皇太极进攻北京的军报，赶紧率领九千精兵昼夜兼程，赴京救援。

袁崇焕率领精兵在广渠门和左安门战胜了后金军，保卫了京城的安全。可就在北京转危为安之时，京师之中谣言四起，说后金军是袁崇焕带领而来的。崇祯皇帝不辨是非，直接将袁崇焕拒于京师门外，命令其属下满桂率军入京师护卫。

皇太极得知袁崇焕驻守城外的消息后，又让两名将士在被俘的明朝太监帐外谈话，说皇太极已与袁崇焕有密约，大事将成云云，故意让太监听到这番话，之后再将其放走。

崇祯皇帝接到太监的密报后果然中计，他以商议军饷为由，将袁崇焕召到宫中。当时，北京城戒备森严，九门紧闭，袁崇焕只得坐在筐中，被人用绳索吊到城上。等到了宫中，还未议饷，崇祯皇帝就下令将其逮捕，下锦衣卫狱，随后以“叛贼”的罪名将袁崇焕凌迟处死。

值得一说的是，在袁崇焕被凌迟处死之际，京城的百姓不但不同情“袁督师”，反而“以钱争买其肉”“将银一钱，买肉一块，如手指大，啖之，食时必骂一声……崇焕肉悉卖尽”。袁崇焕被凌迟处死可以说是崇祯一朝最大的冤案。崇祯皇帝冤杀袁崇焕，堪称为“自毁长城”。

◎观点提炼：“洪武型财政”与明朝灭亡的关系

“洪武型财政”是历史学家黄仁宇先生提出的一个概念，他研究发现，在导致明朝灭亡的诸多原因中，财政危机也是一项重要的因素。而明末之所以频频陷入财政危机的状态中，又与明朝统治初期朱元璋所采取的财政政策密不可分。因为明代的财政经济政策是具有连贯性的，它由明代开国君主朱元璋一手设计，其特点就是彻底放弃商业化的努力，使财政经济退回到以小农经济为基础的局面。“洪武型财政”的核心就是以节俭的原则维持国家运行的最低水准，而从来不考虑增加财政收入。朱元璋甚至几次警告官员，凡胆敢提出增加国库收入者，均被视为国家的敌人。在这种理念的指导下，国家的税收主要为农业税，对商业税和海关税则从不重视。

黄仁宇先生认为从一开始，明太祖主要关心的是建立和永远保持一种政治现状，他不关心经济的发展。在他的财政计划中，他除了在全国建立一个统一的财政制度外，很少注意其他内容。他的实践和征税标准，总是定在最低而不是最高水平之上，这种做法实际上限制较进步的经济活动发展，所以较落后的部门也能在统一税制中存在。……可以毫不夸张地说，许多指责，如政府的腐败和官员的弊病、与公共财政有联系的社会丑恶现象、工商业停滞等等，都可以部分或者全部地，直接或者间接地归因于明太祖建的财政措施。……明朝政府不但不创造发展经济的条件，而且积极反对介入商业活动。

就经济管理而言，“洪武型财政”可说是经济政策的一种大倒退。我们知道，古代中国的大多数统治者都重农抑商，可是到了宋朝，宋太祖赵匡胤从建国伊始就对工商业十分重视，宋代的工商业也空前繁荣。后来经过王安石变法，更是将宋代的商业化社会推向了一个新的高峰。

可是，明太祖朱元璋却不能顺应这种发展大势，他十分痛恨王安石变法，说：“宋神宗用王安石理财，小人竞进，天下骚然，此可为戒。”他的财政政策就又恢复到重农抑商的旧框架之中，以最简单的农业税为财政税收的核心，将大明王朝建筑在了小农经济之上。这意味着明朝不鼓励发展工商业。自此，明朝经济成为一个庞大的扁平体，除了成千上万户农民家庭，再就是统治者。民众直接面对国家，没有中间的商业机构，审计、会计等商业技术机构也随之不能得到发展。如此一来，当国家日后面对越来越繁复的社会事务时，也就找不出恰当的技术手段来处理。社会问题越积越多，社会矛盾越来越大，明朝的“维稳工作”也就变得困难重重。

更关键的是，由于国家的财政税收来源过于单一，到了后来土地兼并严重时，明朝的税收逐渐减少，而内忧外患又一起爆发，国家需要花大笔的钱财才能应付对外的辽东战事和对内的镇压农民起义。这个时候，明朝在经济政策上找不到更好的调控办法，就只能加重对农民的剥削。而对农民剥削越重，就越会引发农民起义，成了恶性循环。最终，李自成的农民起义推翻了大明王朝。

清朝前期的统治

多尔衮在1644年率清军入关，最初宣称是来帮助消灭“流寇”（农民起义）的，可是等赶走李自成的农民起义军之后，满族人自己占领了北京，开始统治中原。

明朝有许多文武官员，并不甘心接受满族人的统治，他们找来一位明朝的皇室子孙福王做皇帝，在南京城重建了一个小朝廷，是为南明政权。可惜的是，南明王朝的皇帝和官员忙于享乐和内斗，不能有效抵抗清军的进攻。

1645年，清军围攻扬州，镇守扬州的史可法誓死不降，组织全城军民拼死一战。清军最后用大炮轰开了城墙，攻陷了扬州城。史可法被俘，遭到杀害。愤怒的清兵开始屠杀扬州百姓，10天之内杀掉了80万人，繁华的扬州城一下子变成了人间地狱，史书上将这次大屠杀定名为“扬州十日”。随后清兵又攻陷了南京城，南明小朝廷的福王被活捉，押往北京处死。

清军在向南方推进的过程中，还颁布了“剃发易服”令，要求十日之内，所有的男子，一律要把头发的前半部分剃光，后面留一条辫子，就是要让汉人男子的发型与满族男子保持一致。这样的命令让所有的汉人大为愤慨，大家认为，发型和服饰是祖先留下的文化习俗，怎么能说改就改呢？于是，围绕着“剃发易服”令，江南人民与清兵又展开了激烈的斗争。1645年夏天，10万江阴百姓面对24万清军的进攻,坚守孤城81天,击毙清军7.5万人,其中亲王3人,大将军18人。城破之日,清军下令屠城,声称"满城杀尽,然后封刀"。结果江阴全城百姓"咸以先死为幸,无一顺从者"。嘉定的百姓也奋力抵抗,城陷之后也惨遭清军屠城。

在福建沿海一带,郑成功宁可与父亲郑芝龙断绝父子关系,也不肯投降清朝。他打出"背父救国"的旗帜,号召人民反清复明。为了获得反清复明的根据地,郑成功率军击败了占据台湾的荷兰人,将台湾收复到中国人的手中。

为了隔离沿海人民与郑成功等反清势力的联系,清朝统治者颁布"迁海"令,强迫山东、江苏、浙江、福建、广东等地的沿海居民离开海岸,向内陆迁徙。这一次强制性移民,不仅给东南沿海地区的人民带来了深重的灾难,而且也开启了清朝"闭关锁国"的政策。从此之后,清朝一直对来自海上的力量采取躲避、封锁、不接触等消极性的政策。此等政策直接导致了中国与外部世界的隔绝。

在经过血腥的征服之后,清朝建立起稳定的政权。之后,清朝的统治者开始调整政策,一面想尽办法把权力牢牢地掌握在皇帝手中,一面努力学习中原文化,采用怀柔策略来管理国家。清朝统治者为了减少汉人的疑虑与隔阂,在政治上基本沿用了明朝的体制,也设有内阁、六部等。不过,在所有行政机构中均采用"满汉双轨制"的管理方法,即设置满、汉两个首长,满人掌握核心权力,汉人负责具体工作的实施。

清朝的皇帝自顺治皇帝起,就带头学习汉语、汉文。顺治皇帝在登基的第一年就封孔子的65代孙为"衍圣公",表达清朝政权在意识形态上的"尊孔"态度。顺治之后,康熙、乾隆均多次到山东曲阜祭孔。清朝还恢复科举取士的做法,鼓励人们学习儒家的“四书五经”。这些做法争取了中原士人的支持，对稳定社会秩序大有裨益。

顺治皇帝之后，清朝进入到了康熙、雍正、乾隆三朝所谓的“康乾盛世”阶段。康熙是有名的贤明君主，他的文治武功备受赞誉。他8岁登基，14岁亲政。他先清除了擅权的大臣鳌拜，然后又平定了三藩（吴三桂、耿精忠、尚可喜）的叛乱，将大权全部收归中央。在对外事务上，他遏制了沙皇俄国的扩张，签订了《中俄尼布楚条约》，划定了中俄东段的边界，使中国的东北方维持了150多年的和平。解决完东北领土问题之后，康熙皇帝又挥师西北，讨伐准噶尔汗国，击败了它的首领噶尔丹。在台湾打出反清复明旗帜的郑氏政权，在郑成功去世后，他的儿子郑经也在康熙统治期间归顺了大清朝。

与武功相比，康熙皇帝的文治似乎更让人刮目相看。他倡议编修了一部《康熙字典》，里面收集了近5万汉字；他还组织编辑了900多卷的《全唐诗》和10000多卷的《古今图书集成》；他甚至还派遣传教士到全国测量地形、地貌，绘制出了中国第一部实测地图——《皇舆全览图》。

康熙在当了61年皇帝后去世了，接替皇位的是他的第四个儿子胤禛，也就是雍正皇帝。雍正在位的时间虽然只有13年，但他的政绩也比较可观。他整顿吏治，打击朋党，在用人和理财方面多有建树。在雍正统治期间，清朝国库存银达6000万两，是清朝最富庶的一个阶段。

雍正之后，乾隆继承了大清国的皇位。由于祖父和父亲已经把国家建设得强大富足了，乾隆在位期间乘势不断征伐，建立了所谓的“十全武功”，征服了南方的缅甸、安南以及平定西藏的内乱。这其中尤以成功管理西藏最值得称道。1750年，西藏发生叛乱,乾隆皇帝派兵平定了叛乱,并趁机将西藏喇嘛教的教权也纳入到了清朝的行政管理框架之中。他创造了“金瓶掣签”的方法,用来确定达赖和班禅的转世灵童。这些做法既在当时稳定了西藏的秩序,又为后世所沿用。

◎延伸阅读:清代的人口压力

中国现在的人口有13亿之多，是世界上的第一人口大国，可在历史上，由于绝大多数时间都处在农业时代，中国人口的增长是很缓慢的，直到宋朝才突破1亿，明朝末年全国的总人口才达到1.5亿，人口的迅猛增长是到清代才发生的事。乾隆年间，全国总人口数突破3亿大关。清朝前期，人口迅猛增长的原因，主要是由于经济的高速发展，经济总量的扩大为人口的持续增长提供了物质保障。当然，康熙在1712年宣布“盛世滋生人丁，永不加赋”的政策也刺激了人口的迅猛滋生。

在清代以前，人口的持续增长一向被认为是盛世的标志。清朝统治者最初也是这么认为的。可是当人口突破3亿大关以后，土地上的出产已经难以满足越来越多的人生存的需要。清代学者洪亮吉在乾隆年间就看到了人口增长对社会造成的巨大压力，提出了他自己的“人口论”，其内容可概括为三点：其一，耕地的增长速度赶不上人口的增长速度。其二，当人口压力过大时，为解决过剩人口，就得用“天地调剂之法”和“君相调剂之法”。所谓“天地调剂之法”，就是发生水旱、瘟疫等自然灾害，天灾会造成人口的大量减少。所谓“君相调剂之法”是指政府通过移民、垦荒、救济等方式盘活资源，尽最大的可能来养活越来越多的人口。其三，如果“天地调剂之法”和

“君相调剂之法”都失效了，那么人口急速增加就会引发社会动乱。

乾隆末年和嘉庆初年的白莲教起义，可在一定程度上看作是人口压力引发的一次社会危机。清朝早期，大量流民进入了四川、湖北、河南交界的荆襄地区，靠开发那里的原始森林赖以谋生。到了清朝中期，这一地区的人口达到了它所能容纳的最大限度。在这种情况下，一旦遇到灾荒，农民就会流离失所，成为流民，流民一多，则必引发社会动荡。

白莲教起义就是在这种情况下发生的。乾隆后期，官僚、地主、富商大肆兼并土地，导致社会矛盾愈发激烈。荆襄地区人口激增，人均耕地严重不足，粮食出现短缺，粮价随之猛涨，饥民越来越多。此时，再加上统治阶级生活奢侈、贪官污吏横行，人们的反抗情绪日益高涨。白莲教教首樊明德成功地利用了人们对朝廷的不满情绪，在河南向教徒提出已到“末劫年”、将要“换乾坤，换世界”的所谓教义。稍后，白莲教的领袖刘松、刘之协、宋之清等人在湖北、四川、安徽等地传教，又提出“弥勒转世，当辅牛八”（牛八即朱字拆写，暗指反清复明）。他们向信徒许诺，入教者不仅可免一切水火刀兵之灾，而且习教之人“穿衣吃饭，不分你我”“有患相救，有难相死，不持一钱可周行天下”等。这种带有平均主义和民粹主义倾向的宣传满足了底层民众的要求。因此，白莲教迅速发展壮大，他们很快将“吃饭穿衣，不分你我”的口号转化成了名为“吃大户”的聚众哄抢行动。零散的聚众哄抢最后在1795年酿成了大规模的武装起义。白莲教起义者以白旗为号，白布包头，互相联络，声势浩大。

白莲教起义不断蔓延，波及湖北、陕西、四川、河南、甘肃五个省，历时九年。清朝动用了大量的军队，耗费了2亿两白银（相当于清朝当时四年的财政收入）才平定了这场社会动乱。平定这场动乱让清朝元气大伤，清朝就此结束了康乾盛世，转而走向衰落。

◎观点提炼：清朝的文字狱

清朝统治者是以少数民族的身份入主中原的，他们的统治带有鲜明的“部族”特点，即他们的所有政策都以有利于维持满族人的统治地位为最优先的选项。因此，清朝前期的统治者在开疆辟土、发展经济的同时，也制造了大量的文字狱，以钳制人民的思想。

比如，雍正时期的礼部侍郎查嗣庭出任江西考官，出了一道“维民所止”的考题，就因为出这考题被捕自杀，原因是有人将“维”和“止”两个字解释为要去掉“雍正”的头。乾隆时期，文人全祖望撰文歌颂顺治，其中有“为我讨贼清乾坤”之句，这个句子使他差点丧命，乾隆的解释是“竟敢冠贼字于清字之上，尤为悖逆”。在今天看来，清朝皇帝所搞的文字狱，简直就是“鸡蛋里挑骨头”，毫无道理可言。可清朝前期的几代皇帝，一共制造了大大小小一百多起文字狱，很多读书人因为撰文、写诗而被处斩，他们的家人、朋友和学生也都遭受了株连。

清朝统治者制造的文字狱摧残了中国的思想活力和文化创造力。中国古代的士大夫，原本有以天下为己任的情怀和气节，可是在清朝大规模文字狱的高压之下，读书人只好放弃崇高的理想和士人的担当精神，转而做没有风险的“考据学”“金石学”等远离政治的学问。时间一长，读书人便从有节操的士大夫变成了甘心为皇权效命的奴才。

乾隆皇帝甚至在组织编辑《四库全书》之时，仍然不忘以专制者的心态来阉割中原文化。乾隆皇帝命人把所有重要的书籍搜集完整，重新编写一套有史以来最大的丛书，取名《四库全书》。《四库全书》分经、史、子、集四部，基本上囊括了中国古代所有图书，可就在整理大量古籍的同时，乾隆命人乘机销毁了对清朝统治者不利的书籍。可以说，乾隆组织编辑《四库全书》，表面上是在做一项浩大的文化工程，可实质上则是借机对中国古书进行一次大审查——凡是不利于清朝统治者的古籍，一律销毁。有人统计，乾隆编辑《四库全书》时销毁的书籍有15万册之多，此外还销毁版片170多种，8万多块。此外，乾隆还借机对明朝档案进行了系统性的销毁，致使明朝档案仅剩300多件，估计不少于1000万份的明朝档案被销毁。因此，历史学家吴晗说："清人纂修《四库全书》，而古书亡矣。"

在中国延续了2000多年的帝国制度，到了明朝的时候其实就已经失去活力了。明朝中后期出现那么多不靠谱的皇帝，这从一个侧面也能说明，把一个巨大的帝国交付给皇帝一个人来管理是多么不靠谱。专制独裁的坏处，不但普通民众能感受得到，而且就连身为最高统治者的皇帝也不堪重负、深受其苦。清朝取代明朝之后，继续沿用帝国制度，而且皇帝专制的程度比明朝有过之而无不及。清朝前期之所以取得了"康乾盛世"的局面，原因根本不在于制度创新、文化创新，而仅仅在于清朝的统治者"旧瓶装新酒"，靠着特殊生命力给濒于灭亡的帝制又输了一次血而已。所谓的"康乾盛世"，在某种程度上也可看作是帝制的最后一次回光返照。

清朝的衰落

历史中充满了因果。前一个朝代灭亡的原因，往往会让新王朝的统治者倍加警惕，实现良好的治理。一段难得的盛世之中，往往也会埋下了后来衰败的种子。

大清王朝也是如此。或许是鉴于明朝中后期不靠谱的皇帝太多的教训，清朝前期的皇帝，均勤政、好学，再加上统治所造成的精神紧张和文化焦虑，康熙、雍正、乾隆等皇帝在治理国家时无不小心翼翼、兢兢业业。正是在这样的背景下，才有了所谓的“康乾盛世”。

“康乾盛世”算是一段相对承平、秩序井然的岁月，可是在这盛世之下，衰落的因素已然呈现。就在乾隆统治的后期，清朝便转入了衰运。由盛转衰的原因，最直接的表现就最高统治者的气度一代不如一代。以国家富强程度而论，当然是乾隆一朝最盛，可就帝王的个人气质而言，乾隆之好大喜功，不如雍正之励精图治；而雍正之刻薄寡恩，又不如康熙之宽仁厚重。

清朝由盛转衰的另一个原因则在于清朝官僚日益腐败、堕落。清朝刚刚建立之初，统治者对中原汉人充满了戒备之心，不敢有丝毫懈怠。可在经过100多年的承平岁月之后，他们觉得统治已然稳固，戒备之心日渐放松，而人性卑劣的一面则日渐暴露，政治上出现了大面积的贪腐现象。比如，乾隆晚年宠信和珅，和珅则疯狂贪污。及至嘉庆打击和珅,对其抄家之时,发现其家中珍宝无数,家财有 8 万万之多,相当于当时清朝 10 年的财政收入。巨贪到如此程度,可谓骇人听闻,故有“和珅跌倒,嘉庆吃饱”之说。和珅不过是清朝官场腐败的一个例子而已,当时清朝的很多官员都望风贪腐,官场风气日益败坏。

吏治败坏之后,官民矛盾增加,再加上人口的急剧增长超过了耕地出产粮食的供给限度,乾隆末年的社会矛盾和阶级矛盾十分尖锐,由官逼民反而导致的民变现象屡见不鲜。到了嘉庆初年,则爆发了大规模的白莲教起义。白莲教起义让清朝元气大伤,盛世局面从此结束。到了道光年间,中英之间爆发了鸦片战争,揭开了中国近代史的开端。

鸦片战争之所以具有划时代的意义,就在于它标志着清朝对外关系的一种重大转变:由原来的中国人惯用的朝贡体系转向世界通行的条约体系。这种转变是被迫完成的,但它也意味着中西方交流的大势不可阻挡。鸦片战争既是清朝衰败的一个结果,同时又是中国人发现西方、认识西方、学习西方的一个开端。

在鸦片战争之前,中国在世界上是一个孤立的国家,没有加入任何国际团体,除在康熙年间因战事与俄国签订了《尼布楚条约》外,没有与世界上的其他各国签署协约。与国际上的孤立处境相匹配的,是中国的通商制度极不合理。1757 年,乾隆皇帝下令,只允许广州一地为通商口岸,随后又规定外国人必须经过“公行”的沟通,才能与中国通商。“公行”由此操纵了对外贸易的专营权,并利用特权敲诈勒索外商,肆意盘剥。1792 年,英国国王乔治三世派出以马戛尔尼勋爵为首的访华使团,希望能和中国通商。可是,自命不凡的乾隆皇帝一口回绝了英国的通商要求。23 年之后，英国再次派出使团访华，继续要求通商。结果，因使团拒绝向嘉庆皇帝行跪拜大礼，直接就被驱逐出境了。

大清帝国在衰落之际还如此傲慢，全因其不了解世界大势。就在乾隆皇帝忙着下江南游玩之际，世界已经发生了天翻地覆的变化，一位叫瓦特的英国人改良了蒸汽机，工业革命由此揭开了序幕；在美洲大陆，一群英国移民建立了一个崭新的国家，叫美利坚，这是一个完全没有皇帝的国家；在欧洲，法国人民发动了大革命，处死了国王路易十六，把贵族也赶跑了，建立了法兰西共和国。此时，西方已经升级到了工业化时代，“主权在民”的民主体制也已经确立，“自由、平等、博爱”等人权观念逐渐成为社会共识。而中国人对这些则一无所知，在国人眼里，西方人只不过是一种长着高鼻梁、蓝眼睛的野蛮人。对于这样的人，还是不接触为妙。这种保守的观念让中国自绝于世界体系之外，变得越来越落后。

以英国为首的西方人要在全球范围内发展贸易，他们绝不会放弃中国这个巨大的海外市场。既然用外交协商的方式不能实现与中国通商的目的，那他们就选择用鸦片交易来敲开中国的大门。鸦片大量输入，不仅危害了国人的健康，而且导致中国白银大量外流，引起银价剧烈上涨，给中国社会造成了巨大的破坏。道光皇帝于是命令钦差大臣林则徐去广东禁烟。林则徐用围困英国使馆、扣押英国商人等严厉的手段查禁了 2 万多箱鸦片，并于 1839 年 6 月在虎门海滩销毁了查禁的鸦片。

严厉的销烟运动使中英两国的矛盾迅速升级。为了挽回面子和实现通商，英国议会于 1840 年通过决议，对中国发动战争。鸦片战争中，英国最初只派出了远征军 7000 人，后来逐渐增加到 2 万人，仅仅凭着这样的兵力，就击败了总人口超过 4 亿、军队人数世界第一的大清王朝。这足以说明，中国确实落后了。还停留在古代农业时期的中国及其军队，根本不可能与已经崛起的先进工业国进行对抗。在鸦片战争失败后，清朝与英国人签订了《南京条约》，清政府向英国赔偿银元 2100 万两，把香港割让给英国，同时开放广州、福州、厦门、宁波、上海五处通商口岸，允许英国人在这五地通商、居住。

但鸦片战争并没有让国人的观念发生根本改变，清朝官员对待英国人依然用老一套的外交手法，不愿意切实履行条约的规定。例如《南京条约》约定，英国商人可以住在广州城，但实际上英国人进不了广州。英国人找中国官员谈判，则没人回应，中国官员采取能躲就躲、能拖就拖的战术，消耗英国人。于是中英双方又产生了很多摩擦和矛盾。1856 年，广东巡抚叶名琛派兵登上英国"亚罗号"商船搜查，此事再次引发了战争。这一次，英法两国组成联军，一直打到北京，咸丰皇帝出逃热河，英法联军洗劫并烧毁了圆明园。

在外部受到列强侵略的同时，大清国的内部也不断爆发民变。民变事件的发生，一则是官逼民反，二则是潜伏于民间的"反清复明"思想趁大清国衰落之际重新燃起。自 1840 年鸦片战争爆发到 1851 年太平天国起义的这 11 年间，清朝无一年不爆发"民乱"。"民乱"不断聚积，最终就引发了规模巨大的太平天国运动。

太平天国运动的领导人是洪秀全。他创办拜上帝教，打着宗教的旗号组织农民起来反抗清朝。他于 1851 年在广西金田村率领农民起义，随后攻占了永安县城，建号太平天国，洪秀全自称天王，正式挑战清政府。太平军一路进兵，于 1853 年攻下了南京，定都于此，改名天京，形成了与大清王朝争夺天下的局势。太平天国直到1864年才被湘军消灭,前后历时14年,是历史上规模最大的农民起义。

在镇压太平天国起义的过程中,曾国藩和他创办的湘军趁势崛起。曾国藩和他的同僚、门生们开始创办洋务,推动中国走向工业化。他们兴办近代军事工业和民用工业,并对清廷的军事、外交、文化教育及相关机构进行改革。这在当时是一种进步的力量。但在轰轰烈烈地搞了30多年"洋务"之后,中国还是在甲午海战中败于日本,不得不再次签订屈辱条约,割地赔款。甲午海战失败及随后中日《马关条约》的签订,标志着洋务运动的最终失败——洋务运动并没有使中国真正强大。

中国在甲午海战中失败,在外部引发了列强瓜分中国的狂潮。各国看到日本在中国获得实际利益,就竞相争夺,纷纷要求划定势力范围。甲午战争也促使中国人猛醒:既然洋务运动不能救中国,那么中国该往何处去呢? 于是就有了"改良"和"革命"两种思路。

提出改良方案的代表人物是康有为,他在中日《马关条约》签订后,发动在北京考试的举人联名上书,主张迁都抗战,这便是有名的"公车上书"。"公车上书"揭开了维新变法运动的序幕。维新变法运动在1898年(戊戌年)达到了高潮,这一年,康有为上书光绪皇帝,提出了一系列的改革建议。光绪皇帝对康有为大加赞赏。于是,康有为、梁启超、谭嗣同等人在光绪皇帝的支持下推行变法。在103天之内,维新派发布了200多项改革措施,如罢免了许多顽固守旧大臣的职务,裁撤了一些不必要的机构,废除了八股文,等等。

维新变法运动打碎了很多人的铁饭碗,引起了一些保守官员的反对。更关键的是,光绪皇帝大批裁撤官员,让慈禧太后感到大权旁落。于是,慈禧太后发动政变,囚禁了光绪皇帝,并下令逮捕参与变法的人,维新变法运动宣告失败。康有为、梁启超等人逃到了日本,谭嗣同、林旭、杨深秀、刘光第、杨锐、康广仁六人则喋血菜市口,是为"戊戌六君子"。

维新新派的戊戌变法运动失败后,剩下的就只有"革命"一途了。提出革命主张的代表人物是孙中山,他早年曾上书李鸿章,提出改革主张,但李鸿章置之不理。孙中山由此得出结论:与清朝统治者谈改革无异于与虎谋皮。只有通过发动武装革命,彻底推翻清王朝,才能最终救中国。1894 年,孙中山在檀香山成立了革命组织"兴中会"。

戊戌变法运动失败后,孙中山的革命主张得到了许多社会精英的认同。革命事业发展得很快,全国各地都成立了革命团体,孙中山将各地的革命团体联合起来,组成了"同盟会"。同盟会发动了好多次武装起义,都失败了。可是在 1911 年 10 月 10 日,湖北新军中的革命党趁着清军被调往四川镇压保路运动之机发动了武昌起义,这次起义成功了。

武昌起义之后,各省纷纷宣布独立,大清帝国由此土崩瓦解。1912 年 2 月 12 日,隆裕太后携 6 岁的溥仪皇帝举行了最后一次早朝,颁布退位诏书,宣布"将统治权归诸全国,定为共和立宪国体,近慰海内厌乱望治之心,远协古圣天下为公之义"。此举标志着 268 年的大清王朝正式终结,同时也宣告自秦始皇以来实行了两千多年的帝制彻底走到了尽头。

◎延伸阅读:马克思对太平天国的两次评价

洪秀全本是个落第秀才,他所创立的"拜上帝教"不过是借用了基督教中的“上帝”之名而已，他宣称耶和华为“天父”，耶稣为“天兄”，自己则为“天弟”。他自称是奉天父、天兄之命来救世界的。“拜上帝教”还抛却了基督教中教人隐忍的修身内容，强化善恶对立，号召信徒“誓灭清妖”。同时，在礼拜唯一真神“上帝”的名义之下，太平天国还取缔了祖先祭祀，捣毁孔子牌位，焚烧儒家经典。这实际上是挑战中国伦理纲常和道德信仰的野蛮行为。这一点，恰如李泽厚所言：“洪秀全的上帝不是近代资产阶级的‘博爱’之梦，而是农民弟兄的复仇之神。”可以说，洪秀全创办“拜上帝教”，不过是借“上帝”之名，假托神权来维护自己的统治而已。

在洪秀全领导太平天国攻击清朝之时，西方列强对中国的局势并没有明确的判断，他们不知道是该支持清廷还是该支持太平天国。可是，随着时间的推移，洪秀全及其统治集团无知、奢靡、粗暴、颟顸的一面越来越为世人所熟知。尤其是在定都天京之后，太平天国的统治阶层，就迅速腐化变质，他们一面大肆享乐，一面互相猜忌、倾轧。洪秀全等人口口声声说诸王是天父所生的平等兄弟，可结果却是兄弟相杀；他们宣扬废除私有制，建立“有田同耕，有饭同食，有衣同穿，有钱同使，无处不均匀，无人不饱暖”的美好天国，可实际上是洪秀全和诸王聚敛了大量的财富；他们倡导夫妻分营而居和一夫一妻制，可天王洪秀全却有88个嫔妃，比清朝皇帝的还多。这哪里是基督教所允许的？至此，“拜上帝教”为西方传教士所深深唾弃，西方人对待太平天国的态度发生了逆转，他们最终选择了支持清朝，美国人腓特烈·华尔还组建洋枪队，与太平军作战。

最能说明外国人对太平天国态度转变的就是马克思。太平天国起义刚爆发不久，马克思即撰文支持这场运动，他诗意地预言："世界上最古老最巩固的帝国，八年来在英国资产者大批印花布的影响下，已经处于社会变革的前夕，而这次变革必将给这个国家的文明带来极其重要的结果。如果我们欧洲的反动分子在不久的将来逃奔亚洲，最后到达万里长城，到达最反动最保守的堡垒的大门，那么他们说不定就会看到这样的字样：中华共和国——自由、平等、博爱。"

这样的预言显然过于乐观了，12 年之后，1862 年，当马克思充分了解情况之后，他又在《中国纪事》一文中毫不留情地抨击太平天国："除了改朝换代之外，他们没有给自己提出任何任务，他们没有任何口号，他们给予民众的惊惶比给予老统治者们的惊惶还要厉害。他们的全部使命，好像仅仅是用丑恶万状的破坏来与停滞腐朽对立，这种破坏没有一点建设工作的苗头……太平军就是中国人的幻想所描绘的那个魔鬼的化身。但是，只有在中国才有这类魔鬼。这类魔鬼是停滞的社会生活的产物！"

◎观点提炼：洋务运动为什么会失败

从 19 世纪 60 年代初期到 90 年代中期，在这 30 多年的时间里，洋务运动在中国呼风唤雨，风光一时。它是清廷在内外交困之际所采取的一种自保性质的改革。当时，外有列强环伺，内有太平天国起义，在这种情况下，清廷的一部分当权官僚决定首先把"心腹之害"的太平天国镇压下去，而后再设法抵御被认为是"肢体之患"的外国侵略。为此，他们开始实行所谓的"自强新政”,引进和学习西方先进的科学技术(首先是军事技术),一方面企图通过与西方搞好关系,以争取军事支援,另一方面也想通过此举实现中国的工业化,最终达到“自强”的目的。

洋务派的想法当然是不错的,可是,一开始,洋务运动就在体制和技术之间出现了脱节的现象。按照张之洞的说法,洋务运动之学习西方是“中学为体,西学为用”,意即坚持大清帝国的整个体制和意识形态“不动摇”,仅仅学习西方的技术。岂不知,“体”和“用”在很多时候都是不可分离的。正如严复所说:“体用者,即一物而言之也,有牛之体,则有负重之用;有马之体,则有致远之用。未闻以牛为体,以马为用者也。”道理很简单,如果中国的整个体制和意识形态不变,仅仅学习西方的先进技术于“自强”无补,正如将马腿强行移到牛身上一样,两者因不配套而互相扞格,双双失效。洋务运动的失败最终证实了严复的判断,“体”“用”之间的严重脱节可说是洋务运动失败的最根本原因。洋务运动以它的失败告诉后人,没有体制变革的足够配合,单纯靠技术变革和实业发展是走不远的。

洋务运动的另一个脱节之处是:它追求的目标是国家富强,可在实际操作的过程中,它不但没有能让底层民众享受到变革的好处,而且还在一定程度上造成了民生凋敝。洋务运动是一场自上而下的变革,变革一直就是以国家为本位而非以民生为本位的。洋务派建军械所也好,制造军火和轮船也罢,主要目的都是为了增强清廷的军事实力和工业实力,对于普通百姓能否从这场变革中获得好处,他们考虑不多。甚至,为了所谓的国家富强,他们还不惜侵害普通百姓的切身利益。

洋务运动大力修建铁路、建造轮船、发展机器制造业和采矿业,这些产业当然是中国所需要的,可是,产业的升级换代往往会让一些底层劳动者失业。因此，在一个负责任的社会体制下，政府在推行技术变革，实现产业升级的过程中，必须顾及底层民众的承受力，不能让最底层的百姓生活得更加悲惨。可洋务运动不是这样。铁路运输和轮船航运业的发展让大量的"船户""车户""脚夫"失业。这些最底层的劳动者被洋务运动挤出了旧业，却又难以进入新业，伴随他们的只有每况愈下的困顿和日复一日的怨恨。所以，当时就有人批评洋务运动是"刮天下贫民之利而归之官也"。就连洋务派的代表人物李鸿章也承认："今之熟悉洋务者，往往于吏治、民生易于隔阂"。

洋务运动既然"隔阂"于民生，甚至还"刮天下贫民之利而归之于官"，那么它得不到广大普通百姓的支持也就在情理之中了。离开了广大民众的参与和支持，它最后失败不也是在情理之中吗？一场改革也好，一次技术变革也罢，如果不从民众的本位出发，不以改善民生为出发点和落脚点，而只把底层民众当作一种工具，使其承受改革的阵痛，那么，这样的改革必将被广大民众所抛弃。这可以说是洋务运动给我们的又一重要启示。

最后还得说一说洋务运动中用人的问题。毛泽东曾说："政治路线确定之后，干部就是决定的因素。"那么，在洋务运动中，李鸿章、张之洞等人提拔使用的"干部"都是些什么样的人呢？简单地说，具体经办洋务的人在事功和道德之间严重脱节。一方面，这批洋务分子买船造炮、开矿练兵，积极地为中国引进西方的近代工业和先进技术，另一方面，这批人也借经办洋务之际中饱私囊，大搞腐败。这就使得一批奔竞之徒聚集在洋务运动的旗帜之下，而有理想、有操守的正直之士因耻于与小人为伍而日渐疏远洋务，结果就造成了一种奇怪的人事现象：洋务运动本为当时一股先进的力量，可是，参与洋务运动的人却多是追名逐利、没有道德操守的“腐败分子”。这一点，就连洋务派的代表人物张之洞也不讳言，他说：“近年习气，凡稍知洋务者，大率皆营私渔利之徒。”梁启超后来总结历史，更是称洋务中人为“一世鄙夫”。

一项从理论上讲绝对先进的事业，最终却落到了一批“营私渔利之徒”的手里，历史的诡谲在此暴露无遗。理论上的先进性与实际操作中的腐败行为交织在一起，暴露出了洋务派在做事与做人之间的严重脱节。李敖曾说：“与什么人一起奋斗有时比为什么奋斗更重要”，既然搞洋务运动的“大率皆营私渔利之徒”，所以，它最后以失败收场也就不足为奇了。

民国风云

孙中山领导的辛亥革命成功地推翻了清王朝,结束了皇权专制的帝国制度。鉴于孙中山的崇高革命威望,各省都督府代表于1911 年 12 月底在南京选举孙中山为中华民国临时大总统。1912 年 1 月 1 日,中华民国临时政府在南京成立。

中华民国临时政府成立之时,清帝尚未退位。北方地区的实权还掌握在手握重兵的袁世凯手中。新成立的南京临时政府没有足够的兵力来统一全国,所以只能与袁世凯达成妥协:若袁世凯赞同共和,并能促使清帝和平退位,则孙中山同意将临时大总统之职让给袁世凯。

经过一番斡旋,袁世凯果然促成了清帝退位。溥仪退位的第二天,袁世凯通电赞同共和,孙中山也按照此前约定,辞去了中华民国临时大总统之职。随后,袁世凯于 1912 年 3 月 10 日在北京宣誓就任中华民国第二任临时大总统。

在将临时大总统一职让给袁世凯之前,孙中山和他的战友们制定了一部《临时约法》,企图以此来约束袁世凯的权力。可是袁世凯当上总统之后,权力不断扩大。为了抑制袁世凯,孙中山的盟友宋教仁在 1912 年 8 月将同盟会改组为国民党,并在 1913 年的国会选举中获胜。按照规定,宋教仁将出任内阁总理一职,这一职务足以限制袁世凯权力的扩张。但此事为袁世凯所不容,他指使刺客刺杀了宋教仁。

宋教仁被暗杀后，孙中山等国民党人再次“革命”，是为“二次革命”。袁世凯借机宣布国民党为乱党，并以武力镇压了“二次革命”。1913 年 10 月，议会选举袁世凯为中华民国总统。随后，袁世凯又强行颁布了一部新宪法，规定总统可以任职终身。

当上终身总统后袁世凯依然不满足，他又于 1915 年 12 月 12 日复辟帝制，当上了皇帝。此举引发了众怒，蔡锷将军首先在云南组织军队，起兵反对袁世凯，其他各省纷纷响应。在众叛亲离的反对声中，做了 83 天皇帝的袁世凯在绝望中病死。

袁世凯去世后，北洋军阀内部分裂为皖系、直系、奉系三大派，各派军阀之间为了争夺权力，展开一系列的混战。历史学家费正清对这种情况的分析是：“革命党人在 1911 年有党无兵，没能掌握权力；如今的军阀有兵无党，同样的软弱无力。他们不断利用、滥用国会和口号正好说明他们缺乏充分的原则和制度。1913 年以来，军备复兴，党派却分崩离析。没人能够将新兴的军事力量和新的政治组织结合起来。军阀统治下的中国政府崩溃了，人民承受了深重的灾难，中国社会在一个世纪的衰落之后到达了混乱的极点。”

就在皖系军阀统治中国时期，中国于 1917 年对德宣战，加入到了第一次世界大战的协约国阵营中。可是一战结束后，西方列强在巴黎召开和平会议，竟然将原来德国在中国山东的特权转让给了日本，而北洋军阀政府竟然准备在这份合约上签字。此消息传到国内后，舆论哗然。1919 年 5 月 4 日，大量的学生上街游行示威，抗议北洋政府的卖国行径。这便是著名的“五四运动”。

五四运动不仅催生出了 1921 年成立的中国共产党，而且也重新点燃了处于低潮的共和革命。孙中山重组国民党，以反对当时的北洋政府。孙中山得到了苏联的支持,在广州建立了南方国民政府。当时,苏联向南方国民政府提供大量武器,广州政府所需要的革命经费则由第三国际的著名顾问鲍罗廷筹集。作为对苏联支持的回报,孙中山领导下的国民党则确定了“联俄、联共、扶助农工”的三大政策,允许中国共产党党员加入国民党。这样一来,苏联、国民党和共产党三方合作,于1924年在广州创办了中国国民党陆军军官学校,即大名鼎鼎的黄埔军校,受到孙中山赏识的蒋介石当上了黄埔军校的校长。

1925年3月,孙中山因病在北京逝世。

1926年6月,国民党中央决定出师北伐,以武力打败北洋军阀,统一中国。北伐战争取得了胜利,军阀吴佩孚被打败。父亲张作霖被日本人炸死之后,张学良于1928年底毅然宣布“改旗易帜”,蒋介石领导下的国民党政权在形式上统一了全国。

就在北伐战争节节胜利之时,蒋介石于1927年4月12日在上海下令“清党”,搜捕并处决了大批中国共产党党员。国共两党就此决裂,共产党的势力被迫退出城市,转移到了农村,在江西井冈山地区组建了中国工农革命军。

从1928年到1937年是国民党巩固和取得成就的一个时期。国民党政府进行了一系列基础设施建设,经济、文化、教育、司法等方面均有一定程度的发展,中国向着工业化、现代化的方向又迈出了一步。

1937年,日本发动了全面侵华战争,中华大地又一次陷入到了战火之中。经过全民族艰苦卓绝的抗战,中国人民取得了抗日战争的胜利。

抗日战争胜利后,中国人民并没有迎来和平。国民党和共产党因和谈破裂又爆发了内战,这场战争从1946年打到1949年,结果是共产党彻底推翻了国民党反动政权,建立了新中国。

◎延伸阅读:新文化运动倡导的“德先生”和“赛先生”

民国时期是中国历史上的一段乱世,可就在此乱世之中,在北洋军阀统治之下,中国的知识分子却在思想文化领域掀起了一场影响深远的新文化运动。

经过洋务运动、维新变法、辛亥革命等一系列探索之后,中国一些优秀的知识分子认识到,中国之所以落后,根源在于国民头脑中缺乏民主共和理念。要救中国,就必须从思想文化上来进行启蒙。于是,1915 年 9 月 15 日,陈独秀在上海创办《青年杂志》,标志着新文化运动的开始。陈独秀是一名激进的民主主义者,他痛恨当时的军阀统治,希望在中国实现真正的民主,而要实现民主制度,就必须消灭封建宗法和封建伦理。他号召青年不要留恋将死的社会,要努力创造青春的中国。

《青年杂志》在 1916 年迁往北京,并改名为《新青年》。胡适、李大钊、鲁迅、周作人、钱玄同等一大批优秀的知识分子团结在《新青年》周围,撰文提倡民主(德先生)和科学(赛先生),他们从政治、思想、学术、文学艺术等诸多方面向人们进行文化启蒙,传播民主共和的理念。

从 1917 年起,陈独秀、胡适等人举起了“文学革命”的大旗,提倡白话文,反对文言文;提倡新文学,反对旧文学。《新青年》首先做表率,从 1918 年 1 月出版的第四卷第一号起改用白话文,采用新式标点符号,刊登一些新诗。1918 年 5 月,鲁迅就在《新青年》上发表了中国现代文学史上第一篇白话小说《狂人日记》，对旧礼教进行了无情的鞭挞。在《新青年》的影响下，一些进步刊物迅速改用白话文，使全国报刊的面貌为之一新。

新文化运动激活了中国人的思想力和创造力，不到20年的时间里，中国文学呈现出了百花齐放的局面，取得了十分可观的成就，涌现出了一大批著名作家和艺术家，如鲁迅、胡适、茅盾、老舍、巴金、沈从文、徐志摩、朱自清、徐悲鸿、张大千、黄宾虹等。

在新文化运动的带动之下，女性的社会地位不断提高，大批女工进入了工厂，还有很多女性受到了现代化的高等教育，甚至出国留学。

在这一时期，现代教育也在中国生根发芽，中国引进西方的现代教育理念和教学课程，培养了数以万计的大学生。北京大学、清华大学和后来的西南联大等著名大学成了思想开放、大师云集之地，在中国教育史上写下了辉煌的一笔。一批杰出的教育家也在办学的过程中脱颖而出，如蔡元培、蒋梦麟、竺可桢、罗家伦等。高等教育之外，新式中学更是遍地开花，几乎每个县都有一所新式中学。新文化运动在政治混乱的局面下取得如此巨大的成就，产生了深远的影响，这不能不说是一个奇迹。

◎观点提炼：民族国家意识的形成

民国历史虽然只有短短的38年，但意义十分巨大。它是中国现代化转型过程中不可或缺的一环，在这一阶段，中国开始由传统的农业国向现代化的工业国转变，中国的政体也由帝制转向了共和(虽然转得并不彻底),中国的文化生态也由古典的“经、史、子、集”转向了由“德先生”“赛先生”提领的新文化、新思潮;中国的外交关系也由原来的朝贡体系转向了世界上通行的条约体系;中国的民族企业和现代学术也在这一时期有了可喜的发展。总之,这一阶段是中国开始打破封闭,融入世界,并迅速进行现代化转型的一个时期。但我觉得民国风云最重要的一个成果就是在全体中国人的心目中塑造了一个民族的国家意识。

中国人传统观念中的“天下国家”理念与现代的民族国家并不是一个概念。在皇权时代,普通国民对国家政治并不怎么关心(因为关心也没什么用),他们的情感大多寄托在乡邻亲族和家乡郡望之上,喜欢关起门自成格局,正所谓“天高皇帝远”。可是到了民国时期,这种文化心理彻底改变了。皇帝下台了,帝制解体了,世界也变大了。中国不再是独立于世界之外的孤单存在,而是与世界发生着密切联系的一个国家。此等情形之下,各种文化思潮纷至沓来,西方的民主共和、自由平等观念在民众中广泛传播,重构了人们的思维方式。

民国时期的中国经常处于四分五裂的状态之中,西方列强也不断“打中国的主意”,在中国划分各自的势力范围。这种积贫积弱的情况无疑让中国人感到屈辱,于是,“救亡”就成了中国人天天要面对的现实。救亡的危机感促使人们不断思考:我们到底怎样才能让中国变得强大起来?中国到底该往何处去?不同的人从不同的角度进行研究、探索、找出路。大家也会因观点不同而发生激烈的论争,但总的目标都是“寻找救国救民的真理”。这样一种时代氛围,促成了中华民族的整体觉醒。

尤其是到了抗战期间,在中华民族面临着亡国灭种的危机之时,中国人的民族国家意识更是变得空前强烈,“每个人被迫着发出最后的吼声”，全体中国人被动员起来，投入到保家卫国的战争之中，真可谓“地无分南北，年无分老幼，无论何人，皆有守土抗战之责，皆应抱定牺牲一切之决心”。为了取得抗战的胜利，国共两党搁置争议，实现了第二次合作；为了抗战，一些原本想着割据一方的军阀也放弃了私利，率军为国血战。正因为形成了清醒的民族国家意识，所以中国人拼了性命也要打赢这场战争。十四年抗战，中国损失兵力 700 万，直接死于战争的平民不下 2000 万，这绝对是中国人用血肉铸成的长城。在付出了巨大的代价之后，中国最终战胜了日本。

自鸦片战争以来，中国在对外战争中就一再战败，每次战败都要割地、赔款、签订不平等条约。这种屈辱的历史终于在抗日战争中被改写了，经过十四年血战，中国战胜了日本，这既是中国民族国家意识觉醒的明证，反过来也进一步强化了中国的民族国家意识。

可以说，十四年抗战是日本强加给中国人民的一场巨大灾难。但中国人民像浴火的凤凰一样，通过残酷的战火洗礼而涅槃重生。

取得抗日战争胜利之后，中国以战胜国的姿态出现在世界的政治舞台上，并成为联合国五个常任理事国之一，其国际地位与积贫积弱的晚清帝国不可同日而语。

图书在版编目（CIP）数据

极简中国史／郑连根著. -- 济南 ：齐鲁书社，2017.9(2019.10 重印)
ISBN 978-7-5333-3877-0

Ⅰ.①极… Ⅱ.①郑… Ⅲ.①中国历史—通俗读物 Ⅳ.①K209

中国版本图书馆 CIP 数据核字(2017)第 229404 号

极简中国史
郑连根 著

主管单位 山东出版传媒股份有限公司
出版发行 齐鲁书社
社　　址 济南市英雄山路 189 号
邮　　编 250002
网　　址 www.qlss.com.cn
电子邮箱 qilupress@126.com
营销中心 (0531)82098521 82098519
印　　刷 山东德州新华印务有限责任公司
开　　本 880mm×1250mm 1/32
印　　张 8.75
插　　页 2
字　　数 195 千
版　　次 2017 年 9 月第 1 版
印　　次 2019 年 10 月第 3 次印刷
印　　数 18001—21000
标准书号 ISBN 978-7-5333-3877-0
定　　价 35.00 元